ヤスパースの実存思想

主観主義の超克

松野さやか

若い知性が拓く未来

今西錦司が『生物の世界』を著して、すべての生物に社会があると宣言したのは、三九歳のことでした。以来、ヒト以外の生物に社会などあるはずがないという欧米の古い世界観に見られた批判を乗り越えて、今西の生物観は、動物の行動や生態、特に霊長類の研究において、日本が世界をリードする礎になりました。

若手研究者のポスト問題等、様々な課題を抱えつつも、大学院重点化によって多くの優秀な人材を学界に迎えたことで、学術研究は新しい活況を呈しています。これまで資料として注目されなかった非言語の事柄を扱うことで斬新な歴史的視点を拓く研究、あるいは語学的才能を駆使し多言語の資料を比較することで既存の社会観を覆そうとするものなど、これまでの研究には見られなかった溌剌とした視点や方法が、若い人々によってもたらされています。

京都大学では、常にフロンティアに挑戦してきた百有余年の歴史の上に立ち、こうした若手研究者の優れた業績を世に出すための支援制度を設けています。本コレクションの各巻は、いずれもこの制度のもとに刊行されるモノグラフです。「プリミエ」とは、初演を意味するフランス語「première」に由来した「初めて主役を演じる」を意味する英語ですが、本コレクションのタイトルには、初々しい若い知性のデビュー作という意味が込められています。

地球規模の大きさ、あるいは生命史・人類史の長さを考慮して解決すべき問題に私たちが直面する今日、若き日の今西錦司が、それまでの自然科学と人文科学の強固な垣根を越えたように、本コレクションでデビューした研究が、我が国のみならず、国際的な学界において新しい学問の形を拓くことを願ってやみません。

第26代　京都大学総長　山極壽一

凡　例

一　本書の引用箇所に付した傍点は、但し書きがない限り、原著における強調を示す。亀甲括弧の中の文言は、引用者による補足である。

二　ヤスパースの『精神病理学総論』と『世界観の心理学』では、ゲシュペルト（隔字体）が強調を表している。ヤスパースは、他の大部分の著作では、強調する語句をイタリックによって示している。本書では、ヤスパースが置いた強調を明示するため、ヤスパースの記述をドイツ語で表記する際、ゲシュペルトをイタリックに置き換え、原文で強調されている語句をすべてイタリック体のドイツ語で書き表している。

三　引用文中の〔……〕は、省略箇所および中略箇所を示す。

目次

序

哲学の人気が衰えてすでに久しい。現代では、哲学書を読んだり誰かと哲学的議論を交わしたりするという経験が、人々に活力を与えることはほとんどないようである。外山滋比古は、現代の思想は活力に欠けていることを指摘する。その要因として彼が挙げるのは、思想が抽象的な観念世界を中心に形成されるため現実性が希薄である、別言すれば、人々の考えることに汗の匂いがない、という現代人の一般的傾向である[1]。筆者の実感と照合してもやはり、日本の世間では「抽象的で無益な哲学」というイメージがすっかり定着したと言える。映画・漫画・小説・歌謡曲などであれば、それらの中の言葉やストーリーが、人生の大事を意味づけ、生活を彩ることは、今でも多くの人々が経験している。けれども、哲学書に書かれている概念や判断や理論が、人々の考え方を変えたり生き方に影響を及ぼしたりすることは、今や希有なことのように見える。少数の専門家や愛好家はいるものの、多くの人々にとって哲学が魅力の乏しいものになったのはなぜであろうか。その最大の理由は、外山滋比古や養老孟司がすでに示唆していることにあり[2]、要するに、「哲学はとどのつまり空理空論であり現実とは関係がない、つまり、哲学は実生活に役立つ情報には程遠い」と、大多数の現代日本人が解していることにあると思う。このような解釈があるのも故なしではない。そもそも哲学（φιλοσοφία ピロソピアー）は、人間にとってすぐさま役に立つわけではない——富や地位に直結していない——知恵（σοφία ソピアー）を愛求するはたらき（φιλεῖν ピレイン）として発祥したからである[3]。でも、この「知恵を愛求する」というはたらきの本質に含まれる、すぐに結果を求めない、損得勘定だけで動かない、外観の核心にある現実に迫る、くり返し新しく生成する、個々別々の着想・知識・経験を関係づける親和力を希求する、人知を超える存在に畏敬の念をもつ、といった作用こそが、人間の日常生活を根底で支えるものであり、人間を窮地から救うものでもある、と筆者は考えている。本来の哲学とは、個人が考え出したものでありながら普遍性をもつ思想であり、それは現実を支えて動かす力をもつ。哲学の実質を成す思想がそのような力をもつということは、思想が人間の内に仕事をするためのエネルギーを喚起することを意味する[4]。

　真に創造的な哲学は、たとえそれが抽象的な概念や論理的な思考形式を道具立てとして展開されていても、著者自身の体験や感動に根差して生み出されたものであり、世界や人間に関する実践的な関心が理論づけられたものである。しかもそれは、単に個人的な関心ではない。西洋哲学の歴史に足を踏み入れた思想家たちのほとんどが、ソクラテス（紀元前四七〇年頃‐紀元前三九九年）の生き方に感銘を受け、彼が提唱して現代まで連綿と受け継がれてきた人類普遍の課題に、情熱的な関心を抱いた。ソクラテスは、人間が最大の価値を置くべきであるのは、「単に生きること」にではなく「善く生きること」にである、という信念を命懸けで貫いた[5]。そして、彼自身は「善く生きる」ために、対話によって周囲の人々が哲学的思考を生み出すのを助けた。本書の論述が導きを求めるヤスパースの哲学もまた、「生を担う思惟（das Denken, das das Leben trägt）」——個人的な現存在を、そして政治的なものにおける行動を、開明し充実する思惟——としての哲学[6]」を第一義として、本来的自己を実現する力を生み出す意識のあり方を追求した。ハイデルベルク大学の学生であった頃ヤスパースは、教授たちが講義で説いていた「講壇哲学（die Professorenphilosophie）」に失望していた。彼は次のように述懐している。

講壇哲学は、決して本来的な哲学ではなかった。それは科学（Wissenschaft）であると自負することによって、われわれの現存在の根本問題にとっては本質的でない物事の論究に終始していたように、私には思われた。[7]

若き日のヤスパースはすでに哲学の本領を察知していたのであろう。彼にとって本来の哲学とは、自然科学から独立した存在意義をもち、自律的な方法を用いて、人間や世界の現実の根幹を探究する学問である。歴史を顧みると、哲学が退潮していった過程は、近代自然科学の発展を底流として、個人が自らの「主観」を頼りにして人間や世界と向き合うという姿勢が劣勢になっていく潮流と重なる。現代は、個人の主観を通して見えてくる現実よりも、客観的事実が圧倒的に重視される時代である。「主観」と「客観」は、抽象度が高く多義的な——対立概念ではなく——相関概念であり、どちらの概念も指示する実体が曖昧である。ヤスパースの思想に即して本書で取り扱う意味を大まかに述べておくと、「主観」は、個人の意識のはたらき——感覚や感情、信念や欲求、直観や思考など——の基点であり、個人の意識の流れが投錨する場である。[8]「客観」は、個人の意識のはたらきの対象であり、存在そのものが個人の意識の流れに映って現象に転化したものである。ヤスパースは、「存在（Sein）」を三つの「存在様態（Seinsweisen）」に分節して探求する。存在を相互補完的に成り立たせる三つの存在様態とは、あらゆる人間の「主観」から独立している、存在それ自体としての「即自存在

（Ansichsein）」、人間のみがもつ存在様態であり、自らの意識のはたらきを自覚する対自的存在としての「自我存在（Ichsein）」、そして「主観」に対する対象的存在、意識の内に入り込んできたものとしての「客観存在（Objektsein）」である。本書の論述にとって重要なエネルギー論的観点から見ると、「主観」は、意識内に入り込んでくる現象を濾過して受容するフィルターの役割をしながら、受容した現象（「客観」）に価値の重みを区別してさまざまなレヴェルの現実感を付与するという意味で、感覚器官からの入力と行動への出力を調整する、個人の入出力系の要である。ヤスパースは「主観と客観は、固定されている決定的な点ではなく、両者は無限であり底知れない[9]」と表現している。主観と客観の間で生じうる無限の関係、つまり、意識の無限のあり方を、階層序列に整理して秩序づけることは、ヤスパースの心理学・哲学の重要な課題であった。

近代から現代にかけて「主観」の権威が失われていったのと対照的に、西洋近代の自然科学は、「客観主義」に属する考え方を柱として豊富な理論を構築し、多大な成果を上げてきた。十七世紀にヨーロッパで起こった科学革命の土台には、自然を数量化可能な部品から成る機械とみなし、最小の部品の性能を調べることによってあらゆる自然現象に普遍的なルールを把握し、そのうえで自然を操作しようとする、機械論的かつ還元論的世界観があった。この世界観は、合理性を重視して進歩を求める価値観と、やがて「客観主義」という形態をとる学問的立場を、ともに内包する思考様式であり、近代科学の発展を支えながら西洋諸国から世界中へ広がった。そして、近代科学理論が技術と連携して躍進する過程で、その根底にある「客観主義」も説得力を増していった。「客観主義」に属する考え方には幅があるが、その代表的なものは、「数学的物理学の方法によって接近できるもの以外の事物は存在しない」と主張する「物理学的な自然主義[10]」、すなわち、唯物論的かつ還元論的世界観である。この世界観が先鋭化されたものが、ミクロのレヴェルにおける物理的事実が全て決定されば、世界の全ての事実が決定されると主張する、[11] 唯物論的かつ還元論的であるうえに決定論的でもある「物理主義（physicalism）」である。[12] 別言すれば、この考え方は、すべてのものを最小の構成単位へ還元して分析することが可能であり、さらに、どのような出来事・状態・過程も、最終的には分子・原子・素粒子のようなそれ以上分割できない基本構成要素の階層のルールで、一意的・決定論的に説明できる、と考える「物理（要素）還元主義」である。現代では、心や意識についても「客観主義」の立場から説明できると主張する人々と、心や意識のような主観的なものは「客観主義」の手法では捉えられないと主張する人々が、激しく対立している。[13] ヤスパースの思想は後者の陣営に属しており、筆者も「主観」を重視する彼の考え方に賛成である。

周知のように、十七世紀から二〇世紀にかけては「客観主義」が圧倒的な隆盛を誇った。他方で、「客観性」を判断基準にして近代科学が度外視するものの中にこそ、人類にとって普遍的な価値をもつものが含まれていることも徐々に認められつつある。中村雄二郎によると、近代科学は、「十七世紀の〈科学革命〉以後、〈普遍性〉・〈論理性〉・〈客観性〉という、自分の説を論証して他人を説得するのにきわめて好都合な三つの性質をあわせて手に入れ、保持してきた」ことにより、数ある理論や学問のなかで傑出し、特別の説得力をもつようになった。しかし、〈普遍性〉・〈論理性〉・〈客観性〉という三つの原理に基づいて「近代科学が無視し、軽視し、果ては見えなくしてしまった〈現実〉あるいはリアリティ」があり、それは、「一つには〈生命現象〉そのものであり、もう一つは対象との〈関係の相互性〉（あるいは相手との交流）」であるという。[14] ここで指摘されている「生命現象」や「相互交流」は、まさにヤスパースの心理学・哲学が重視するものである。生きている人間を対象とするとき、近代科学の手法が通用しない領域があることは、医療や教育の現場でもつとに指摘されている。[15]

さらに、科学的客観性という要件を満たす方法を用いて、主観性を除去しながら事実に即して証明されうる客観的真理を追求してきた自然科学の分野内でも、二〇世紀の終わり頃から「客観性」という理念への疑問が次々と出されるようになった。自然科学に携わる者たちによって、正当な科学的手続き ―― 観察、比較、仮説設定、実験、検証、理論構築 ―― さえも絶対的に客観的ではありえず、そこには主観的なものが必ず関わっていることが明らかにされてきたのである。例えば、トーマス・クーンは、複数の競合理論の中からどれを科学者が選択するか、その選択基準は「客観的要素と主観的要素との混合物、あるいは、共有基準と個人的基準との混合物」であることを指摘した[16]。また、養老孟司は解剖学者の立場から、ハンソンの観察の理論負荷性説に意義を認め、完全に客観的な観察などおそらくありえないであろうと述べた[17]。つまり、いつどこで誰が行っても同じはずの観察の段階ですでに、理論の習得という観察者それぞれの経験と、観察されたものに負荷する理論の選択、という少なくとも二種の主観的な要素が、科学的手続きに抜きがたく入っている。そうであるなら、完全に正しい科学的手続きは存在せず、したがって、実証された仮説といえども完全に正しいとはいえない。こうした実状を顧慮すると、二一世紀の新しい知のあり方として今求められているのは、主観性と客観性の対立を超えていく思考であると言える。そのような思考を求めて、既存の自然科学的方法をさらに発展させて新しい科学を生み出していくことともに、近代科学とは異なる学問体系の存在意義を認め、それを実生活との関わりの中で練磨していくこともまた必要なのである。このような転機に差し掛かっている現代の人々に、ヤスパースの思想は大いに有用なヴィジョンを与えてくれると思われる。本書では次の三つの観点からヤスパースの思想を考察していきたい。

ヤスパースは、精神科の診療所の助手から心理学の教授を経て哲学の研究者へ至ったという（彼自身の回顧においても）特異な経歴の持ち主であり、終生「客観主義」の流行に対抗しながら自らの思想を展開していった。そのため、彼の実存哲学は、主観主義、個人主義あるいは非合理主義との批判を受けてきた。しかしながら、西洋近世・近代哲学の主観主義的傾向を克服することは、実存を主題とする現代哲学に共通する課題の一つであり、ヤスパースの哲学においても主観性と客観性の対立の超克が、極めて重要なテーマであった。そのような歴史を踏まえ、本論の各章すべてに通底する課題として、ヤスパースがいかにして「客観主義」に反対しながら「主観主義」にも陥らずに独自の思想を生み出したのかを、明らかにすることを目指す（第一の観点）。「主観主義」という言葉は、哲学的にはかなり多義的な曖昧さを含んでおり、正確に規定することは難しい。本論に入るための前置きとして、実存哲学との関連で批判の対象になってきた「主観主義」に焦点を当てて、批判者の観点から「主観主義」の骨子を定式化すると、次のようになるだろう。

一．真の実在は個人の内面にある。[18] 根源的実体は個人の意識である。個人の自己を規定するのは当人の意識であって、身体や社会ではない。
（存在論や認識論の領域における主観主義）

二．真理の問題を個人個人の私的領域に位置づけ、真理について合理的に議論する可能性を排除する。主体的真理に基づく個人の行動は、その正否が自己言及的に決定されるため、無制約的に正当化されうる。
（実践や倫理の領域における主観主義）

三．価値は個人の恣意によって内在的に決定される。個人の主観的な価値判断は、合理的なあるいは外在的な根拠がなくとも、それ自体で妥当性をもつ。[19]

（価値の領域における主観主義）

ルカーチは、ヤスパースの思想が「内面性（die Innerlichkeit）のうちにのみ、自らの心（die eigene Seele）のうちにのみ、完全に孤立している個人が「実存」を守る態度のうちにのみ、実在的な何ものか（etwas Reales）を見ようとする傾向」をもつ、という理由でヤスパースの思想を「主観主義」と批判的に特徴づけたが、この場合の「主観主義」は主に第一の意味で用いられている。[20] 実際のヤスパースは、このような観念論や独我論に属する「主観主義」を、本来の思想が堕落した「悪しき主観主義（schlechter Subjektivismus）」と呼んで警戒している。この意味の「主観主義」は、「あらゆる客観性は主観によって創造されているとか、確実であるのは自らの現存在だけであって、あらゆる外界および他の人間たちでさえもそれらが実在的な現存在であるかどうか私には疑わしいなどと主張する」が、ヤスパースの考えでは、自我と外界（非我）は一方がなければ他方もないような仕方で相互補完的ないし相互規定的に存在し、独在する自我というものは虚構の抽象概念にすぎない。[21] ヤスパースの思想は一貫して、右記に定式化した三つのどの意味においても「主観主義」に陥ることはなく、むしろ個人の「主観」を通して或る種の普遍性を探究した、というのが筆者の見方である。

ヤスパースの思想は、「客観主義」の優勢に追従せずに、ディルタイ以来の精神科学的源流を汲む精神病理学から出立した。そこから生み出された彼の実存哲学が立脚している基本的発想は、唯心論や唯物論ではなく、「現実（Wirklichkeit）」の階層性・多層性を重視する世界観である。彼によれば、「現実」は幾重にも分裂した多層構造から成っており、われわれが「現実」をどの層において捉えるかによって、「現実」の様相は格段に異なるものになる。彼によれば、学問的認識によって接近可能な内容の総体としての、すなわち経験科学の対象の総体としての「世界」は、全一の世界像として統一することができるものではない。その「世界」は、哲学の観点から超越論的に見ると、四つの階層に分節され、「世界内の四つの現実領域（die vier Wirklichkeitssphären in der Welt）」ないし「四つの根源的世界（*vier ursprüngliche Welten*）[22]」として把握することがふさわしいものである。ヤスパース哲学の包括的視点から見れば、現実は一つではなく、「四重の現実（vierfache Wirklichkeit）」が存在し、経験科学はその「四重の現実」を対象領域とする「現実科学（Wirklichkeitswissenschaften）」と総称される[23]。個々の科学はどれも、一定の普遍性を備えた理論を構築するが、その普遍性は対象領域の世界内でのみ成り立つ限定的な普遍性であって、四つの世界ではそれぞれ特有の普遍性が通用する。

「四重の現実」のそれぞれを存在が先行する順に並べると、無機的自然としての「物質（Materie）」・有機体としての「生命（Leben）」・体験としての「心（Seele）」・思惟する意識としての「精神（Geist）」である[24]。それぞれを対象とする学問が、「物理学」・「生物学」・「心理学」・「精神科学」であるが、これはヤスパースが『哲学』を執筆した二〇世紀前半の諸科学の状況に基づいた分節であって、ヤスパース自身も現実科学（経験科学）のこのような分節は決定的ではないと見ていた[25]。本書では論述の便宜上、学問的認識によって接近可能な「四重の現実」のそれぞれを、「現実1」（「物質」）・「現実2」（「生命」）・「現実3」（「心」）・「現実4」（「精神」）と呼ぶ。各層も入れ子のように下位の階層を含んでいる。例えば、「現実3」の「心」の階層に属する意識作用としては、感覚・感情・欲動・欲望などの「体験する意識（erlebendes Bewußtsein）」があり、「現実4」の「精神」の階層に属する意識作用としては、悟性や意志などの「志向的（諸対象に向けられている）意識（intentionales（auf

Gegenstände gerichtetes) Bewußtsein)」がある。[26]「現実2」の生物界も、菌界・植物界・動物界に分節される。「四重の現実」を時間軸の中で並べると、番号が早い現実ほど歴史的に先立って存在している。この順序は、科学的知見とも合致する。約四六億年前に太陽系の形成とともに地球が誕生してから、物質のみが存在する時代が長く続いた。約四〇億年前に、海中に溶け込んだミネラルをもとにして生成される有機化合物の中から、自分と同じものを複製できる有機化合物が登場し、それから約三八億年前までのどこかの時期に、現在の生きものの祖先が海中で誕生したと推定されている。[27]進化の歴史を見れば、人類は「現実1」から「現実4」まで無数の階層を超えて生き延びてきたと言える。この意味で、人間は、傑出した存在者であるとともに、「現実2」(「生命」)ないし「現実3」のうちの原初的意識――第1章第4節で見るように、人間以外の動物の意識には主観と客観への「分裂」がない――までにとどまっている他の生きものたちと、生命の歴史を共有する生きものでもある。四つの階層の区別が学問上の必要として強調されてはいるが、人間の場合、四重の現実は渾然一体となって実体を形づくっている。地球上に生存する生きものの中で個々の人間だけが、「現実1」から「現実4」までのすべての現実に属することができる、重層構造をもつ存在者である。高度な精神活動は心のはたらきの一部であり、心のはたらきは脳の機能の一部であり、脳は身体の一部であり、個々の身体は宇宙にある物質の一部である。

このように、一口に「世界」と言っても実際の「世界」は見方によって異なるものであり、大きく捉えれば「世界」は四次元の現実に分かれている、というのがヤスパースの世界観の前提である。彼は「これらの四つの根源的世界は、相互に分離していて互いの間に通路がなく、これらが連関をもつのは、各々の世界が先行する世界を条件として前提するという意味で一つの系列を形成することにおいてのみである」[28]と述べる。特に、

「客観的―物的には、非有機的自然と生命の、最初の区別が決定的（maßgebend）である」[29]とされ、意識のない「物質」・「生命」と、意識をもつ「心」・「精神」との間に、連続的には移行できない深い断層があることが強調されている。[30]この場合、脳は「生命」に属するので、脳内過程と心のはたらきは、それぞれ別の階層の現実として扱われるのがふさわしい。上の階層の「現実」は、下の階層の「現実」を前提として存在し、下の階層のルールに拘束されてはいるけれども、異なる階層間で一方から他方を論理的に導出したり、階層の異なるものを唯一の原理へ還元したりすることは不可能である。各々の現実は、具体的個物を組成する際には、他の現実と重なりあい作用しあうが、少なくとも部分的には自律的な存在領域であり、独自の次元を有する。このように、認識対象の客観性の様態がかけ離れているため、四つの学問領域に共通する基準や方法論は存在しない。たしかに、ヤスパース自身がよく行うように、階層の異なる現実間をアナロジーや比喩によって跳び越えることによって、視野を局限していては得がたい新たな発見や深い洞察を得る可能性は大いにある。物質の次元で生起する事象からの類推で、心の次元で生起する事象がより明確に認識できることがある。だが、一方で妥当する法則が他方でも妥当するわけではないので、部分的な近似を見出せるからといって、物質の次元で起こっていることは心の次元でも起こっているのだと割り切って考えると、現実を見損なってしまう。ある領域の現実に関する法則を、別の領域の現実に適用することはできないのである。したがって、世界内の対象の認識を追究する研究者には、何を現実とみなしているのか、すなわち、どの階層の現実を扱うのか、そしていかなる方法論を用いてその現実にアプローチするのかを、自覚し明示することが求められる。ヤスパースは、個別科学に吸収されない哲学本来の意義をどのように考えていたのか、それを如実に示す記述が彼の自伝の中にあるので、少し長いが引用する。

哲学をする者は、哲学をすることを真剣に考える場合、あらゆる現実を気にかけ、あらゆる現実を根源的に知ろうとするより他はない。さらにまた、哲学をする者は、哲学者たちが各々の個人的経験に基づいて著作のうちに生み出した、精神の見事な精華をおそらく知ることができるだろう。もしそのような精華に自ら到達するつもりであるなら、経験がそれに先行しなければならない。若い頃の私は哲学教授になろうとは思わなかった。哲学の講義には何の興味も抱かなかった。私は現実を知ること（Wirklichkeiten kennenlernen）を欲していた。最初はそれ〔現実を知るために定位する学問〕は自然科学と医学であり、次いで歴史であり、最後は政治と神学であった。哲学するはたらきが関与しないような物事は一つもない。私たち哲学者は、何も知らないのに知ったかぶりをする愚かな者たちであり、浅はかな人々であるとみなされている。私はこの非難が常に誤りであるとは言い切れないが、しかし原則的には誤りである。なぜなら、〔哲学をすることにおいて〕肝心なことは、多くやすべてを知っていることではなく、知の原理（die Grundsätze des Wissens）や現実の原理（die Grundsätze der Wirklichkeit）を各領域において闡明《せんめい》し、同時にそれらの原理を具体的な細部において顕現させることだからである。(31)

ヤスパースの考えでは、個別科学が現実の限定された局面の普遍的な原理や法則を探究するのに対して、哲学の本分は、現実の全体ないし現実の根源を、その生動的なあり方や生成過程に焦点を当てて、科学の成果を参照しながらも科学理論の前提に拘束されずに把握することである。個別科学は階層の内側の対象を認識して体系知を構築するがその認識の限界や理論の適用範囲を、より包括的な視点に立って超越論的に考察することは哲学の務めである。異なる階層間の現実関係を明らかにし、一つの階層を超えていく跳躍的発展の原理を追究するのも、哲学の課題である。しかるに、個別科学が追求する普遍的原理よりもさらに根源的で総合的な原理をつかみだすことによって、その超越論的普遍的原理に基づいて存在している個々の物や人間をより深く広やかに捉えることが、哲学の現実認識の眼目である。

ヤスパースから見れば、「客観主義」は、世界内の多層的な現実を極めて単層的に捉え、しかも、単層的な現実（「現実1」）を唯一の客観的現実とみなしている。つまり、「客観主義」に属する考え方は、物理学的に記述し説明できる世界の外側には世界は存在しないとみなす、あるいは、物理的世界に世界全体を代表させようとする、そのような準拠枠を通して人間や世界を見ている。これとは反対に、ヤスパースの哲学は、「現実1」から「現実4」までのすべての現実に、自律性と実在性を認める考え方に立脚している。「主観主義」との関連で留意すべきであるのは、ヤスパースは「物質」から成る「現実1」の実在性も確かに認め、「物質」の無限小のものとしての「原子」と無限大のものとしての「星」を、われわれの五感では直接に捉えられないにもかかわらず実在するものとして措定することである(32)。この点にすでに、彼は決して観念論者や実証主義者ではなく実在論者であり、したがって先に述べた第一の意味での（存在論や認識論の領域における）主観主義者ではないことが表明されている。

筆者の考えでは、ヤスパースが「現実」の階層性を重視する理由の一つは、とりわけ人間の意識作用によって形成される「現実3」（「心」）と「現実4」（「精神」）を明らかにして、それぞれの階層ごとに働く「主観の力（die Kraft des Subjekts）」をいくつも取り出して見せることにあった。学問の対象として考察するならば、階層間の断絶は重要であるが、生きている人間や実際の世界においては、異質の階層どうしが相互作用しうる。意識の産物は作品や行動などとして有限な形をとる。さらに、意識に由来する力は「現実1」や「現実2」の領域に無限に働きかけうる。ヤスパースがフロイトの学説に対して批判的であった理由の一つは、「ほとんどす・べ・ての心的なものを、いわば唯一の一次的な力としての、広義の性欲(Sexualität)に、わかりやすく還元できる、とフロイトは思っている」ところにあった。[33] 彼が『精神病理学総論』と『世界観の心理学』でそれぞれ主題的に探究した「人格(Persönlichkeit)」や「精神の型(Geistestyp)」は、どちらも個人の心的生や行動様式を支える「力(eine Kraft)」である。これらの「主観的な力」は、下位分類された他の心的力(欲動など)や「現実1」・「現実2」に属する物理的力を前提として発揮されるが、そうした下層の力に――還元不可能であるだけではなく――影響を及ぼしうる動力として、想定された。そして、『哲学』では「意志エネルギー」や「理念の表象から発する力」などが、実存の生成に不可欠の力として語られる。そこで、本論では個人の意識から発する多元的な力にも注目しながら、考察を進めていきたい(第二の観点)。

さて、ヤスパースの思想の中心概念は「実存(Existenz)」である。ヤスパースにおいて「実存」とは、ギリシャ哲学の理念の一つである「魂(ψυχή)」に相当する術語であり、端的に言うと、ひとりひとりの「自己(Selbst)」である。西洋哲学の祖とされるソクラテスは、タレスなどの七賢人がデルフォイの神殿で「知恵の初物」としてアポロンに奉納した「汝自身を知れ(γνῶθι σαυτόν)」という寸言を、哲学的思考の出発点とみなした。[34] 西洋哲学が始動して以来、「自己とは何か」という問題は、哲学や心理学のテーマであるにとどまらず、現代の先端科学である免疫学や生命科学の課題にも通じている。また、たとえそのような学問に縁がなくとも人間は誰しも自分自身に切実な関心を抱いており、個人が実生活の中で直面する多くの問題には「自己とは何か」というテーマが通底している。そして、われわれが「自己とは何か」を探し求めるとき、ヤスパースの「実存」哲学は信頼できる指針となる。ヤスパースは、キルケゴールの「実存」の概念を自分のものにしたことを認めながら、[35]そもそも「実存」は定義可能な概念ではないと断り、「実存は、自己自身に関わり、そのことにおいて自らの超越者に関わるものである」[36]と言い表している。つまり、「実存」ないし「自己」は、その意味内容を一般的に規定できるような、何か一定して動かないものではなく、時々刻々生成変化する意識のはたらきであって、そのはたらきは、自己関係と――「絶対的他者」としての超越者（包越者）との関係に収斂される――自他関係の相互連関である。こうした自己関係と自他関係は、関係が生起する場の意味連関に応じて多面的な様相を呈する。したがって、本論では、五つの章においてそれぞれの観点から「実存」の生成過程を浮かび上がらせることを試みる（第三の観点）。

ヤスパースの哲学は、精神医療の臨床経験と、異常な心的生を対象とする精神病理学およびそれを包摂する心理学に関する学問的知識とを、それぞれ土台として形成されている。彼の思索全体に一貫している根本的な姿勢は、彼の精神病理学・心理学を基盤としており、彼の実存哲学の基本的概念は、初期の思想を前提として彫琢されていったと考えられる。[37]そのようなヤスパースの思想的背景を踏まえ、本稿の論述は、ヤスパースの哲学的主著の一部である、『哲学』（一九三二年）、『理性と実存』（一九三五年）、『実存哲学』（一九三七年）、『真理について』（一九四七年）に加え、ヤスパースの思想を遡って、『世界観の心理学』（一九一九年）、『精神病理学総論』（一九一三年）、および初期の論文「早発性痴呆（精神分裂病）の事例の運命と精神病との間の因果的連関と「了解的」連関」（一九一二年）、「精神病理学における現象学的研究方向」（一九一二年）に依拠する。

注

(1) 外山滋比古『思考の整理学』一九八六年(第一刷)、二〇一〇年(第七十一刷)、筑摩書房、一九二-一九七頁を参照。

(2) 養老孟司も同様の考えを表明している。養老の論述の重点は、「哲学や思想は抽象的であり、現実とは関係がない」ひいては「哲学なんか語る意味はない」という考えこそ、立派な日本の哲学ないし思想である、というところにある。養老は、このような「無思想の思想」すなわち「思想なんてものはないと考える思想」が伝統的に日本にあることを発見した。外来の思想を取り入れるだけではなく、日本古来の「無思想の思想」をより深く理解しつつ上手に生かしていくことが、現代日本人にとって重要であるという。養老孟司『無思想の思想』二〇〇五年、ちくま書房、六四-六七頁を参照。

(3) ギリシャ語のピレインを「愛求する」と訳出するに際しては、冨田恭彦『観念説の謎解き――ロックとバークリをめぐる誤読の論理』二〇〇六年、世界思想社、二二三頁の文言に倣った。

(4) ここでは、河合隼雄に倣って、人間が自分の内部にもつエネルギーを用いて、自分を「動かす」あるいは「働かせる」ことを、「仕事」と解する。河合隼雄『河合隼雄著作集第Ⅱ期第十一巻　日本人と日本社会のゆくえ』二〇〇二年、岩波書店、二六二頁を参照。

(5) プラトン[著]田中美知太郎[訳]『クリトン』、『プラトン全集1』所収、一九七五年、岩波書店、一三三頁(48b)。Platon, *Kriton*, in: Platon, *Apologie des Sokrates / Kriton*: Übersetzung, Anmerkungen und Nachwort von Manfred Fuhrmann, Philipp Reclam jun. Stuttgart 2005, S. 46, 48b.

(6) Karl Jaspers, *Philosophie I, Philosophische Weltorientierung* (1932), Vierte, unveränderte Auflage, Berlin u. a. 1973, S. XXI.

(7) Jaspers, *Philosophische Autobiographie*, erweiterte Neuausgabe (1977), 2. Auflage, München 1984, S. 40.

(8) ヤスパースが著作を執筆した当時の語法を知るために、アイスラーの哲学用語辞典を手掛かりとする。アイスラーによれば、「主観（Subjekt）」という語は歴史的に三重の意味を担ってきた。第一に、諸々の作用や状態の担い手としての存在論的意味における「基体（Substrat）」や「実体（Substanz）」、第二に、論理学的意味における述語の担い手すなわち主語、第三に、心的体験の担い手や意識作用の主体としての認識論的主観である。この定義に照らし合わせると、ヤスパースが用いる「主観」は、第三の語義に属すると言える。Vgl. *Wörterbuch der philosophischen Begriffe* von Dr. Rudolf Eisler, Vierte völlig neubearbeitete Auflage, Dritter Band: SCI-Z, Berlin 1930, S. 165.

（9）Jaspers, *Psychologie der Weltanschauungen*, Sechste Auflage, Berlin u. a. 1971, S. 20.

（10）門脇俊介『フッサール　心は世界にどうつながっているのか』二〇〇四年、日本放送出版協会、九頁を参照。

（11）浅野光紀「汎心論と心的因果――心身問題の解決に向けて」、『思想』二〇一六年第二号、岩波書店、七－二四頁掲載。引用箇所は九頁を参照。

（12）ポパーは、アインシュタインが決定論者であったことを指摘し、大部分の物理学者は非決定的な因果的に開いた物理的宇宙の実在を信じていないと述べる。カール・R・ポパー［著］小河原誠・蔭山泰之［訳］『開かれた宇宙――非決定論の擁護』一九九九年、岩波書店、一六一頁を参照。だが、物理学者であるステンガーは、二〇世紀後半のニューエイジの動向に見られた「還元主義とニュートン的決定論とを一緒くたにする」考え方に反対を表明し、「還元主義的だが決定論的ではない宇宙が存在してもまったく問題はない」と述べている。ヴィクター・J・ステンガー［著］青木薫［訳］『宇宙に心はあるか』一九九九年、講談社、二六頁を参照。

（13）バーンスタインは、現代の思考がその内部で揺れ動いているような規格的枠組みとして、「客観主義」と「相対主義」の対立を、主題的に取り上げている。彼によると、「客観主義」とは「不変にして非歴史的な母型（matrix）ないし枠組み（framework）といったものが存在しあるいは存在せねばならず、それを究極的なよりどころにして、合理性・知識・真理・実在・善・正義などの本性を決定できるとする、そうした基本的な確信」を意味する。リチャード・J・バーンスタイン［著］丸山高司［訳］『科学・解釈学・実践Ⅰ：客観主義と相対主義を超えて』一九九〇年、岩波書店、一六－一七頁を参照。Richard J. Bernstein, *Beyond objectivism and relativism : science, hermeneutics, and praxis*, Oxford 1983, pp. 7–8.

（14） 中村雄二郎『中村雄二郎著作集第Ⅱ期Ⅱ　臨床の知』二〇〇〇年、岩波書店、六－一一頁を参照。

（15） 河合隼雄『河合隼雄著作集第Ⅱ期第２巻　心理療法の展開』二〇〇二年、岩波書店、x－xi頁を参照。

（16） トーマス・クーン「客観性、価値判断、理論選択」、トーマス・クーン［著］安孫子誠也、佐野正博［訳］『科学革命における本質的緊張：トーマス・クーン論文集』所収、一九九八年、みすず書房、四二三頁を参照。

（17） 養老は、物質の形には無限の「客観的」属性があり、その中からどの属性を取り上げるかは、観察者の観点によることを指摘する。視覚の「客観性」は絶対的なものではなく、例えば顕微鏡で見た人体の組織をスケッチする際にも、あらかじめ概念的な知識がないと、第三者にも意味のわかるような絵を描くことができないという。養老孟司『形を読む　生物の形態をめぐって』一九八六年、培風館、二一八－二二〇頁を参照。養老孟司「河合隼雄と言葉」、中沢新一・河合俊雄［編］『思想家　河合隼雄』所収、二〇〇九年、岩波書店、一六〇－一六一頁を参照。

（18） シュナイダースは、ルカーチに代表されるマルクス主義論者が、ヤスパースを「認識論的な主観主義者あるいは主観的な観念論者（ein erkenntnistheoretischer Subjektivist oder subjektiver Idealist）」と呼んで批判していたと記している。シュナイダース自身は、ヤスパースの現象の概念が、主観によって少しも左右されない即自存在を自明なものとして前提していることを論拠として、この批判を否認している。Werner Schneiders, *Karl Jaspers in der Kritik*, Bonn 1965, S. 48.

（19） ザラムンは、「価値の決断（die Wertentscheidungen）を、非合理的なもの、言い表すことができないもの、そしてそれとともに主観的恣意の次元へ押しやる、価値の諸問題における徹底的な非認識論者ないしは主観主義者（ein radikaler Non-Kognitivist oder Subjektivist in Wertfragen）であるという非難」がヤスパースに寄せられてきたと記している。Vgl. Kurt Salamun, *Zur appellativ-ethischen Dimension in Jaspers' Philosophie*, in: Anton Hügli, Dominic Kaegi und Reiner Wiehl（Hg.）, *Einsamkeit-Kommunikation-Öffentlichkeit*, Basel 2004, S. 104.

（20） Georg Lukács, *Die Zerstörung der Vernunft : der Weg des Irrationalismus von Schelling zu Hitler*, Berlin 1954, S. 414.

(21) Jaspers, *Philosophie II, Existenzerhellung*（1932）, Vierte, unveränderte Auflage, Berlin 1973, S. 340.
(22) Jaspers, *Philosophie I, Philosophische Weltorientierung*（1932）, Vierte, unveränderte Auflage, Berlin u. a. 1973, S. 104.
(23) Jaspers, *Philosophie I, Philosophische Weltorientierung*, S. 167.
(24) Jaspers, *Philosophie I, Philosophische Weltorientierung*, S. 104–105.
(25) 「現実科学の区分は開かれたままである。この区分は、認識する世界定位一般の完結不可能性のために、常に開かれたままであるだろう」とヤスパースは予言している。Jaspers, *Philosophie I, Philosophische Weltorientierung*, S. 186.
(26) Jaspers, *Philosophie I, Philosophische Weltorientierung*, S. 169–170.
(27) 中村桂子『科学者が人間であること』岩波新書、二〇一三年第一刷、二〇一四年第三刷、一八‐二〇頁を参照。毛利衛『宇宙から学ぶ：ユニバソロジのすすめ』二〇一一年、岩波書店、三九頁を参照。
(28) Jaspers, *Philosophie I, Philosophische Weltorientierung*, S. 104.
(29) Jaspers, *Philosophie I, Philosophische Weltorientierung*, S. 174.
(30) 「意識としての内面性ないし体験は、意識のない現存在から導き出すことはできない」とヤスパースは記している。Jaspers, *Philosophie I, Philosophische Weltorientierung*, S. 105.
(31) Jaspers, *Schicksal und Wille*, München 1967, S. 35.
(32) Jaspers, *Philosophie I, Philosophische Weltorientierung*, S. 108.
(33) Jaspers, *Kausale und "verständliche" Zusammenhänge zwischen Schicksal und Psychose bei der Dementia praecox*（*Schizophrenie*）(1913), in: *Gesammelte Schriften zur Psychopathologie*, Berlin 1963, S. 338.
(34) プラトン［著］藤沢令夫［訳］『プロタゴラス』、田中美知太郎・藤沢令夫［編］『プラトン全集第８巻』所収、一九七五年、岩波書店、一八七頁、(343B)。
(35) Jaspers, *Philosophie I, Philosophische Weltorientierung*, S. XX. ヤスパースは、キルケゴールのキリスト教信仰には

心を動かされなかったと記している。

(36) Jaspers, *Philosophie I, Philosophische Weltorientierung*, S. 15.

(37) このようにヤスパースの哲学を彼の精神病理学や心理学から切り離して考えるのではなく、ヤスパースの哲学的精神はすでに最初期の精神病理学のうちに胚胎しているとみなす考え方そのものは、近年のヤスパース研究に顕著に見られる一傾向である。例えばWodolaginは、ヤスパースの精神病理学の核心部には形而上学が含有されていることを論証している。Vgl. Alexander W. Wodolagin, *Psychopathologie und Metaphysik des Willens*, in: Knut Eming, Thomas Fuchs (Hg.), *Karl Jaspers—Philosophie und Psychopathologie*, Heidelberg 2007, S. 147. また、ヴィールは、ヤスパースが精神病理学研究時代の初期に著した論文(「嫉妬妄想——「人格の発展」か「病的過程」かという問題の論考」(一九一〇年))において、科学的心理学の分野で規準的である「了解と説明」という二つの方法がすでに先鋭化されており、この「了解」と「説明」の二元的な適用は常にヤスパースの関心事であり続けたことを指摘している。Vgl. Reiner Wiehl, *Die Phiosophie in Karl Jaspers' Allgemeiner Psychopathologie*, in: *Karl Jaspers—Philosophie und Psychopathologie*, S. 5.

第1章　意識の主観と客観への分裂

ヤスパースの立場は、「主観」と「客観」の間を切断するのではなく両者を統合すること、そして「主観」と「客観」の関係性を深く追求することによって普遍性に到達することを目指すものである。彼がそのような立場を表明するに至った背景には、彼独自の心理学的考察から導き出された根本命題がある。そのテーゼは、学問を遂行する人間の「意識」にはどれもみな「主観性」と「客観性」の両極に引き裂かれながら機能するという一般的性質がある、と説く。

人間の心のはたらきやその内容には、第三者によって客観的に収集可能であり、数学や定量的な方程式で記述できるデータ（間接的データ）――言動や脳神経系の活動など――に基づいて想定される「三人称的局面」という一面がある。他面では、個人が直接的にあるいは直観的に意識している内面的体験すなわち「一人称的局面」がある。「一人称的局面」の一次情報は本人しか入手できず、本人の報告に他人が異議を唱えることは意味をなさない。「一人称的局面」に関しては本人以外の者が共感的に把握できる二次情報もあるが、一次・

二次のどちらの情報にも論理性・再現可能性・感覚的事実との対応という意味での客観性を認めることができない。そして、これまで哲学の領域とされてきたのは、後者の「一人称的局面」すなわち主観的体験であり、これには内観心理学や現象学的記述といったアプローチが試みられてきた[1]。第4章で取り上げる、ヤスパースが提唱した「主観的心理学」もこの「一人称的局面」の解明を目指すものであった。そして、この「一人称的局面」に属する心のはたらきの極めて重要な特徴が、「意識」を伴うということである。現代では「意識」は科学的に定義できないことは暗黙の了解とされている[2]。麻酔薬や睡眠薬を人体に投与することで「意識」が消えるのはなぜかという謎は、科学的に解明されてはいない[3]。脳の中の物質的過程から、数量化不可能な「意識」や「心」が生じるのはいかにしてか、脳の神経細胞が電気信号を発することで「意識」が生じるのはどのような内的メカニズムによるのか、という問題には現代の脳科学もまだ答えを与えることができていない[4]。解剖学的には、人間が意識を保つためには大脳皮質と脳幹網様体の両者が不可欠であるが、それでも意識の座を局在論的に定めることは不可能であると考えられている[5]。「意識」が厳密に定義されていないため、「無意識」の領域も自然科学では正面から扱うことができない。意識のはたらきは、客観的照応性がなく人それぞれによって異なるとみなすのが通説であるが、それが個々人の間でどのように異なっていて、どこまでは同じであるか、検証することはできない。しかし、感覚や感情、直観や思考、信念や欲求、などとして分節化することができる心のはたらき（「意識現象」ないし「意識経験」などと呼ぶことができるもの）があることは、常識的・実践的な所与である。われわれが直観的に明らかな所与とみなせるものを、客観主義のもとでは説明できない。このことは、まさに、心や意識の領域を問題にする限り、客観主義は自足した方法論をもっていないということを意味している。

さて、心の一人称的局面に通底する「意識」の属性は、単なる主観性ではない。意識は主観的体験であるが、しかし主観だけでは意識を生じさせるのに不十分である。意識は、その「志向性（Intentionalität）」という本質に従って、単なる主観でもなければ単なる客観でもなく、両者の関係性によって成立しているからである。われわれの意識は常に「何ものかの意識」として生起している。つまり、フッサールの言葉を借りれば、志向作用と志向されているもの、作用的なものと対象的なものとの相互連関によって意識は成立している[6]。意識がこのような境界不分明な主客の両面性をもつという事態が、意識を科学的に定義することを困難にしており[7]、また、意識をもつ存在者である人間に両義性を帯びた存在様態を与えている。われわれの在りようは、主観的存在であるとともに客観的存在であり、単なる内面性や単なる外面性ではなく、明確に区別できない心のはたらきと身体的機能を持ち合わせており、単独の存在であるとともに社会的存在であり、精神的存在であるとともに自然的存在である。

この意識の「志向性」を意識の主観と客観への「分裂」として捉え直したことによって、ヤスパースは独自の体系的視点を手に入れた。彼によると、人間が意識的に体験するのは主観と客観の関係であり、あらゆる主観と客観の関係の大本にある根本現象が「主観—客観—分裂（Subjekt-Objekt-Spaltung）」である[8]。「意識」は常に主観性と客観性に分裂しながら生起する。意識の「主客分裂」は、ヤスパースの議論の最初に置かれる、第一の真なる前提であり、議論の中で登場する重要事項はすべてそれを出発点として導かれ、それに随伴しているという意味で、それはアリストテレスの言う「原理（ἀρχή）」に相当する[9]。この章では、「主観性」の問題圏を明らかにするための足掛かりとして、ヤスパースが意識の根本現象として規定した、「意識の主観と客観への分裂」という現象を見ていく。

第1節　志向性と分裂

「志向性」を「意識の本質（Wesen）」とみなすヤスパースの考え方は、フッサール現象学の伝統を受け継いだものと思われるが、[10]『哲学』以前の著作ではまだ登場していない。『哲学』において初めてヤスパースは、事物と意識を区別する基準として、「意識は、その本質が思念しながら諸対象へ向けられて（*auf Gegenstände meinend gerichtet*）いることにある存在である」という本質特徴を挙げ、その「志向性」を他の何ものにも還元することのできない「根本現象（Urphänomen）」と言い表している。[11] 一方で対象なくして意識は存在せず、他方で意識のうちに入り込むものだけが対象性を帯びた存在であるため、「志向性」という関係性によって意識と対象は不可分に結びついている。事物と事物との間の関係は、万有引力の法則や因果律に従って生起するのだと説明できるのに対して、そのような自然科学的説明が不可能な仕方で意識は対象に向かう。人間は対象を知覚したり表象したり思惟したりする。ヤスパースは、『哲学』の中で意識作用の「志向性」を「主観と客観への分裂」と規定する。意識が「主観」と「客観」を両極として複合的な機能に引き裂かれ、「分裂」しながら生起していることは、『世界観の心理学』以来ヤスパースの理論の大前提であるが、『哲学』においてこの「主客分裂」は次のように意味づけられる。

　常にいたるところに存在する、他の何ものにも還元できない、意識の根本現象としての、主観と客観への分裂（die Spaltung in Subjekt und Objekt）という根本現象は、自我意識と対象意識の相補性（die *Zusammen-*

gehörigkeit von Ichbewußtsein und Gegenstandsbewußtsein）を意味する。[12]

意識が主観と客観へ分裂しながら現象するということは「自我意識と対象意識の相補性」を意味する。意識には、世界を個々別々に特殊な仕方で経験するという意味で外界に対して開かれている面と、その経験を材料にして自我や人格を中心とした内的世界を形成するという意味で内向的な面がある。[13] 意識の本性である「主客分裂」は、自我・人格へ収斂する反省作用と外界の対象へ向かう認識作用の相互連関によって意識が機能していることを意味する。つまり、相反する方向性をもつ意識のはたらきが、互いに背反状態にありながらも補完し合うという仕方で心的生を生ぜしめているのである。

心的生には主観と客観への分裂という根本現象が常に伴うという発想は、『精神病理学総論』（一九一三年）以降一貫してヤスパースの思想の前提をなしているが、『世界観の心理学』（一九一九年）においては「主観と客観の関係の多様性」を複数の「段階（Stufen）」（ないし「階層（Schichten）」・「水準（Niveaus）」・「次元（Dimensionen）」）から成る階層序列に組織化することが試みられている。ヤスパースは、人間の主観を三つの段階に分けて考える。主観は、精神を頂点とするピラミッドのように、精神―悟性（意識一般）―単なる現存在（経験的現存在）という階層構造をなしている。「人間は本質的に、主観―客観―分裂の形式において生きており、しかもこのとき決して静止状態にあるのではなく、常に何らかの目標・目的・価値・財を求めながら（in einem Streben auf）生きている」[14]とされ、主観のひとつとして、主観の各段階において特有の欲動がそのつど発現しており、それに対応して、欲動の対象である価値の側にも、階層が区別される。個人の心的生においては、欲動の側からの希求や加工と、価値が置かれる対象の側からの刺激や抵抗が、幾重にも重なって相関関係をなしているのである。

さて、この「主客分裂」は、「志向的意識」が属する「精神」(「現実4」)の現象様態を規定する形式であるだけではなく、「体験する意識」の階層である「心」(「現実3」)に根差している、意識現象の普遍的形式でもある。ヤスパースは『世界観の心理学』の中で次のように述べる。

体験流(der Erlebnisstrom)の中には、主観が諸々の客観に対峙しているという、根本現象が埋め込まれている。われわれの生は、この主観—客観—分裂の中で推移する。[15]

「体験流」ないし「直接的な体験的現実(die unmittelbare Erlebniswirklichkeit)」と呼ばれる心的領域は、心理学が対象とする現実(「現実3」)である。この現実は、個人が体験している心的生起(das seelische Geschehen)の総体であり、さまざまな主観—客観—分裂を内包している。[16] 何かを体験するときわれわれは常に、心的体験の立脚点となる「そこから体験がなされ、観察がなされ、行動がなされるところの、主観と客観の場(der Ort des Subjekts und Objekts)[17]」をもっている。個々の人間の心的体験には無限の意味内容がありうるが、それは形式的には主観—客観—関係の領域・段階・階層などのうちに秩序づけることができる。主客分裂という現象が根底にある中で、「現実4」に属する学問的認識が遂行される。自分と対象があるという前提のもとで、感官知覚や論理や言語を媒介として、自分と対象との間に対応関係を結ぶのが学問的認識である。主客分裂が成立している場合にのみ、「格子細工(Gitterwerke)」に喩えられる、ア・プリオリな対象性の形式が存在しうる。[18] この超越論的形式は、主観と客観の関係を可能にしているとともに制約している図式であり、それは悟性の活動領域を形成する。

他の心理学や科学が、一般的に客観でありうるものを認識するのに対して、ヤスパースの心理学は、主観から切り離された客観そのものではなく、あくまで主観との関係における客観を考察対象とする。「他の考察はすべて、純粋に客観に向かうが、われわれは客観に関して、主観に対する客観であるという性質（die Eigenschaft, Objekte für Subjekte zu sein）を認める」[19]とヤスパースは言う。彼は、学問をする個人の意識作用はどうしても「主客分裂」の枠組みに制約されるという前提に立って、主観—客観—関係の多様性を認識するために、「主観の立場（Subjektsstandpunkt）」に「最大限の可動性（die möglichst große Beweglichkeit）」を付与する[20]。彼は、精神の無限の力が個々の主観に根を下ろしているという心理学的考察に基づいて、精神を頂点とする主観の階層構造を想定した。それは、精神を働かせることによって主観のピラミッドに無尽蔵のエネルギーを満たしつづけ、主観—客観—関係の既成の関係性をくりかえし乗り越えて新しい関係性を創造するよう、われわれの意識に訴えるためであった。そのような自己創出する意識作用と、創り出された意識内容が、相互作用を起こしながら、意識の主体である「私」に新たな力を与えるのである。

『精神病理学総論』においてすでに、「志向性」や「分裂」という術語こそ用いられてはいないが、それらに相当する心的現象がすべての心的現象の基底をなす根本現象であることが、論述の前提とされている。ヤスパースは、その根本現象に対応する仕方で意識の二面性を浮き彫りにし、それぞれの面を「対象意識」と「人格の意識」（ないし「自我意識」）として特徴づけた。ヤスパースは次のように言う。

> 発展しているあらゆる心的生の中に（in allem entwickelten Seelenleben）、いかなる仕方でも還元不可能な根本現象があり、それは、主観が諸々の客観（諸々の対象）に相対しているということ（daß ein Subjekt den

Objekten（Gegenständen）gegenübersteht）であり、また、人格（eine Persönlichkeit）〔自我（ein Ich）〕は自らが諸々の内容に向けられていることを知っているということである。それに応じて、われわれは対象意識（ein Gegenstandsbewußtsein）を人格の意識（ein Persönlichkeitsbewußtsein）〔自我意識（ein Ichbewußtsein）〕に対置することができる。[21]

「対象意識」と（『精神病理学総論』の第二版以降は「自我意識」へ改称される）「人格の意識」を、心的生における対照的な個別的現象として描出したことは、ヤスパースが精神病理学の分野で上げた功績の一つである。ヤスパースにとって、「意識」とは「目下の心的生の全体（das Ganze des momentanen Seelenlebens）」であり、それは、その上に個々の心的現象が現れてはまたそこから消え去るような「舞台（die Bühne）」やその中で個々の心的現象が動いているところの「媒体（das Medium）」に譬えられる。[22] 心的生においては、意識作用の主体としての自我が、外界の対象を志向するとともに自我自身を反省するという根本現象があるため、「対象意識」と「自我意識」（「人格の意識」）との根源的相互性が展開される。心的生のいわば活動場所である「意識」では、諸対象に向かう志向的な「対象意識」と反省的な「自我意識」が互いに交錯しながら共働的に機能することによって、心的現象が生起する。このように、「自我意識」と「対象意識」のからまりあいのなかで、われわれの意識の流れは続いていくのである。

第2節　自我意識の形式的特徴

意識の「主客分裂」を構成するのは「自我意識」と「対象意識」の相互連関であり、どちらの意識においても意識作用の主体は「主観」である。相反する方向性をもつ二つの意識のうち、ヤスパースの心理学・哲学において重視されるのは「自我意識」のはたらきである。「自我意識」のあり方は、「自我が自分自身をいかに意識しているかというその様態（die Weise, wie das Ich sich seiner selbst bewußt ist）」および「自我が自分自身をいかに体験するかというその様態（die Weise, wie das Ich sich selbst erlebt）（主観的人格（subjektive Persönlichkeit））」を意味する。そしてこの意識は、「ある人格の他の人たちに対する現象（客観的人格、性格）」とは厳然と区別される。この「自我意識」の形式的特徴として、ヤスパースは『精神病理学総論』で次の四つを挙げている[23]。すなわち、（1）外界や他人に対する自我意識（das Ichbewußtsein im Gegensatz zum Außen und zum anderen）、（2）能動性の意識（das Aktivitätsbewußtsein）、（3）同一性の意識（das Bewußtsein der Identität）、（4）単一性の意識（das Bewußtsein der Einfachheit）である。これらの特徴は、異なる条件下でも原則的には不変の、「主観」の活動形式である。個人が代わっても、主観の活動形式はくり返される。「私」が「私」をどのように認識しているか、その内容には個人の数だけバリエーションがあるとしても、その形態について多くの人間に共通する意味を見出すことは可能であろう。ヤスパースが抽出した「自我意識」の形式的特徴は、現代の臨床心理学においても通用する意義をもっている[24]。

さて、哲学に転向後のヤスパースは、意識について語る際、「私（ich）」、「自我（das Ich）」、「自己（Selbst）」

を区別して用いるようになる。「私」という代名詞は、「対象であるのではなく〔自分のことを〕私と言う存在の唯一性が表現されようとしている言語形式[25]」である。物心ついてまもなくわれわれは、自分について述べるときには主語を「私」にするのだと教えられる。「私」とは自分の意識の主体を指す言葉である。他方で、「自我」は「人工的で、文法に反した名詞的形成物であるが、この名詞的形成物は、哲学するはたらきにおいては習慣化しており、私というものの客観存在を想像上可能にする[26]」と性格づけられている。「自我」とは、「私」の意識作用を統御する機構として理論上想定されたものである。ヤスパースは「自我」という概念装置を用いて、本来は主観的であるはずの「私」を、すべての人間に共通する悟性的意識作用（意識一般）・「私」の外観的な様相（自我相）・「私」の行動様式の内的根源（性格）といった、三つの面から客観的に認識することを試みる。そして、「自己」とは、多元的な意識作用を組織化しつつ、「超越者」（「包越者」）との関係を通して新たな意識作用を生み出す、メタ次元の意識のはたらきである。続く考察では、「自我」意識の形式的特徴を「私」や「自己」と比較しながら見ていく。

第一に、外界や他人に対する意識とは、自分を自分以外のものや他人とは区別して認識することである。ヤスパースによると、（現在では統合失調症と呼ばれている）「精神分裂病（Schizophrenie）」の症状の中には自分と外界の境界が不明瞭になるというかたちで自我意識の異常が起こる場合があり、例えば、誰かが絨毯を叩いているのを見て自分が叩かれているように思えたり、自分があたかも数学的点であるかのように思えたりする症例があるという[27]。人間は生まれてから数か月間は、自分と自分でないものの境界のない、非二元的な世界の中に生きている[28]。乳幼児が「私」と言えるようになり「自我」に目覚めていく過程は、当初は一体化して捉えていた自分と自分以外のものを個々別々のものとして識別し、それらを言葉で表現することを覚えていく過程と重なる。身体が成長するのにともなって人間の意識は、自分の内側と外側を明確に区別しながら「自我」を確立しようとする。時間の経過とともに、われわれの「自我意識」の内容は変化し続ける。けれども、「自我意識」のはたらきが、自他の対置を基軸として、「自我」を中心とする内界の布置結構をつくることは終生変わらない。

第二に、能動性の意識とは、感情、知覚、身体感覚、表象、思考などが生起するあらゆる心的過程にいつも伴っている、「私」が感じている、この考えは「私のもの」である、などの主体性の意識である。正常な自我意識は、どのような心的体験にも自分の所為であるという意識を付随させ、それによって種種雑多な心的体験を統一している。しかし、精神病患者のもとでは、感情などの心的要素が「私のものではない、私の知らないものである、自動的である、ひとりでに起こる、どこか別の場所から行われるという意識とともに現れる」ことがあるという。そうした現象は、自我意識の異常の一形態と診断され、「人格感喪失現象（Depersonalisationserscheinungen）」と呼ばれる。[29] 能動性の意識が欠如すると、デカルトの根本命題である「我思う、ゆえに我あり」が実際には成り立たないことになる。[30] この能動性の意識が人間の自我や人格に不可欠であることは、ロックがすでに『人間知性論』の中で記述している。[31] ロックによれば、われわれが何かを知覚したり思考したり欲したりするときには同時に自分がそのようにしていることを意識しているのであり、その意識によってわれわれが「自己」（self）」と自称するものや「人格の同一性（personal Identity）」が成立する。

第三に、同一性の意識とは、過去・現在・未来を通じて自分は同一人物であるという自覚である。このような考え方はヤスパースに始まったわけではなく、例えば、ロックは、「人格の同一性」の根拠を、「実体の同一性（the Identity of Substance）」のうちにではなく「意識の同一性（the Identity of consciousness）」のうちに見出す。[32] ロックによれば、物質の同一性とは異なり、人格の同一性は身体を構成する粒子の同一性に依存するのではないため、たとえ四肢を切断されても当人の人格の同一性は変化せず、意識のみが時間的・距離的に隔たった存在を同一の人格に結合することができる。[33] 厳密に言えば、ヤスパースのもとで「人格」は「自我意識」における意識作用の主体としての「自我」と客体としての「自我」の相互連関を意味する。[34] そのため、この第三の特徴である同一性とは、「人格の同一性」ではなく「自我の同一性」であって、同一であるのは、「人格」の変容過程の中でもなお存続する、意識内容の結節点としての「自我」である。この「自我」は、「私は考えている」という考えるはたらきの主体であることが、『哲学』において次のように述べられる。

> 自我は自らをただ「私は考えている」ということ（das *„ich denke"*）としてのみ把握する。すべての他のものは変転しうるけれども「私は考えている」ということは存続しなければならない限り、この「私は考えている」ということはあらゆる自我意識の中核をなしている。「私は考えている」ということにおいて自我は自らを、自己同一的として、すなわち、現在の瞬間における一つのものとして、また想起されている時間あるいは未来と考えられる時間の経過を通して一つのものとして、把握する。[35]

人間が「私は考えている」ということに気づくのは、意識には「私が考えていることを私は考えている」[36]という自己言及的性質が備わっているからである。翻って自分自身に意識を向けるという反省作用の中で、自我存在は把握される。ヤスパースの見方によれば、個人は〈現在考えている私〉を基点に据えて、同様に〈考える〉あるいは〈反省する〉という形式的機能をもつ、〈過去あるいは未来の私〉をその基点へ収束させる。「私」の内実はその表現に時間を不可欠とするが、〈現在考えている私〉を基点として、〈昔も考えていた私〉や〈未来も考えているであろう私〉、そして〈考えている〉という機能が止まる私の死まで視野に入れ、時の経過とともにに移り変わる「私」を跡づけたり予想したりすることができる。それによって、点のような主観としての「自我」のうちに、長い時系列を取り込むことが可能となる。自我意識が「私」の恒常性を維持するからこそ、衝撃的な体験をして価値観や行動様式が激変したり、人生が非連続に思えるほど生活が変化したりしても、われわれはある程度まとまりのある一個の自我を持ち続けていられるのである。自我意識の徴表の中でも特に、同一性の意識と単一性の意識は、個人のアイデンティティ[37]を支えるのに不可欠である。

このように、何かを考えている限りそのように考えている自分は存在するという発想は、デカルトの「コーギトー」という直覚的自我の流れを汲むものである。これに対して、科学的に主流であるのは、脳神経系が精神的自己を、免疫系が身体的自己を、それぞれ決定するという考え方である[38]。そして、現在でも人々の意見が分かれるのは、精神的自己を脳に帰するか意識に帰するかという点である。この点に関してヤスパースは次のように述べる。

私が四肢や個々の器官や脳の部分でさえも失うことはありうるが、それでも私は私であり続ける。たしかに、それらを失うことによって私の状況は変えられるかもしれない。しかし、たとえ身体的毀損によって他の生活条件の下に置かれるとしても、私はやはり本質的には同じ私であり続ける。ただ、肉体の破壊によって私の意識が途絶える場合のみ、あるいは状況の変化によって障害が生じ、私の定位や記憶が失われていき、交わりが不可能になり、錯覚や狂気が私を完全に満たす場合のみ、私自身はもはや存在しない[39]。

ヤスパースの立場から言えば「いかなる身体の部分も本質的には私に属さない[40]」のであり、脳も例外ではない。もしある日突然身体の一部を失うことがあれば、その欠損部分をめぐって物理的にも精神的にも変容が生じるが、それでもそれ以前の「私」とそれ以後の「私」に持続しているはたらきがある。〈今までもこれからも私は私であり続ける〉ことを支えているはたらきは、自我意識における主体としての自我と客体としての自我の循環運動なのである。とはいえ、自我意識は、身体という物質に依存しつつ、自我の空間的・時間的・社会的位置づけを行いながら機能する。そのため、身体的損傷によって意識がなくなる場合、あるいは意識はあっても見当識や記憶やコミュニケーション能力が奪われる場合、自我意識の基盤は失われる。

われわれはやはり個人の同一性の拠り所を、身体を構成する物質のみに求めることはできないであろう。ヤスパースが「私の身体はその成分を絶えず新たにする。身体の質料は交代するが、私は同一のままである」[41]と述べているように、体内の物質的システムを構成する要素は時々刻々変化しているにもかかわらず、ひとりひとりは或る種の同一性を保ちながら生き続けている。例えば、体内の分子の七パーセントは常に代謝しており[42]、一年が経てば人体を構成する物質の九割以上が入れ替わる[43]。仮に意識が脳の高次機能の一部にすぎないことを認めるとしても、個人が生まれてから死ぬまで脳が同じ状態をとることは二度とない。脳は約百三十億の神経細胞を含む器官であるが、現在の脳細胞を構成している原子は一年前にあったものとは異なり、先週食べた物の原子がすでに組み込まれている[44]。身体の細胞をつくっている物質が変わっていく中で、細胞の中のゲノムのはたらきによって個人に特有の細胞が形成されていく。そうであるからには、「私は私である」という、同一性や唯一無二性の確信としてのアイデンティティは、身体（やその一部としての脳）の形態に依存しているのではなく、自我意識のはたらきと意識内容によって支えられているのである。

また、脳神経系と同様に身体の統合能力をもつ免疫系においても事情は同様である。個体の免疫系は、ウィルスや細菌などの侵入によって「非自己」化した分子を識別して免疫反応を起こし、「自己」を守るはたらきをするという意味で、身体のアイデンティティを決定する細胞群、すなわち身体的セルフを構築するシステムであると言われる[45]。その免疫系の中枢臓器である「胸腺」――この「胸腺」の中で免疫反応の主役となるT細胞が作り出される――は、人体において十代で最大になった後は退縮の一途をたどり、四十代で二十分の一ほどになり、八十代では痕跡程度になるためもあって、加齢とともに人間は感染症や癌に罹りやすくなるという。それにもかかわらず、たいていの人間は生涯を通じて一貫して同じ「私」が生き続けていることを自覚している。たとえ他人の骨髄血や臓器を体内に移植したとしても、「私は私であり、私以外のなにものでもない」ことが本質的に変わるわけではない。実際、物質的実体とは独立の自我のレヴェルにおける同一性の自覚は、西洋近代的自我の形成・確立が重視されている社会では構成員各自に要請されており、例えば、われわれは過去に自分がした約束や犯罪について、今の自分は別人なのだからと言って行為の責任を免れることは原則的にできない。個人が年を取るにつれて、脳や胸腺などの臓器の形態は変化し、その機能もまた変化する。臓器の発達や退化は、客観的に計測可能であるが、そのような客観的要素の分析によってわかる「私」は部分的なものであり、アイデンティティはそのような計測可能な要素のみによって構成されうる概念ではないであろう。「私」を「私」たらしめているものを問うならば、自然科学的な方法によって観察可能な外的事象――例えば脳神経系や免疫系といった身体の構造や機能――を解明するのみならず、ヤスパースのように、意識という主観的体験に焦点を当てることもまた必要である。

第四に、単一性の意識とは、自分は唯一無二であるという意識である。客観的観点から見ればどこにでもいる平凡な人間にとってさえも、「私」は、この世界の何ものにも代えられない、代替不能の一人称の存在として意識されている。この世にたった一人の掛け替えのない「私」という近代的自我の概念は、現代人にとって日常的実感として当然のことであろう。また、もしこの意味での自我の単一性を前提としないのであれば、例えば個人の入れ替わりや人格の多重性が容認されるのであれば、契約を結んだり決済したりすることがうまくいかず、現代の資本主義経済は成り立たないであろう。生物学的にも、同じ遺伝子のセットをもった個人は、一卵性双生児のような場合を除いて、この世に一人しかいないと考えられている。[46] 厳密には、ゲノムが同一であるはずの一卵性双生児の間でも、個体発生の過程で偶発的な要因が入り込むため、個体としての完全な同一性は存在しないとされる。[47] 誕生から死までゲノムが個体をつくる過程には環境の因子が影響を及ぼし、環境との偶然的な出会いに応じてゲノムのポテンシャルの中からどれが発現するかは千差万別であるため、たとえ一卵性双生児のように同じゲノムから出発しても、独自の個体が発生するという。[48] 特に免疫系の遺伝子の動きは一卵性双生児の間でも同一ではなく、ひとりひとり異なる免疫反応を示すことが報告されている。[49] 遺伝子の解析結果から明らかになったように、どの人間の身体も九九・九パーセント以上同じ物質から構成されているが、しかし体内における個々の分子のふるまいや組織化には大きな個体差がある。

このように、生命体のレヴェルにおける個人の個別性は精密に決定されているけれども、意識の次元での単一性はそれほど安定しているとは言えない。自我意識の連続性のない二つの人格が同一個人のもとで交互に現れる、「二重人格」という現象や、もう一人の自分あるいは自分の分身が知覚される、「二重身（ドッペルゲンガー）」という現象が起こるのは、文学作品の中だけではなく、それらの実例も報告されている。[50] ヤスパースによると、話をしているうちに話者としての自分とそれを観察したり聴いたりしている自分に分離するように感じる体験はよくあることであり、これが少しの間だけ続く限りは異常ではないが、長く続くと当人の思考の経過に障害をきたす。自我の単一性の意識が著しく変化する病理現象として、当人は無自覚のままに別の人格が自我の座を奪うことや、自分の人格が二重化されていると当人が明確に述べることがあるという。このような「二重人格（die Verdoppelung der Persönlichkeit）」の体験においては、二つの系列の心的過程が別々の感情連関を伴って相互関係なしに進行している。この場合、一つの自我が、二つの人格を別個に現象させるという矛盾が、同一個人の心的生の中で成り立っているのである[51]。

以上、四つの形式的特徴を見てきたが、改めて考えてみると、これらが「私」のあり方の基礎構造をなしており、われわれが他の人々と円滑に交際したり社会に参加したりするための当然の前提になっていることがわかる。これらの主観の活動形式が正常に機能することは、現代の社会においてわれわれが一個の「人格」として自他ともに認められるために必要なことである。しかしながら、（1）自他の区別・（2）能動性・（3）同一性・（4）単一性を自覚している個人という、近代的自我の概念は、西洋において生まれたものであり、したがってそれは西洋の社会や文化のあり方と深く関係していることに留意するべきであろう。近代的自我の概念は西洋の社会システムやキリスト教文化に組み込まれて機能しており、それはたしかに資本主義経済や民主主義や自然科学の発展に資するところがあった。しかしながら、近代的自我の概念の普及は、人々の生活に目覚ましい進歩をもたらした反面、思わぬ副作用も引き起こした。人々は、社会の中で生き残り成功するために、強い自我を発動して自分の内部でも外部でも闘わざるをえなくなり、意識という舞台の上で自我をうまく演じようと努めるようになった。そのために、自我に執着することから起こるさまざまな問題――自我が統制できない無意識（あるいは深層意識）に由来する心の病、満たされない我欲、他者に対する否定的な感情（例えば、嫉妬・恨み・怒り・憎悪）、相互関係の欠乏による孤独感など――が人々を苦しめるようになった。

日本の社会や文化は、西洋由来の近代的自我の概念やそれを前提にして成り立っているシステムを、それらの表面をなぞるような仕方で取り入れてきた。この輸入は、日本における「個」と「全体」の関係に大きな変化をもたらした。古来日本には神道や儒教や仏教の影響を大きく受けた精神風土があり、これには忠孝や礼節を重んじるなど有意義な面もたしかにあった。他面で、この風土の中では自分が大切に思うことを貫こうとすれば村八分にされかねないような危険があったため、人々はともすれば右顧左眄《うこさべん》しがちであった。養老孟司によると、明治維新以降、西洋の個人主義が流入し、それに対して保守原理主義という反発が底流としてあり、その反発の流れが戦争中に極端な形で表面化したという(52)。第二次世界大戦中の日本人は、国家権力によって国民としての義務の遂行や国家の決定への忍従をけしかけられ、対極にある個人の生命の尊重や各自の人間性の発露を憚った。「欲しがりません勝つまでは」という流行歌や「滅私奉公」という標語が、日本列島を席巻した。ところが、全体への奉仕を要請する風潮が一転して、戦後の日本政府は欧米に倣って「個性を尊重する」方針を打ち出した。この国策の急転換は、日本人の生活様式を激変させ、本来は相容れない新旧の考え方が交錯する事態を招き、一般的な日本人の多くは、日本人に特有の考え方と西洋流の個人主義や民主主義を適当に混合しながら生きるようになった。日本の精神風土に見られる「曖昧さ」は、西洋人にはしばしば不可解なものであるが、その背景には長い歴史があり、とりわけ明治維新から戦後までの対外政策が大きく関与していると思われる。

一方で、戦後以来、個人主義やそれを前提とする民主主義が大勢を支配するようになった日本社会では、個人が世間体を慮って勝手気ままな行動を抑制するような考え方が勢いを弱め、私欲・私情の傲慢な放出が許容され、生存競争に勝つことが奨励されるようになった。遠藤周作は、現代の日本社会では、世間体や常識が倫理的抑止力を失いつつあることから、個人の心に内在しているが本来は食い止められるべき「悪」が露出しやすい状況が生じており、それはいじめの問題に顕著に現れている、と指摘している[53]。筆者から見ても、競争心を煽り立てる世論や、成績に基づいて「合理的に」生徒を区別する教育環境は、いじめの温床になりやすいと思われる。他方で、現代の日本には我慢や謙譲を美徳とみなす独特の風土が残っており、環境からの同調圧力が大きく物を言う雰囲気がある。ここでは「私」を主張するよりも、周囲の思惑を察して「皆」にとって都合がよいように振る舞うほうが、結局は「私」が評価されやすく得をしやすいことがある。河合隼雄によると、日本人の特性には、全体的な調和を優先させ、与えられた場の平衡状態の維持を非常に大切にするところがある。そのため、「個の確立」を図ろうとする者が下手をすると、場の均質性や調和性を乱す者とみなされて、社会の中で「悪」のレッテルを貼られる危険性があるという[54]。この危険性に関して河合は次のようにも記している。

日本という国では、一般の傾向と異なることをする、自立的に動く、というのは危険である。常に全体のなかに自分を際立たせないように位置づけておかねばならない。と言っても、日本人は個性がないとか、自分のことを考えないというのではない。一体感的関係を優先させながら、そのなかで自分の欲することをしたり、個性をあらわすことを考える[55]。

日本社会の中で生きる限り、日本人的人間関係 —— 自立した個人と個人の関係より、全体との感情的一体感や全体としての場の調和を大切にする —— の枠内で自分の個性を発揮することを考えるのが無難である、という河合の指摘には、筆者の実感に照らしてみても肯ける。河合の明察や日本における国民精神の変遷に目を向けると、「個」と「全体」の間で極端に振れ過ぎずに両者のバランスをとることの重要さが見えてくる。近代以降の西洋社会では、個人主義を前提とした民主主義が浸透していき、個人が自立的な「自我」を確立し、その「自我」を主体として合理的に思考し行動することが是とされた。強固な「自我」を持った個人がいてこそ、個人と個人の有意義な関係が可能になり、社会も繁栄すると考えられていた。このように「自我」を人間の心の中心とする、欧米で市民権を得た考え方に、ヤスパースは反対であった。彼は、「私」や「自我」としての「個」や、「世間」や「国家」としての「全体」に中心を置くのではなく、有限的世界を超えた次元に「個」として同時に普遍であるところの自己（das Selbst, das als Einzelnes zugleich das Allgemeine ist）[56]といういわば無限遠点を設けて、それを中心に個人がバランスをとるような人間の生き方を考えた。日本で生まれ育った者には、多くの西洋人がある程度確立している「自我」を、同様に確立することは難しい。「自己」を通して「個」と「全体」の中庸をとり、「普遍」へと意識を導く彼の発想は、自分の本心も世間体もどちらも大事にしたい現代日本人にとって親しみやすいし、近代的自我の概念がすんなりとは馴染みにくい日本の精神風土にも浸透しやすいであろう。本節の確認を踏まえて、次節では、「人格」との関連で生じる自我意識と対象意識の相補性について考察する。

第3節　人格における自我意識と対象意識の相補性

自我意識と対象意識の相補性を考察するのに先立って、まず「人格」という概念の原義を確認するため、『精神病理学総論』における記述を辿っていく。ヤスパースが精神病理学の分野で打ち出した新機軸を簡単に述べると、まず「静的了解（statisches Verstehen）」によって個々の心的現象の性質や状態を把握し、そのうえで、「発生的了解（genetisches Verstehen）」によって個々の心的現象間の連関すなわち「了解的連関」を解明することを目指す、「主観的心理学（subjektive Psychologie）」の立場を提唱した、ということである。このように「了解」を主要な認識方法とする心理学的立場に基づいて、ヤスパースは、「諸々の了解的連関の全体（*das Ganze der verständlichen Zusammenhänge*）、とりわけ欲動の生と感情の生（das Trieb- und Gefühlsleben）の全体、価値づけと希求（Wertungen und Strebungen）の全体、意志（der Wille）の全体」[57]を「人格」と呼んだ。

まず留意すべき点は、通常の意味での「人格」、すなわち「思考や行為において矛盾のないこと、首尾一貫していること、信頼できること」などといった属性をもつ「個人の理想像」と、ヤスパースの術語としての「人格」は、全く関係がないという点である[58]。ヤスパースのもとでの「人格」は、アリストテレスの「徳（ἀρετή アレテー）」のような賞賛されるべき魂の状態[59]や優れた人間性一般ではない。さらに、ヤスパースは、一般に「人格」に含めて考えられることの多い「知能（Intelligenz）」を「人格とその発展の諸条件ではあるが、人格そのものではない」[60]として、両者を区別する必要性を強調している。「知能」とは、「諸々の心的素質のうち、肯定的に評価される何らかの作業のために役立つ諸々の道具」すなわち「才能の総体（die Gesamtheit der Begabungen）」を意味するが[61]、このような意味で試験や評価の対象になる能力は「人格」ではない。ヤスパースの用語である（主観的な）「人格」は、「自我において自我自身を意識する連関（ein im Ich seiner selbst bewußter Zusammenhang）」[62]、すなわち、「自我意識」における意識作用の主体としての「自我」と客体としての「自我」の相互連関を意味する。

したがって、「人格」は「自我意識」のあり方であり、「自我意識」の変化に応じて「人格」も変化する。「自我意識」は、「前へ駆り立てる自我の状態（vorandrängende Ichzustände）」である「欲動（Trieb）」と「受動的な自我の状態」である「感情（Gefühl）」という心的現象と、それぞれきわめて深く連関しながら[63]、段階を経てその内容を変化させる。「自我意識」には、「極めて単純な、内容の乏しい現存在から、体験において自ら自身を意識している、極めて内容豊富な充満まで連なる、発展段階の無限の系列（eine unendliche Reihe von Entwicklungsstufen）がある[64]」とされる。このように「自我意識」の「発展段階」が上がっていく階梯は、心的生全体の「分化（Differenzierung）」の一側面である[65]。生物学において系統発生と個体発生をフラクタル構造において捉える考え方があるが、ヤスパースもまた、生物の進化を表す系統樹が上へ行くほど複雑に枝分かれしながら伸び広がる様子と、個人の心的生が新たな力や活動性を加えながら進展する様子を、類比的に想定している。「分化」が進展する原因は、生来の個人的素質とその素質に影響を及ぼす文化圏の二つにあり、「分化」の度合いが高まるほど、個々の心的事象は、「自我意識」においても「対象意識」においても、より明確な形式をもつようになり、内容もより豊富になるという[66]。

注目すべきであるのは、心的生の「分化」の度合いは個人ごとに異なり、「分化」の現れとして「自我意識」が発展し「人格」が形成されていく中で、その「人格」に関しても複数の人間の間には「水準の差異（Niveauunterschiede）」が生じることである。「人格を了解するためには、その人格が分化のどの水準にあるか（auf welchem *Niveau der Differenzierung* die Persönlichkeit sich befindet）を意識することが肝要である[67]」という。ヤスパースの見解によると、精神病理学者にとって、心的生を認識することとそれを評価することを峻別したうえで可能な限り評価することは慎むべきであるが[68]、それでもやはり分化の程度が高い心的生は創造的な仕事の源泉である点で高く評価されてしかるべきだという。「人格である個人のもとには、自分自身を感じること（*ein*

Gefühl seiner selbst）、個人的な自我感（*ein individuelles Ichgefühl*）が現前していなければならない。これはすべての心的事象に全く同じように伴う抽象的自我感ではなく、自分自身を一個の特別な自我（*ein besonderes Ich*）として意識している自我感である」[69]とされ、心的生の水準が低下し「自我意識」が不明瞭になるどこかで「人格」は消失すると考えられている。「人格」は、何か不変の固定されたものではなく、心的生が分化し「自我意識」が発展するのに応じて複雑多岐で内容豊富なものへと変化するというヤスパースの考えは、『精神病理学総論』の第二版（一九二〇年）以降において、「人格の意識」が「自我意識」に改称され、「この〔自我意識の〕内容的な現象と発展の中で自我は自らを人格として意識するようになる」という記述が挿入されていることからも明らかである。[70]このように心的生の「自我意識」の側面に「発展段階の系列」を想定する考え方は、主観性に階層を区分する、ヤスパース哲学の根本姿勢へ通じると考えられる。

それでは、「人格」とは、「自我意識」のどのようなあり方であり、内容的にはどのように充実していくのであろうか。「自我意識」のあり方を大きく左右するのは、「欲動」と「感情」という二つの「自我規定性（Ichbestimmtheit）」[71]であるが、特に、人間を行動へと駆り立てる原動力としての「欲動」の均衡状態が、「人格」の重要な一側面とされている。[72]それゆえ、「自我意識」の「発展段階の系列」においてどのような心的現象が生起するのかは、「欲動と意志の体験（Trieb- und Willenserlebnisse）の系列」という側面から見えてくる。ヤスパースが想定した「欲動と意志の体験の系列」は、「新たな性質を持つ諸要素が発生することによって分断されながら次第に複雑さを増していく系列」であり、より具体的には、「その系列は、かろうじて意識を伴っているが行為の目標をわかっていない、反射的な諸々の欲動行為に始まり、生命全体を基盤にして、あらゆる欲動、結果について知っていることのすべて、人格によって承認されているすべての諸価値を、十全に意識して生じる、意志の諸決断にまで至る」という[73]。

この系列には、三つの「重要な還元不可能な現象」が含まれている。その三つとは、欲動の動きの体験、動機の争いの体験、そして意志作用の体験である。第一に、この系列の初期状態には「内容も方向もない原初的な衝動の体験（das Erleben eines primären inhalts- und richtungslosen *Dranges*）」や「意識されないままに一つの目標に向かう自然的な欲動（die natürlichen *Triebe*）」が現れる。前者の現象が「抑制されず、抑制不可能で、制御されていない」あり方で表出したものが「衝動的行為（impulsive Handlungen）」と呼ばれる。後者の自然的な欲動の動きが「それ以上のものなしに、葛藤なしに、決断なしに、それでもやはり人格によるひそかな制御を受けて解放される」とき、それは「欲動行為（Triebhandlungen）」と呼ばれ、日常生活の行為の大部分がこれに該当するとされる[74]。第二に、人格の意識（自我意識）が発展していくにつれて、「欲動の動き（die Triebregungen）」、「結果について知っていること（das Wissen von Folgen）」、「目標の表象（die Zielvorstellungen）」という三つの要素が行為の「動機」として相互に争う、「軋轢ないし相克（die Entzweiung resp. Entgegensetzung）の体験」が現れる。われわれを行為へ駆り立てる「欲動」は、身体的欲動・生命的欲動・精神的欲動という三群の欲動層にさらに区別して考えることができ、われわれの内部では質の異なる「欲動」どうしが互いに反発しあっている。また、経験を積むにつれてわれわれは、欲動は自分が抱いている通りには現実化しないことを知り、特定の欲動の充足がどのような状況の変化をもたらすかについて、ある程度予測できるようになる。そのため、そうした予知が、特定の欲動を抑制することもあれば優先することもある。そして、個人が何らかの目標を価値あるものとして見出す能力を身につけると、目標を意欲する意志が、身体の動きや心的事象の進行に瞬間的作用を及ぼすだけでなく、訓練や学習や習慣を持続させることにより、意志の精神物理学的現存在の形態――芸能や技巧や人格などとして形成される――を徐々に獲得していく。[75] これら三種に大分される動機の間で、われわれは行為に及ぶ前に、考量し、揺れ動き、葛藤する。第三に、三種の動機を踏まえたうえで、勘案事項について「私はそれを意欲する」あるいは「私はそれを意欲しない」という決断を下す、一連の「意志作用（der Willensakt）」が起こる。ヤスパースは「選択と決断が何らかの様式で体験されているときにのみ、われわれは意志や随意行為（*Willkürhandlungen*）について語る」と述べる。ここで言われている「選択」や「決断」は実存的なものとは限らないが、人格の意識（自我意識）の発展の度合いと、複雑化した動機と外面上の行為との間に意志のはたらきが介入する度合いは、比例する。個人の心的生が原初的で未分化な状態では、知と経験が欠けており、専ら身体的欲求がそのまま「欲動行為」に直結する。個人が内面的に成長するにつれ、次第に複雑な動機が体験されるようになり、選択・決断したものを心的帰結としてそれを身体運動に転換する「意志作用」の力が高まっていく過程は、「人格」の発展の重要な一側面である。

したがって、「自我意識」のあり方を規定する「欲動」の観点から言えば、「人格」とは、個人の心的生の内で多様な欲動の発動・葛藤・充足がいかに行われるのか、その按配の具合である。換言すると、個人の「人格」が陶冶される過程は、複雑多岐にわたる欲動の連関作用と衝突を通して生じる、個人の心的生の展開と変化である。その過程は、他のすべての欲動を超越して、何らかの目標を意欲する、いわば一つの特別な欲動としての意志が、[76] 多様な欲動を能動的に満たしたり抑制したりしながらある程度の均衡を内面生活の内にもたらすことで進行する。[77]

他方で、「人格」の形成には「対象意識」の側面からも影響が及ぶ。「対象意識」とは、「諸対象がわれわれにとって現在している現存在様態（die Daseinsweise, in der uns Gegenstände gegenwärtig sind）」であり、知覚、表象、意識性、思考、判断などの形式がある。これらの形式をとりながら、内容的には、「対象的なものの三つの世界（die drei Welten des Gegenständlichen）」——「感覚的世界（die sinnliche Welt）」（日常的な意味での外界、現実1と現実2）、「心的世界（die seelische Welt）」（意識によって生み出される内的世界、現実3）、「（真理、美、道徳など）価値の世界（die Welt der Werte）」、すなわち、われわれに対して立ちはだかる要求（die Forderungen, die uns entgegentreten）の世界」（行為、文化的作品、社会的制度などによって表現される精神の世界、現実4）——が意識されているという。[78] 心的生が分化する過程は、「対象意識」の側面から見れば、これら三つの領域の世界像がそれぞれより明確になるとともに、相互間の情報伝達がより密になる過程を意味する。これらの三つの対象領域のうち、最も密接に「人格」と関わっているのは「価値の世界」（現実4）である。真理や健康や名声など無数の事柄が、人間にとって重要なもの、つまり「価値」あるものとみなされている。『世界観の心理学』において「価値」とは「事柄の上に置かれている何らかの強調（ein Akzent, der auf die Sache gesetzt ist）」であると定義される。[79] 人間は対象意識の内に現れる物事に対して、これを重んじるか軽んじるか、受け入れるか斥けるか、正の価値や負の価値を付与する判断を行う。行動に先立って人間は、重要性の順序を定め、諸々の価値に優先順位をつけなければならない。真理を頂点としてその下位に名声や健康を配列する者もあれば、家族の幸福を何よりも大事に考えてそれとの関連でその他の価値の軽重を決める者もあり、価値判断の基準は実に人さまざまである。どのような価値の序列を拠り所にして意志が欲動のはたらきをコントロールしているのか、すなわち「どのような価値づけ（Wertungen）がその人間を統制している（lenken）のか」[80] ということが、「人格」のあり方を大きく左右するのである。

このように、日常生活を営んでいる個人の心的生には、「対象意識」のはたらきによって関心や興味が外界の事物や他人に向けられている外向的側面と、「自我意識」において内界の主観的要因が機能する内向的側面があり、これら両面が個人の「人格」に反映される。われわれの心的生が、外向的な「対象意識」のはたらきと内向的な「自我意識」のはたらきの重層構造から成ることを、『世界観の心理学』の中でヤスパースは次のように言い表す。

意識が意識外の諸対象の世界に向かい、その後、いわば心自身への方向転換（eine Umkehr der Richtung auf die Seele selbst）が生じる、これはわれわれの心の根本現象である。意識の後に自己意識（ein Selbstbewußtsein）がある。対象的志向（die gegenständliche Intention）は、いわば曲げ戻され（sich zurückbiegen）、心へとはね返され（sich auf die Seele reflektieren）、いまや、自我（Ich）、自己（Selbst）、人格（Persönlichkeit）と呼ばれるものを対象とする。こうして、直接的な心的生の上に反省された心的生が構築される。[81]

発生の機序から見れば、「対象意識」のはたらきがあって初めて「自我意識」のはたらきが可能になる。そもそも「自我意識」は外界から影響や刺激を受けながら後天的に発生するものであって、意識の初期段階は自我と非我が未分化の状態である。意識発展のある段階で、われわれは他人や事物とは異なる自分というものを客観的に見られるようになる。そして、言葉を用いた反省的思考によって「自我意識」は明瞭になる。[82]「対象意識」から「自我意識」へ、外から内へ志向性の「方向転換」が可能であるのは、意識が主観としての自我と客観としての自我へ「分裂」するからである。概念世界においては自我を主観の側と客観の側に分節できるが、ここまでは主観的自我でここからは客観的自我というように、明確に「分離」や「切断」を行うことはできない。現実においては、志向作用の主体としての自我と志向されている客体としての自我との間に、境界を引くことは不可能である。ヤスパースの見解によると、人間以外の動物たちには現存在のあり方に主観性と客観性への「分裂」がないため、彼らは事実的なあり方を乗り越える可能性を持たない[83]。進化の歴史の中で主観と客観へ「分裂」する程まで意識を発達させた人間だけが、あるがままの自分とあるべき自分との落差に思い悩むことになった。たしかに、知能程度が高い動物たちにおいては人間の「対象意識」のはたらきである知覚や表象や思考などに相当する機能が認められるし、また彼らは本能に従って自然環境に適応することができる。しかし、養老孟司によると、人間ほどに脳細胞の分化が発達していない動物たちの脳のはたらきは、「具体的・身体的な状況依存性」をもつ、つまり、「生理的に必要な機能に束縛される[84]」という。これに対して、感覚世界からの刺激をもとに自我を組み込んだ概念世界を構築していくこと、さらに、本能に抗ってまでも自由な意志決定をなしうることは、人間の特性である。『世界観の心理学』と『哲学』において、意識の主観と客観への分裂は、「自己反省」を可能にするもの、ひいては「自己反省」の一部である「自己形成」を可能にするものとして、一層重要な意義を認められることになる。次節では、分裂の積極的な意義について考察する。

第4節　分裂の意義

「対象意識」のはたらきによって、われわれは事物や他者たちから成る「非我（das Nichtich）」と相互交通をもつ[85]。それだけではなく、主観としての自我と客観としての自我への「分裂」を媒体として、われわれは自分自身に対して関係をもつことができる。「分裂」があることによって、自我は自分自身をも客体として意識する。

そして、そうした反省作用を助けとして、われわれには、自我の安定性・統合性を強化したり、あるいは自我を変革したりすることが可能になる。反省作用は、事実性の認識を目的とするか、可能性の実現を目的とするかに応じて、「観想的自己反省（kontemplative Selbstreflexion）」と「能動的自己反省（aktive Selbstreflexion）」に分かれる。「観想的自己反省」は、「私とは何か」を問うはたらきであり、その過程においては「私」が発揮している能力や素質、また「私」の身体や活動の所産などが認識対象とされ、第三者の観点からも同様に把握できる「私」の客観的側面（三人称的局面）が自覚される。それに対して「能動的自己反省」は、「私とは誰か」という問いを立てて、「私」の意識作用および意識内容を問題にし、いまだ現存していないが現存するべき「自己」を形成する意識作用を生み出す[86]。この「能動的自己反省」の自己形成作用について、ヤスパースは次のように述べる。

能動的自己反省においては、人間は単に「自らを傍観する（sich zusehen）」だけではなく、「自らを意欲する（sich wollen）」。人間は、自らを単純に所与の素質として解するのではなく、決して最終妥当的ではなく常に生成するところの、自己に共にはたらきかけようとする衝動（Impulse, die mitwirken am Selbst）をもっている。人間は、単に考察の材料であるだけではなく、材料（Material）であると同時に形成者（Bildner）なのである[87]。

思考の順序としては、観想的自己反省は能動的自己反省に先行するため、自己形成作用の始点は観想的自己反省にある。人間が「私」の事実的なあり方を認識することには、認識する「私」の主観的体験が伴う。つまり、事実的なあり方に関する自覚が生じることによってすでに、反省以前にはなかった新たな「私」と「私」の関係性が生成しており、「私」は質的に変化を遂げている。自我が主観と客観へ「分裂」することによって初めて、意識は既存の階梯を乗り越えて新たな階梯へ至ることができる。さりとて、自己形成作用は、個人の内的過程で完結するのではなく、内在的なものを外在化する実践へ至って初めてその意義を有する。「自己形成はそのつど、具体的現在における活動であり、材料として、外的状況とその時までに人格であるものおよび人格になったものとを前提としている」[88]ため、対象意識が供する外的状況に関する情報と、観想的自己反省が認識するその時点での人格のあり方に関する情報、それらを理想的自己へ向かう成長の糧として、具体的行動に生かすのに必要な実践的思考を行うことが、能動的自己反省の要諦である。

「主観主義」との関連で重要であるのは、「能動的自己反省」が行う「自己形成」は、個人が各自の「単に主観的なもの」や「全く主観主義的な関心」から解放される過程とも解されていることである[89]。「自己形成」は、「何らかの主導的イメージ（*Leitbilder*）の下での独自の人格の形成（Gestaltung der eigenen Persönlichkeit）」[90]であり、「自己形成」に際してわれわれは、具体的かつ個別的な「欲動」によって駆り立てられるだけではなく、「主導的イメージ」すなわち「理念（Ideen）」の表象を通じて、自分中心の幼児性を脱して全体性へ照準を合わせなければならない。「理念」の表象から発する「情熱的な精神の力」は、人間の意識と身体の全機能を活性化させ、その全機能を個としての「私」の根源へ向けて推進し、そして、今ここにいる「私」には達成不可能ながらも人類全体に与えられている課題の遂行に寄与するために、事実的な「私」を乗り越えさせる。このように、実存の生成の内的過程である「自己形成」が、個を通じて普遍へ至る道程と意味づけられている点に、ヤスパースの心理学・哲学を貫く、主観主義を克服する姿勢が表れている。この点に関しては、本論文の第2章において考察する。

ところで、ヤスパースが意識の主観と客観への「分裂」を問題にするときに特に念頭に置いているのは、西洋近代の自然科学を中心とする諸学問において、悟性のはたらきが生み出す、主観と客観との間の関係性である。ヤスパースは、悟性としての主観を、「外的なもの、対象的なものに向けられた思考作用を行う、個人的になっていない（nicht individuell geworden）、抽象的に想定されている自我存在」としての「意識一般」と呼ぶ[91]。事物や人間に対して何か見解をもつためには、それらと自分との間に間隔を置かなければならない[92]。自然科学の進歩やその科学技術への応用を可能にする前提として、第2節で見たように、個人の自我は自分自身の（1）外界や他人と区別された存在としての自我、（2）能動性、（3）同一性、（4）単一性を認識している必要がある。ヤスパースは、自然科学が認識対象として想定する、究極的には物理学によって説明できる性質のみをもつ物的実体から構成される世界すなわち「現実1」を「自然機械的世界像（das naturmechanische Weltbild）」と呼ぶ[93]。脳科学の発達を背景に、（ヤスパースが「脳神話（Hirnmythologie）」と呼んで敬遠する）心脳同一説が台頭し、心の問題を扱う学問分野でもデカルト的二元論に代わって物的一元論が支配的になった。けれども、万能であるかのように見える科学的認識にも限界があり、例えば、それは主観的な質感（クオリア）を伴う心的現象を物理学的事実として説明することができない。さらに、観察の理論負荷性や自己言及の問題など、近代科学の枠組みでは科学的探究から徹底的に排除された観のあった、認識する者の主観に関する問題が再び浮上する。ヤスパースによれば、科学的認識の特徴はその非個人的な認識過程にある。認識の主観として、個人に特有な条件は排除されて他の個人と代替可能な「意識一般」すなわち「悟性」機能のみが要請される[94]。また、認識の客観としては、数量化可能な性質のみが取り上げられ、物の感覚的性質や心の「一人称的局面」は度外視されることになり、「自然は脱質化され（entqualifiziert werden）、それとともに心が除去される（entseelt werden）[95]」ことになる。要するに、科学的研究は原理上どの自我によっても代替可能な非個人的営為であり、そこでは、心的現実（「現実3」）や精神のはたらき（「現実4」）は度外視され、しかも科学理論に対応する現実すなわち「現実1」は極めて規格化される。ヤスパースはこのような性格をもつ科学的認識の意義を否定しているわけでは決してない。ヤスパースの趣意は、科学的認識の有用性を手段として利用しつつ、科学的認識を乗り越え本質的現象に迫る意識のあり方を提唱することにある。悟性としての意識作用が認識対象を対置する際に生み出される、主観と客観との間の関係性を、ヤスパースが「分離」や「切断」ではなく「分裂」と言い表した背景には、本来は人間と対象との間は明確に切れているのではなく一体化している、つまり両者は「超越者」ないし「包越者」を通じてつながっている、という考え方がある。「主客分裂」を乗り越えて主観と客観の関係性をより深く根拠づける知のあり方、すなわち「超越者」ないし「包越者」へ向かう意識のあり方については、第3章で検討する。

第5節　主観性と客観性の両極性のうちにある実存

自分が思考していることを根拠として「自我」の存在を導き出し、それを「私」と規定するのが近代西洋の考え方であり、そこからヤスパースも出発している。ヤスパースは、「私は考えている」という自分についての直接的な知識から、自我存在の三様の様態を導き出した。第一に、端的な意識としての自我、「点としての悟性[96]」である。これは形式的な主観一般であり、意識をもつ存在者一般に共通する「私」のあり方である。次に、具体的な内実をもった「私」が問題になる。われわれが「私」とは何者であるかを自問しながら反省するとき、まず手掛かりになるのは、自分がどのように見えるかということである。あたかも鏡に映し出すようにしてわれわれは、自分からも他人からも見える自分の姿を間接的に知ることができる。そのようにして第二の自我存在の様態として、「自我相（Ichaspekte）」が考え出された。「自我相」の典型的形態が、「身体我（Körperich）」・「社会我（soziales Ich）」・「業績我（Leistungsich）」・「回想我（Erinnerungsich）」であり、これら四つは「私の可能性の現実化した現象」をそれぞれの角度から映し出した鏡像的自我である。[97] 身体性・社会的役割・仕事の成果・現在までの体験という面から、われわれは自分の現象に関する知識を得ることができる。そしてさらに、そのような現象の根底にあるものを推論することによって「性格（Charakter）」に至る。[98] 個人の行動様式の大本にあると想定される「性格」は、個人に特有の欲動や感情の傾向性であり、心理学の研究対象である。ヤスパースのもとでは、「性格」も「人格」も、欲動生活や感情生活の系を意味する。「性格」は「ある人格の他の人たちに対する現象（客観的人格[99]）」であり、「性格」という語によって特に、客観科学的接近法が適している、所与の心的素質の現れ方や、心的生の外殻に焦点が当てられる。それは、外向型あるいは内向型などとして類型化したり、外的に観察しうる行動から推論したりできる心的傾向性である。同一個人に帰属する「性格」が相対する人間や置かれた環境に応じて別様に変貌しうるし、また、個人が都合に合わせて「性格」を外面的に演じ分けることも可能である。人によっては、学問や芸術への興味、寛容や高潔などを、たとえそれらが実際には自分の中にないとしても、「性格」の要素として装うことができる。これに対して、現象学的接近法が適している「人格」は、外的行動よりも深いレヴェルまで視野を広げて初めて捉えられる、欲動生活と感情生活の中核であり、そこから行動の原動力や動機が発現する。「人格」は所与のあり方と経験との相互作用によって変化していくシステムであり、さらにその変化には当人の意志が関与することができる。[100]

考えるはたらき・自我相・性格、これら三つの自我様態は、「私」の事実的なあり方であり、「私は何であるか」という問いに答えを提供する。このように、〈私とはこういう者だ〉ということをある程度客観化して具体的に把握し、その内容を組織化しながら自我の体系を作り上げていくことは、われわれが生きていくうえで重要なことである。そうではあるけれども、ヤスパースによれば、そのように自我を客観化して反省したり学問的に認識したりする中で、第一に「私」はなお別様でありうること、第二に「私」は対象化し尽くせないことが判明する。

まず、心理学的に解明される「性格」に関しては、既述したように、本来の「性格」と単に外面上の「性格」を厳密には区別することができない。芸能人に限らず、一般に「積極的」・「能動的」と評される現代人の多くは、自分の見せ方を周到に考えて振る舞っているものである。彼らは、舞台上や面接会場や職場などで、場に応じてまるで別人であるかのように、適当なキャラクターを演じることができる。このように個人が自分は何者であるかを演出して表現することは、現代社会の主立った人々が世間一般の人々に要請している能力でもある。われわれは今日、社会に貢献するのに適した「性格」を身につけてそれを発揮することを、あるいはそのような「性格」である振りをすることを、絶えず求められつつある。現代人は、一人一人があたかも人形つかいであるかのように、適切な「性格」を持つ人形を表舞台に出して見せて、裏では複数の人形を操って演じさせなければならない。人間の内面は奥深いものであるゆえ、われわれは他人の見た目の「性格」を知っても、その人の本性や正体を知ったとは言えない。個人の行動様式を左右する機構として当人の内側に参照すべきものには、「性格」のさらに内奥に「人格」がある。

次に、自我の具体的・個別的現象としての「自我相」は、「私」にとって多かれ少なかれ不本意なものであり、しかもそれは時間と空間の制約を受けながら時々刻々と変化する。「私」の現象に付与される価値や意味は時間の経過の中で変動し、所属する共同体が異なれば「私」は別様に規定される。〈別様でありえたかもしれない自分〉としての失われた可能性や、〈これからでもなお別様でありうる自分〉としての将来の可能性を、われわれは自分自身に関して意識する。例えば身体的特徴や職業などは、私とは何者であるかをかりそめに規定する偶然的属性であって、それらの集合が「私」のアイデンティティを保障するわけではない。もし、容姿や身体能力、職業や業績などをアイデンティティの支えにするなら、それらを失う日が訪れたとき、もしくは、それらを世間が評価しなくなったとき、たちまちアイデンティティが不明になる危機に陥るであろう。たしかに、この世に生きている限り、個人が何者であるかは身体や地位や仕事の成果などによって規定される。けれども、この意味でのアイデンティティは、整形手術を受けたり、闇の業者に偽のＩＤを用立ててもらったりすれば、全く別のものに作り変えられる。そこまではしなくても、われわれは、心や精神のはたらきは今のままで身体だけ若返ることができたらいいのに、と思ったことがあるだろう。ファンタジーの流行に顕著に見られるように、多くの人々が、表向きの「私」とは別の「私」に向けた憧れや願いを内に秘め、もし現状の物質的制約を抜け出して別の環境で生きることができたら、もっとリアリティのある、「より真であり、善であり、美である」[101]「私」になれるのにと夢見ている。

このように、「身体我」・「社会我」・「業績我」といった客観的認識の対象としての「自我相」は、「私」と完全には一致しない。そしてまた、「私が体験したこと、見たこと、行い考えたこと、人が私にしたこと、そしていかに人が私を助けてくれたか、これらすべてのことが知らないうちにあるいは意識的な回想において、私の現在の自我意識を規定している」[102]という意味での「回想我」も、その総体にしても「私」と同一ではない。

たしかに、個人が「私」の過去を思い出す作用や過去に関する記憶が「自我意識」の連続性を可能にし、過去の生活史についての意識作用や意識内容が「私」のアイデンティティを根拠づけている。しかし、「私」は一つの時点にとどまることはできず、「私」が生きている限り回想の作用や内容は変転し続ける。とりわけ「実存」が生成する瞬間にはそれまでの「私」とそれからの「私」が分断されるような瞬間が訪れるのであり、「私の本来的自己の瞬間はいずれも（jeder Augenblick meines eigentlichen Selbst）、回想によって規定されると同時に回想に対立する」とヤスパースは述べる[103]。彼はあくまで自我の強化を追求する活動次元より高い次元に実存の実現を位置づけ、すべての人間を「包越者」（ないし「超越者」）の個々の現れとみなす。一般には、個人の「自我」は他人と比較して相対的に優劣を測られ評価されるため、社会生活の中では個人と個人の間には上下関係が生じる。どのような個性をもっているかではなく一定の基準に従って人間につけられる順位は、本来、共同体内部で一時的に通用する相対的評価のはずである。だが、「自我」の確立を重視する社会では、こうした相対的評価があたかも絶対的評価であるかのように解され、構成員としての個人が抱く極端な優越感や劣等感あるいは序列意識が、行動に大きな影響を及ぼすことがある。これに対して、ヤスパースに従って、個人の「私の本来的自己」すなわち「実存」は、それぞれが元来は一者であるもののかけがえのない対等な現れであると想定すると、この世で測定される優劣の差を超えた、個々の「私」の重要性が見えてくる。

そうすると、アイデンティティには、自我としての「私」の同一性と自己としての「私」の同一性を、それぞれ保証するものとして、二重の意味があると言える。一方で、「私とは何か」という問いに答えを与えるアイデンティティは、「自我意識」の形式的特徴や自我の三つの様態――考えるはたらき・自我相・性格――によって主に支えられている。この意味で「私」が何者であるのかは、業績や役職や地位などの客観的指標によって評価され、組織や社会の内部での「私」の位置づけとして定位されることが多い。他方で、「私とは誰か」に相当するアイデンティティは、世俗的評価に従って変動するものではないし、「私」の社会生活のあり方に依存するものでもない。たとえ社会的な対人関係の網の目が変わろうとも、昨日の「私」と今日の「私」が同じであることは、自我意識の働かせ方を創出していく、より高次の「自己意識」によって保証される。ヤスパースの考えでは、人間の「自己意識」は、自分や他人の「自我」を中心に動くのではなく、宇宙の全体のようなものに依存しながら、主観のあり方を絶えず刷新し創造する。「包越者」（＝超越者）と何らかの仕方で関わっているという自覚が、当人の「自己意識」を支える。個人のアイデンティティは、究極的には、当人が「包越者」（＝超越者）といかなる関係をもちながら、「不断の自己超克（eine fortgesetzte Selbstüberwindung）」という意味での「自己の生成（das Werden des Selbst）」を行っているのか[104]、という「自己意識」のあり方に懸かってくるのである。さらに、「自我相」や「性格」として客観化して捉えられる自我は、あるがままの自我が個々の主観を通して濾過された局限的側面にすぎない。自我の全容を明らかにすることは不可能である。なぜなら、人間は各々一個の有機体として生理的かつ心理的な特質をもち、それによって感官知覚の対象の性質は制約されるからである。さらに、人間は、知覚した対象を言語を用いて分節しながら思考するからでもある。例えば、母語が日本語である者とドイツ語である者では、対象の見方や判断の仕方に違いが生じる。そのうえ、個人の精神構造をそのつど規定する、価値観や理論を含む世界観に応じて、観察される自我はさまざまな先入観を反映した様相を呈するからである。

「自我」として客観化しきれない「私」の不透明性は、とりわけ個人が能動的に情熱をもって行動する局面で明確になる。能動的かつ情熱的態度にある人間は、今ここにあるがままの「私」を観想的に考察するだけで満足せずに、可能的なあるべき「私」を追求する。「私」は、一般に自我と呼ばれるものよりももっと奥深い広がりをもつ。反省する自我と反省される自我は同一ではないにもかかわらず、両者が同一個人に帰せられる限り、「私」や「自我」よりも上位の概念が要請される。ヤスパースの言葉で言えば、「私は誰であるか」を問うとき「私は私自身を可能性として非客観的に確信するようになりうる」[105]のであり、この場合の「可能性としての私自身（ich selbst）」が、客観的な「自我」とは区別される「自己（Selbst）」、すなわち「実存」である。

「実存」についての意識は、「自我」についての意識の発達を基盤として覚醒されうるものではあるが、「自我」と「実存」の相違は、それぞれの現象様態において顕著に表れる。「自我」は主観と客観への分裂という関係性の中で現象する。これに対して、「実存」のあらゆる現象には、「主観性と客観性の両極性（die Polarität von Subjektivität und Objektivität）」という関係性が通底している。[106]「実存」は、「主観性としても客観性としても何ら現存在を有していないが、主観性と客観性の両極性における緊張状態を通して（durch die Spannung in der Polarität beider）、現存在の中に自らを現象させる」と言われている。[107]この「両極性」が意味するのは、「実存」は、主観性を追求する動向と客観性へ現実化する動向の、双方の動向の間で有効にはたらきかけあい均衡を保ちながら現象するということである。一方で人間は、内的な欲動や感情の正直なところを大事にする必要があり、外的なものを取捨選択しながら内に取り入れて内的充足を図り、主観的なものを掘り下げてそれを深めていく。他方でまた、人間は外界からの要請に適切に応えて結果を出さなければならず、内面性を表現する客観的形式・形態を習得したり創造したりして、自らの精神活動を伝達し外在化する。生きている個人にとってひとつながりの生命活動であるはずの二つの動向を切り離して考え、どちらか一方を絶対化し、他方を一方に従属させて相対化することによって発生する「精神の型（Geistestyp）」[108]の典型が、「主観主義」や「客観主義」である。けれども、考察上二つに分節される活動が本来は互いに連動したり抑制しあったりする中で、各自の「実存」は現実との接点を得る。「実存は、主観性と客観性の中で、この両者に浸透しながら、自らの実現を求めなければならない[109]」と言われ、主観性と客観性との間の弁証法的運動が実存の生成過程の特徴である。たしかに、ヤスパースが主題的に論じるのは、「現実3」（心的体験）や「現実4」（精神）の領域であるが、しかし、彼の関心事は内在的領域そのものではない。「現実3」や「現実4」の主観的な心的内容の世界が重要であるのは、これらが「現実1」（物質）や「現実2」（生命）の外在的領域の中に、形をとって顕れてくるからこそである。さらに、エネルギー論的観点から見れば、主観的な力を豊かに開発することが、客観的現実を動かして成果をもたらすからでもある。ヤスパースは、「現存在における実存の危険は、単なる主観性の内に孤立すること、あるいは単なる事柄の内に充足することである[110]」と述べ、客観性と隔絶した主観性を追求する「悪しき主観主義（schlechter Subjektivismus）[111]」に対しても、事象に即した客観性一辺倒の「客観主義」に対しても、同様に警戒している。このように主観性と客観性の両極性を重んじるという意味において、ヤスパースの実存哲学は、たとえそれが個人の主観的体験に重点を置いているにせよ、「主観主義」とは一線を画しているのである。

注

（1）　河合隼雄『河合隼雄著作集第Ⅱ期第1巻　コンプレックスと人間』二〇〇一年、岩波書店、一六－一七頁を参照。河合隼雄『河合隼雄著作集第Ⅱ期第2巻　心理療法の展開』一八頁を参照。また、中畑正志「名づける、喩える、書き換える」『岩波講座　哲学01　いま〈哲学する〉ことへ』所収、二〇〇八年、岩波書店、三－四頁を参照。

（2）養老孟司「河合隼雄と言葉」、中沢新一・河合俊雄［編］『思想家　河合隼雄』所収、二〇〇九年、岩波書店、一六五頁を参照。

（3）大森荘蔵は、「痛覚神経、または脳の感覚野の脳細胞の電位変位やその他が、一体どうして「痛い！」という感覚を生むのか」という問いこそ「現代科学の考え方のアキレス腱」であるとみなしている。現代の自然科学の基礎にあるガリレイやデカルト以来の「機械論的世界観」は、認識主観としての人間に客観としての物質を対置するが、形や大きさや運動といった「客観的」性質から、色や音や味などの「主観的」性質の感覚が生まれるその内的メカニズム、「生みの機構」を解明することが重要な課題であるとされる。大森荘蔵『知の構築とその呪縛』ちくま学芸文庫、一九九四年、一四〇－一四二頁を参照。

（4）養老孟司によると、意識の発生に関する問題は、生物学における「構造（物質）と機能（非物質）の関係」に関する問題に帰着するのであり、デカルト式二元論は構造（脳）と機能（心）の分離である。養老は、心は脳の機能であるという前提に立ち——ただし心脳同一説に与するかどうかは明言していない。「私は心脳同一説を唱えているのかもしれないし、そうでないかもしれない」——、心身が二元に見えるのはわれわれの脳が機能と構造を分離する性質をもつことに起因すると述べる。すなわち、脳がより聴覚運動系寄りに捉えられるとそれは心という神経系の「機能」であり、脳がより視覚的に捉えられるとそれは神経系の一部をなす「構造」であるという。養老によると、構造から機能が出てこないのは当然であり、脳だけでなくいかなる器官についても同じ問題（機能と構造の関係の問題）が提出できるのだが、脳の機能が意識という作用を含んでおり、しかも意識を高級なものと見なす価値観があるため、意識の発生があたかも特殊な問題であるかのように扱われているという。養老孟司『唯脳論』、一九八九年（第一刷）、一九九〇年（第四刷）、青土社、五五頁、一四四頁を参照。

（5）養老孟司『唯脳論』一二八頁を参照。

（6）アンリ・エーは、精神生活とその志向的対象を混同せずに注意深く区別する点に、心理学主義に対抗するフッサールの姿勢を見ている。エーによると、対象に向かう意識の志向的な運動は、志向的対象が位置する領域に関わるがゆえに主観的なものではなく、むしろ「志向性は、客体と主体の相互的反省のうちにしか現れない」という。アンリ・エー［著］大橋博司［訳］『意識 1』みすず書房、一九六九年、七一頁を参照。

（7） アンリ・エーは、意識のはたらきの両面的な意義について、次のように言い表している。「意識しているということは自己の経験の特殊性を生きながら、この経験を自己の知識の普遍性に移すことである。だから意識は複合的な構造としてしか、いいかえると主体を他者と世界とに結びつける関係的生活の組織構造としてしか記述されえないものである。内在と超越、直接与件と反省、この二律背反の間にあって意識が構成される。」前掲書、二三頁を参照。エーが述べたこの両面的な意識作用について、河合隼雄は「意識することは、何かを経験することであり、しかもその経験していることに対して判断を下し、それを自分の体系のなかに組み入れようとしている」とパラフレーズしている。河合隼雄『河合隼雄著作集第II期第1巻 コンプレックスと人間』一六－一七頁を参照。

（8） Vgl. Karl Jaspers, *Psychologie der Weltanschauungen*, *S. 26–27.* ハイデッガーもまた、ヤスパースの「分裂」という術語に注目しており、次のように記している。「ヤスパースはまさしく「心的根本現象（*das seelische Urphänomen*）」を「分裂」として性格づけている。主観と客観の間の関係がもつ根本意味は「分裂」である（その際、主観も客観も両方の概念は各々多様性の全体を包括しており、例えば主観とは心とか自我とか体験とか人格とか精神物理的個体である）。」*Martin Heidegger, Anmerkungen zu Karl Jaspers' »Psychologie der Weltanschauungen«, in: Karl Jaspers in der Diskussion*, Herausgegeben von Hans Saner, München 1973, S. 84.

（9） アリストテレス［著］早瀬篤［訳］『命題論』、内山勝利ほか［編］『アリストテレス全集1 カテゴリー論 命題論』所収、二〇一三年、岩波書店、一六二頁（23a）を参照。アリストテレス［著］高橋久一郎［訳］『分析論後書』、『アリストテレス全集2』所収、二〇一四年、岩波書店、三四三－三四四頁（71b）を参照。

（10） ヤスパースは、フッサールの現象学的方法を精神病理学に応用したことを認めている。彼は『哲学的自伝』の中で「患者さんたちが内的に体験することを、意識の内の現象として記述すること、これは可能でありまた得るものが多いことが判明した」と述懐している。Vgl. Jaspers, *Philosophische Autobiographie*, erweiterte Neuausgabe (1977), 2. Auflage, München 1984, S. 23. ヤスパースの『哲学』へのあとがきによると、一九一三年に対面した際フッサールは、ヤスパースの精神病理学の理論を大いに褒め、「あなたは［現象学的］方法を抜群に実践している」と述べた。しかし、ヤスパースは、フッサールの現象学的方法を心理学に属するものとしては高く評価し、それを自らの精神病理学に取り入れもしたが、哲学の理念に関しては賛同しておらず、哲学を厳密な学とみなすフッサールの考え方には断固として反対であった。*Vgl.* Jaspers, *Philosophie I, Philosophische Weltorientierung*（1932）, Vierte, unveränderte Auflage, Berlin u. a. 1973, S. XVI–XVII.

（11） Jaspers, *Philosophie I, Philosophische Weltorientierung*, S. 7.

（12） Jaspers, *Philosophie I, Philosophische Weltorientierung*, S. 8. レーバーによると、ヤスパースは、スコラ哲学の伝統を汲み、第一志向である「直行的志向（*intentio recta*）」を「対象意識」として、第二志向である「斜行的志向（*intentio obliqua*）」を「自我意識」として、それぞれ特徴づけた。Vgl. Thomas Läber, *Das Dasein in der «Philosophie» von Karl Jaspers*, Bern 1955, S, 15; S. 31; S. 64.

（13） 意識がもつ二面を、アンリ・エーは、「意識の構成の両義性」（世界へと開かれているとともに意識の組成のうちに閉じ込められている）あるいは、「自ら世界を取り込むのと同じく、この世界にも取り込まれる」と言い表し、養老孟司は、「感覚世界」と「内部世界」と表現している。アンリ・エー［著］大橋博司［訳］『意識 I』二四頁、二六頁を参照、養老孟司『養老孟司の大言論Ⅱ 嫌いなことから人は学ぶ』二〇一一年、新潮社、九五－九七頁を参照。

（14） Jaspers, *Psychologie der Weltanschauungen*, S. 229–230.

（15） Jaspers, *Psychologie der Weltanschauungen*, Sechste Auflage, Berlin u. a. 1971, S. 26.

（16） Jaspers, *Psychologie der Weltanschauungen*, S. 21.

（17） Jaspers, *Psychologie der Weltanschauungen*, S. 25.

（18） Jaspers, *Psychologie der Weltanschauungen*, S. 25.

（19） Jaspers, *Psychologie der Weltanschauungen*, S. 23.

（20） Jaspers, *Psychologie der Weltanschauungen*, S. 22.

（21） Jaspers, *Allgemeine Psychopathologie*, Berlin 1913, S. 25.『精神病理学総論』の第2版以降は、「人格」は「自我（ein Ich）」に、「人格の意識」は「自我意識（ein Ichbewußtsein）」に、それぞれ改められている。強調はヤスパース自身によるものである。亀甲括弧内は筆者の補足である。Vgl. Jaspers, *Allgemeine Psychopathologie : für Studierende, Ärzte und Psychologen*, Zweite, neubearbeitete Auflage, Berlin 1920, S. 33; S. 101.

（22） Jaspers, *Allgemeine Psychopathologie*, 1913, S. 77–78. ヤスパースによると、意識狭隘の症状は舞台が非常に狭くなるようなものであり、意識混濁の症状は媒体が濁るようなものであるという。

（23） Jaspers, *Allgemeine Psychopathologie*, 1913, S. 56–59.

（24） 四つの形式的特徴は、ユング心理学の大家、河合隼雄も「自我意識」の正常と異常を区別する標識として重視している。河合隼雄『河合隼雄著作集第Ⅱ期第1巻　コンプレックスと人間』二〇〇一年、岩波書店、二一一頁と三三九頁を参照。河合隼雄『臨床心理学ノート』二〇〇三年、金剛出版、九八–九九頁を参照。

（25） Jaspers, *Philosophie II, Existenzerhellung*, S.27.

（26） Jaspers, *Philosophie II, Existenzerhellung*, S.27.

（27） Jaspers, *Allgemeine Psychopathologie*, 1913, S. 58–59.

（28） 柳澤桂子『いのちの日記』二〇〇五年、小学館、七八頁を参照。

（29） Jaspers, *Allgemeine Psychopathologie*, 9. Auflage, 1973, S. 101.

（30） Jaspers, *Allgemeine Psychopathologie*, 9. Auflage, 1973, S. 102.

（31） John Locke, *An Essay concerning Human Understanding*, ed. by Peter H. Nidditch（Oxford: Oxford University Press, 1975）, Book 2, Chapter XXVII, § 9を参照。

（32） Locke, *An Essay concerning Human Understanding*, Book 2, Chapter XXVII, § 11; § 23を参照。

（33） フロムの見解によると、人格の核心部分をなす根本的な動機（basic motivations）（例えば、生命や人間の尊厳に対する畏敬の念など）が、「私は私だ」という確信を支えている。「われわれは自己の存在（the existence of a self）に気づいている。それは、境遇が変わろうとも、また意見や感情がある程度変化しようとも、変えることができない、生涯を通じて存続する、われわれの人格のなかの芯（a core in our personality）である。この芯こそが、「私（"I"）」という語の背後にある現実であり、この芯に、自身のアイデンティティに関するわれわれの確信（our conviction of our own identity）は基づいている」とフロムは述べている。エーリッヒ・フロム［著］鈴木晶［訳］『愛するということ』紀伊国屋書店、一九九一年第一刷、二〇一四年第二八刷、一八二－一八三頁。Erich Fromm, *The Art of Loving*, 1957 London, p. 123.

（34）Jaspers, *Allgemeine Psychopathologie*, 1913, S. 243.

（35）Jaspers, *Philosophie II, Existenzerhellung*, S. 26.

（36）Jaspers, *Philosophie II, Existenzerhellung*, S. 26.

（37）河合隼雄は、「アイデンティティとはごく大まかに言えば、「私は私である」ということの同一性、一貫性、主体性などの主観的な確信である」と記しており、本書の記述はこの定義に依拠している。河合隼雄『河合隼雄著作集第Ⅱ期第十一巻　日本人と日本社会のゆくえ』二〇〇二年、岩波書店、一六九頁を参照。

（38）多田富雄『生命へのまなざし　多田富雄対談集』二〇〇六年、青土社、二四二－二四七頁を参照。

（39）Jaspers, *Philosophie II, Existenzerhellung*, S. 28.

（40）Jaspers, *Philosophie II, Existenzerhellung*, S. 28.

（41）Jaspers, *Philosophie II, Existenzerhellung*, S. 28.

（42）中村桂子『生命誌とは何か』二〇一四年、講談社学術文庫、二五二－二五三頁を参照。

（43）養老孟司『養老孟司の大言論Ⅲ　大切なことは言葉にならない』二〇一一年、新潮社、五四頁を参照。

（44）一九六五年にノーベル物理学賞を受賞したファインマンによれば、「私」とは意識をもった原子であり、人間の「個性」とは各自の脳の中にある、原子の動きのパターン、「原子のダンス」である。R・P・ファインマン［著］大貫昌子［訳］『困ります、ファインマンさん』岩波現代文庫、一九八八年、三三一－三三三頁を参照。

（45）多田富雄『免疫の意味論』一九九三年（第一刷）、一九九四年（第十七刷）、青土社、三四－四七頁を参照。多田富雄『生命へのまなざし　多田富雄対談集』一五頁を参照。多田によると、免疫系の「自己」を決定する重要な分子は組織適合抗原（ＨＬＡ抗原）であり、この分子がひとりひとりにおいて少しずつ違っているために、人それぞれに免疫反応が異なる。とはいえ、免疫学的にも、「自己」と「非自己」の境界は曖昧であり、人体では自己免疫性疾患が発症したり寄生しているウィルスを自己と識別したりすることがあり、「自己」とは何か、「非自己」とは何か、ということが遺伝的に決まっているのではないと考えられている。免疫系は、外界の影響を受けながら絶えず内部変革をして、自己決定をしていくシステムであるという。

（46）ある生物（種や個体）の細胞内にあるＤＮＡの総体がゲノムと呼ばれ、このゲノムに遺伝情報が仕込まれている。中村桂子によると、個人の最初の細胞である受精卵の中のゲノムは、まだ使われたことのない新しい二つの生殖細胞のゲノムが合わさって生み出されたものである。父方と母方がそれぞれ五万から十万の遺伝子を対でもっていることから計算すると、受精で生じうる遺伝子の組み合わせは十の三千乗通りもあるという。中村桂子『生命誌とは何か』二〇一四年、講談社学術文庫、一〇〇－一〇一頁、二五二頁を参照。

（47）多田富雄『生命の意味論』一九九七年、新潮社、二一頁を参照。

（48）多田富雄・中村桂子・養老孟司『「私」はなぜ存在するか　脳・免疫・ゲノム』一九九四年、哲学書房、一五六－一五八頁を参照。

（49）多田富雄『生命へのまなざし　多田富雄対談集』、二一二頁を参照。

（50）Jaspers, *Kausale und „verständliche" Zusammenhänge zwischen Schicksal und Psychose bei der Dementia praecox* (*Schizophrenie*) (*1913*), *in: Gesammelte Schriften zur Psychopathologie*, Berlin 1963, S. 400. 河合隼雄『河合隼雄著作集第Ⅱ期第1巻　コンプレックスと人間』岩波書店、二〇〇一年、三一－四三頁；河合隼雄『河合隼雄著作集第2巻　ユング心理学の展開』一九九四年、岩波書店、四六－四七頁を参照。

（51）Jaspers, *Allgemeine Psychopathologie*, S. 57–58; *Jaspers, Allgemeine Psychopathologie*, Neunte Auflage, 1973, S. 104–105.

（52）養老孟司『養老孟司の大言論Ⅰ　希望とは自分が変わること』二〇一一年、新潮社、二〇六頁を参照。

（53）河合隼雄『河合隼雄　全対話Ⅴ　人間、この不思議なるもの』一九九一年、第三文明社、一八〇－一八六頁を参照。遠藤によると、人間の心の中には弱い者をいじめると快楽を感じるような「悪」がある、ということが根本問題であり、自らの内に潜む「悪」の中に人間が溺れないようにするためには、世間体や常識が歯止めとしてとても大事な役割を果たすという。河合もそれに同意して、人間の意識が「悪」へ下降する可能性が非常に大きい時代が来ていることに、警鐘を鳴らしている。

（54） 河合隼雄『河合隼雄著作集第Ⅱ期第2巻　心理療法の展開』二〇〇二年、岩波書店、一四〇－一四一頁を参照。河合によると、近代以降西洋で追求されてきた自我は、壮年男性の英雄像としてイメージされる。「父性原理」が優位なキリスト教圏の文化では、父性の主なはたらきである、切断して物事を区別し分類する機能が重視される。それに対して、日本の文化は、すべてを同等とみなして包み込む、「母性原理」の優位な文化に属しているという。どちらの文化的傾向にも否定的側面があり、母性のはたらきには、すべてを呑み込み、個を抹殺するような面があることが指摘されている。河合隼雄「「文化の病」としての不登校」河合隼雄［編］『不登校』所収、一九九九年、金剛出版、一五－一八頁を参照。河合俊雄［編］河合隼雄［著］『〈心理療法〉コレクションⅣ　心理療法序説』二〇〇九年第一刷、二〇一三年第三刷、岩波書店、一四〇－一四一頁を参照。

（55） 河合隼雄『河合隼雄著作集第Ⅱ期第十一巻　日本人と日本社会のゆくえ』、七頁を参照。

（56） Jaspers, *Psychologie der Weltanschauungen*, S. 411.

（57） Jaspers, *Allgemeine Psychopathologie*, 1913, S. 233.

（58） Jaspers, *Allgemeine Psychopathologie*, 1913, S. 244.

（59） アリストテレス［著］朴一功［訳］『ニコマコス倫理学』二〇〇二年、京都大学学術出版会、四七－五〇頁（1101b–1102a）、二五七－二五九頁（1139a–1139b）を参照。アリストテレスのもとでは、魂の「理性（ロゴス）」をもつ部分は、「観想に関わる思考」を司る「知識的部分」と、「行為に関わる思考」を司る「理知的部分」に分かたれる。そして、それぞれの部分の思考機能を最もよく真理に到達させるようにする魂の状態が、それぞれの部分の「徳」であるとされている。

（60） Jaspers, *Allgemeine Psychopathologie*, 1913, S. 243.

(61) Jaspers, *Allgemeine Psychopathologie*, 1913, S. 23.

(62) Jaspers, *Allgemeine Psychopathologie*, 1913, S. 243.

(63) Jaspers, *Allgemeine Psychopathologie*, 1913, S. 25; Jaspers, *Allgemeine Psychopathologie*, Neunte, unveränderte Auflage, Berlin u. a. 1973, S. 101.

(64) Jaspers, *Allgemeine Psychopathologie*, 1913, S. 56.

(65) キールは、心的生の分化という考え方がヤスパースの心理学の基本になっていることを指摘し、「心的生の分化の度合いが無限に変化するということは、ヤスパースにとって、心理学的根本事態である。それゆえ、心的過程は、ぼんやりした体験様態から、極めて高度な明瞭さにおいて行われる分析と自己反省にまで達する」と述べる。Vgl. Albrecht Kiel, *Philosophische Seelenlehre als Leitfaden für die Psychologie: Ein Beitrag zur Anthropologie von Karl Jaspers*, Konstanz 1991, S. 80.

(66) Jaspers, *Allgemeine Psychopathologie*, S. 74; S. 89.『世界観の心理学』の中でヤスパースは、「分化とは何か」ということは「了解心理学の総論的一問題」であり、多義的な「分化」という概念は「純粋に合理的な反省の発展、以前はひとまとまりであったところの諸対立へ分離すること、自分自身と自分の体験に関する知の増加、人が意識せずに知っていたことが言葉で表現され意識にもたらされること、経験材料の系列的拡大など」を含意すると述べる。Vgl. Jaspers, *Psychologie der Weltanschauungen*, S. 40.

(67) Jaspers, *Allgemeine Psychopathologie*, S. 87.

(68) Jaspers, *Allgemeine Psychopathologie*, S. 10.

(69) Jaspers, *Allgemeine Psychopathologie*, S. 242–243.

(70) Jaspers, *Allgemeine Psychopathologie*, Zweite Auflage, S. 68; *Allgemeine Psychopathologie*, Neunte Auflage, S. 101.

(71) Jaspers, *Allgemeine Psychopathologie*, S. 25.「感情は受動的な自我状態であり、欲動は先へ推し進める自我状態(vorandrängende Triebe)である」とヤスパースは記している。Jaspers, *Allgemeine Psychopathologie*, Neunte Auflage, 1973, S. 101.

(72) Jaspers, *Allgemeine Psychopathologie*, S. 23; S. 247.
(73) Jaspers, *Allgemeine Psychopathologie*, 1913, S. 68.
(74) Jaspers, *Allgemeine Psychopathologie*, Neunte Auflage, 1973, S. 98.
(75) Jaspers, *Philosophie II, Existenzerhellung*, S. 154.
(76) Jaspers, *Allgemeine Psychopathologie*, S. 247.
(77) ヤスパースは、精神病理学に関する著著や論文の中でフロイト学派の精神分析を度々批判するが、その理由の一つは、根源的な欲動の多元性を認めるヤスパースの立場とフロイト学派の欲動論が相容れないことにある。たしかに、ヤスパースもまた、人間のすべての体験のうちには「欲動」が潜んでいるとみなす見地に立ち、「人間の希求や願望を分析すると、無尽蔵の量の根源的で質的に独特でそれ以上還元不可能な、欲動の基に思い至る」と述べる。しかし、ヤスパースは、フロイト学派の汎性欲主義に対抗し、「根源的な欲動の基 (die ursprünglichen Triebanlagen) として性的な欲動の基のグループしか残さない、フロイト学派の傾向に比べて、今のところ有用である」という理由から、その「根源的な欲動の基」を次のような三つのグループに分類する。第一群は、性欲や飢餓欲などの「感官的欲動」である。第二群は、力への意志、支配欲、所有欲、名誉欲といった「力や妥当性を求める欲動」である。第三群は、絶対的な価値 —— 宗教的価値、倫理的価値、真理の価値、美的価値 —— を把握し、それに身を捧げようとする欲動である。「欲動」の体系は、『精神病理学総論』が改版されるにつれてより精密なものになる。『精神病理学総論』の第九版では、三つの「欲動層 (Triebschichten)」——「身体-感官的欲動 (somatisch-sinnliche Triebe)」・「生命的欲動 (vitale Triebe)」・「精神的欲動 (geistige Triebe)」—— の「序列 (Hierarchie)」が想定されている。Vgl. *Allgemeine Psychopathologie*, S. 157; *Allgemeine Psychopathologie*, Neunte Auflage, S. 263–269.
(78) Jaspers, *Allgemeine Psychopathologie*, S. 26.
(79) Jaspers, *Psychologie der Weltanschaungen*, S. 136.
(80) Jaspers, *Allgemeine Psychopathologie*, S. 242.

(81) Jaspers, *Psychologie der Weltanschauungen*, S. 90.
(82) Jaspers, *Philosophie II, Existenzerhellung*, S. 24–25.
(83) Jaspers, *Philosophie II, Existenzerhellung*, S. 28–29.
(84) 養老孟司『臨床哲学』一九九七年、哲学書房、三四頁を参照。
(85) Jaspers, *Philosophie I, Philosophische Weltorientierung*, S. 61.
(86) Jaspers, *Philosophie II, Existenzerhellung*, S. 24; S. 37.
(87) Jaspers, *Psychologie der Weltanschauungen*, S. 92.
(88) Jaspers, *Psychologie der Weltanschauungen*, S. 96.
(89) Jaspers, *Psychologie der Weltanschauungen*, S. 97-98.
(90) Jaspers, *Psychologie der Weltanschauungen*, S. 96.
(91) Jaspers, *Philosophie II, Existenzerhellung*, S. 339.
(92) 科学的認識の背後には、認識する主観と認識される客観との間に隔たりを置き、主観が客観を一方的に操作する、ギリシア以来の「主客弁別知」の伝統がある。中村桂子『科学者が人間であること』、一四九–一五〇頁を参照。中村雄二郎によると、科学とは、客観的にものを見ること、そして普遍的に考えることであるが、その結果、見るものと見られるものが冷ややかな対立を起こし、両者の相互作用が絶たれることになる。中村雄二郎『中村雄二郎著作集第Ⅱ期Ⅱ　臨床の知』二〇〇〇年、岩波書店、二〇三頁を参照。
(93) Jaspers, *Psychologie der Weltanschauungen*, S. 158.
(94) 『哲学』によると、普遍妥当的な真理を求めて純粋な客観を把握するに際して、科学的認識は、主観的なものを「認識する個々の主観が専ら目指している客観的に存在するものが獲得されるためには乗り越えられるべき主観的なもの、展望上の歪み、恣意的な評価、単なる立場」とみなして、そのような意味での主観的なものを常に考慮の外に置いた。このことが科学的認識の限界の一つであるとヤスパースは考えている。Vgl. Jaspers, *Philosophie I, Philosophische Weltorientierung*, S. 87.

(95) Jaspers, *Psychologie der Weltanschauungen*, S. 158.
(96) Jaspers, *Philosophie II, Existenzerhellung*, S. 26.
(97) Jaspers, *Philosophie II, Existenzerhellung*, S. 27–31.
(98) Jaspers, *Philosophie II, Existenzerhellung*, S. 32.
(99) Jaspers, *Allgemeine Psychopathologie*, S. 56.
(100) Jaspers, *Philosophie II, Existenzerhellung*, S. 33; *Allgemeine Psychopathologie*, S. 243–247.
(101) 養老孟司は、リアリティを、辞書に載っている「現実」「現実性」「実在」などではなく、「真善美」と訳すべきだと指摘している。彼によると、例えば文学や演劇で「リアリティが高い」と誉めるなら、それは「より真であり、善であり、美である」という意味である。養老孟司『養老孟司の大言論 Ⅲ 大切なことは言葉にならない』二〇一一年、新潮社、三三頁を参照。
(102) Jaspers, *Philosophie II, Existenzerhellung*, S. 31–32.
(103) Jaspers, *Philosophie II, Existenzerhellung*, S. 32.
(104) 『世界観の心理学』の中でヤスパースは、「自己の生成は不断の自己超克であり、精神的で最も自由な自己は同時に自己打破（Selbstvernichtung）である」と述べている。Jaspers, *Psychologie der Weltanschauungen*, S. 331.
(105) Jaspers, *Philosophie II, Existenzerhellung*, S. 34.
(106) Jaspers, *Philosophie II, Existenzerhellung*, S. 336–349.
(107) Jaspers, *Philosophie I, Philosophische Weltorientierung*, S. 47.
(108) ヤスパースは、「合理主義」や「個人主義」のように「主義（-ismus）」という末尾で終わる言葉には、何らかの「精神の型」が表現されていると考えていた。Vgl. *Psychologie der Weltanschauungen*, S. 220.
(109) Jaspers, *Philosophie II, Existenzerhellung*, S. 349.
(110) Jaspers, *Philosophie II, Existenzerhellung*, S. 346.
(111) Jaspers, *Philosophie II, Existenzerhellung*, S. 340.

第2章　限界状況と実存

実存を主題にする現代哲学は、科学的合理主義に対立する立場として、非合理主義という意味での主観主義の範疇に含めて考えられることが多い[1]。ヤスパースの思想もまた例外ではない。しかし、ヤスパースの思想体系のねらいは、合理的なものと非合理的なもののどちらかを偏重することにではなく、むしろ両者の統合に向けられていたことは、特に『世界観の心理学』と『哲学』の中心思想である「限界状況（Grenzsituationen）」論に顕著に表れている。「限界状況」論は、ヤスパースの名を哲学史に遺した最大の要因とも言えるほど、思想家たちの注目を集めてきたが、しかしその中には高い評価ばかりでなく厳しい批判もあった[2]。

とりわけ、ヤスパースと面識があり当時の思想界で大きな影響力を有していたリッカートとルカーチは、この「限界状況」論の中に組み込まれている「殻（Gehäuse）」という概念に、揃って批判の矛先を向けた。彼らは、「殻」という術語を曲解し、この術語に集約されていると思いなしたヤスパースの立場を、生の哲学の延長線上にある「反合理主義（Antirationalismus）」や「主観主義（Subjektivismus）」と呼んだ[3]。彼らの批判的評価はヤスパースの業績に対する一般的評価にも大きく作用したと思われる。それゆえ、本章では、世紀を越えてもなお古びない「限界状況」論の普遍的意義を明らかにすることを目指し、それに伴って「殻」という概念について再考する。

第1節　「限界状況」とは何か

「限界状況」の論理構造は三段構えであり、それは、上層の「個別的限界状況」、中層の「状況内存在」としての「限界状況」、そして下層の「現存在の二律背反的構造」からなる。この節では、「個別的限界状況」と「状況内存在」のそれぞれが、あらゆる限界状況の基底にある「現存在の二律背反的構造」から発源することを確認することによって、限界状況の本質的特徴を明らかにすることを目指す。

最初に、「個別的限界状況」と「現存在の二律背反的構造」の関連を見ていく。「状況」の具体的内容は、それを経験する人間によって異なり、同一人物にとっても時間の継起の中で変貌し続けるが、そのような無限に特殊な一回限りの「状況」から、「普遍的かつ類型的状況（*allgemeine, typische* Situationen）[4]」を抽象することができる。それをヤスパースは次のように定式化している。すなわち、「私は死なざるをえない、私は苦しまざるをえない、私は争わざるをえない、私は偶然に翻弄されざるをえない、私は不可避的に責めに巻き込まれざるをえない。われわれの現存在のこれらの根本状況（Grundsituationen）を、われわれは限界状況と名づける[5]」というものである。「死（Tod）」・「苦悩（Leid）」・「闘い（Kampf）」・「偶然（Zufall）」・「責め（Schuld）」といった価値否定的な要素が、常にすでに生きることを条件づけているという、生存の不条理が、各人の自覚の有無にかかわらず、万人のあり方に通底する本質的事態としての「根本状況」である。そして、通常覆い隠されているこの「根本状況」が、現実の本質的な相としてかつ自己実現の条件として、一人一人によって明確に意識化され能動的に引き受けられる場合に初めて、それは「限界状況」としての意義をもつようになる。

注目すべきであるのは、「根本状況」と「限界状況」が、『真理について』以降、明確に区別されていることである。[6] われわれは忙しく日々を送る合間に、生きるとはこういうことだったのかと、人生の真理（ヤスパースの用語では「根本状況」）にふと気づかされることがある。そのような真理とは例えば、われわれは、刻一刻と「死」に向かって生きていること、物質的条件を巡って他の人間たちを相手とする「闘い」を生き抜かなければならないこと、出来事の生起や成り行きには原因や法則性や意味などを不明にする「偶然」が必然的に関与していることなどである。人間が生きる在り様を常にすでに制約している真理に、われわれが気づかされるきっかけはたいてい、平常の破れ目にある。優れた芸術作品や美しい自然に感動したり、誰かの言動が琴線に触れたりして、われわれは現実の新たな面を垣間見ることがある。また、何らかの失敗や揉め事をきっかけに、自分の規矩《きく》の欠陥を自覚させられ、人間や世界の実相や、意識が把握できる範囲を超える現実を、卒然と悟らされることもある。とりわけはっきりと思い知らされるきっかけとなるのは、災難に遭う、病気に罹る、窮地に陥る、といった一見非常事態のように思われる想定外の危機への直面である。

一般には、われわれを瀬戸際へと追い詰め、究極の選択を迫る、非常事態そのものが「限界状況」であると、しばしば誤解されている。しかし、そうした非日常的な危機そのものは、「限界状況」ではなく、露呈した「根本状況」である。たしかに、「根本状況」の相貌は、危機を機に突出して現れやすい。けれども、人間や世界を全体を見渡せば、不条理を帯びた「根本状況」は常態なのである。危機は、ただ外面的にやり過ごされる場合もあるが、われわれが「根本状況」を「限界状況」として内面的に経験する糸口になる場合もある。われわれが危機の成り立ちやその要因へと意識を向け、現実の本質的相（「根本状況」やその根底にある「現存在の二律背反的構造」）を洞察し、危機の経験を自らの世界観に取り込みながら新たな力を発揮して現実に対処するときに初めて、そのように意識化された「根本状況」は「限界状況」としての意義をもつようになる。[7]

このような大枠をもつヤスパースの「限界状況」論は、サルトルの実存主義がそうであったように「人間や世界の明るい面を軽視し、暗い面にことさらに焦点を当てる」という趣旨の批判を招きやすいかもしれない。[8]たしかに、ヤスパースが抉り出す現実の相は、人生の根本にある理不尽であり、それは人間に苦しみをもたらすものである。そのような悲惨な現実は「知らぬが仏」である、あるいは逆に、今さら哲学者に教えられるまでもない、という考え方もあるだろう。実際、「限界状況」論は、人生の普遍的条件を明示することによって、われわれが自分の置かれている状況を明徹に把握するのを助けることはあっても、具体的な生き方を指南することはできず、それは各自が自分で創造するよりほかない。ヤスパースの考えは、われわれが自分の考えを発見するのに役立つが、われわれが直面する問題に解答を与えることはできない。誰しも自分なりの答えを生み出す努力をしなくてはならないからである。ヤスパースの論述の眼目は、われわれの意識のあり方――とりわけ主観を要とする入出力系――を活性化することにある。

ヤスパース自身も、「根本状況」を意識した人間のうちすべての者がいつでも、それを積極的に乗り越えられるわけではないことを認めている。彼によると、「根本状況」はそれを意識した人間に、次の「三重の作用（eine dreifache Wirkung）」を及ぼす可能性がある。[9]（一）「根本状況」の二律背反的現象をより明瞭に意識するほど、その人間の行動や認識の活性がますます低下していく。最悪の場合、その者は麻痺状態になって、生きるために必要な感覚からの入力や行動への出力が破壊されてしまう。（二）人間は「根本状況」を意識していながら、意識下に抑圧したり、外見上のつじつまを合わせるような考え方をしたり、あるいは無視したりして、「根本状況」を「限界状況」として経験することを回避する。ヤスパースの観察によれば、大多数の人間が「根本状況」に対してこのように反応を抑えている。（三）人間は「限界状況」に到達し、深甚な苦悩を知るとともに自らの内部に新しいエネルギーを開発し、特に、精神の力を新たに獲得する。すべての人間の生存を条件づける本質的事態として「根本状況」を直視し、その状況に由来する根深い困難を敢えて克服しようと挑戦するとき、人間はそれまでは埋もれていたエネルギーの鉱脈を掘り当て、「精神の生そのもの（das Leben des Geistes selbst）」としての力を生み出す。この力は、規則性や客観的徴表を持たず、「衝撃（Erschütterungen）の中でのみ常に新たに獲得される」のであり、「人間とは何であり世界とは何であるのか」を自ら問いながら、現実のぎりぎりの範囲を追求する個人的な意志である。おそらく、人生の中で直面するすべての「根本状況」を「限界状況」として主体的に引き受けることは、荷が重すぎてあるいは衝撃が強すぎて、誰にとっても不可能であろう。反応の基本的傾向には大きな個人差があるだろうが、壁に突き当たる時、われわれはその時々に応じて右記の三重の作用をすべて受けているのではないだろうか。誰の人生にもいろいろな難関があり、われわれは深刻な困難に打ちのめされる時もあれば、障害を前にして敢え無く現実逃避したり適当にやり過ごしたりする──しかもそれが安全弁にもなりうる──時もあり、そして時には壁を突破すべく不条理な現実に正面から立ち向かうのであろう。

ヤスパースの論述の重点は（三）の主体的反応にある。彼は無気力な敗北主義を提示しているわけでは決してないが、だからといって〈試練こそが人間を養う〉と主張して紋切り型の逆説を教示しているわけでもない。「人間は単に空しく意欲するだけでなく、作用点（ein Angriffspunkt）を把握しなければならない」[10]という前提に立ち、彼は個人の主観的な力の作用点が「限界状況」の内にあることを指し示している。一方で、「現実1」や「現実2」に属する身体のレヴェルでは、死や競争などの「根本状況」を可能な限り遠ざけておくことが大切であり、そのために人間の知識や技術が役立てられるべきである。他方で、「現実3」と「現実4」を具現する個人の意識のレヴェルでは「根本状況」を回避せずに「限界状況」として引き受けることが大事である。要するに、「根本状況」や「限界状況」は、人間の内部で生み出される力、とりわけ意志の力を、まさにそこで働かせるべき所なのである。人間の仕事の究極目標は、人類が「根本状況」の条件下で生命をつないでいく歴史に寄与することであり、個人が各自の「限界状況」を担うのを助けることである。世界中いたるところで常に「根本状況」が露呈しており、比喩的に言えば、それは世界各地でまさに今も火事が起こっているようなものである。人間は誰しもその――根本原因は決して解消できない普遍的火事の――火消しの持ち場を担当するべきなのである。そして、自分に降りかかってきた火の粉には、誰もが独自に――時には逃げながら――対処しなければならない。個人が火事と果敢に戦うはたらきが、他の人間にも役立つ普遍的情報をもたらすこともあれば、それが言語や造型を通して定着して、時代や場所を超えて通用する理論や芸術作品の形をとることもあるだろう。

「死」・「苦悩」・「闘い」・「偶然」・「責め」といった「個別的限界状況」の根底には、人間と世界が現存在としては有限であるという現実がある。そして、現存在の有限性を規定するのは、現存在に内在する「二律背反的構造」である。「二律背反的構造」は、人間と世界の、両者の現実の足場である「現存在」に、それぞれ根深く組み込まれている。「状況」の本質的事態である「根本状況」が明らかになるということは、現存在に内在する「二律背反的構造」が現象へともたらされて「対象的世界と主観的本質は二律背反的構造をなして分裂している（in antinomischer Struktur zerspalten sein）[11]」という現実が露見するということである。そしてこの露見は、現存在の「二律背反的構造」を覆い隠していた「殻」の破砕と表裏一体である。この「殻」については後続する節で考察する。

それでは、「状況内存在」と「現存在の二律背反的構造」はどのような関係にあるのだろうか。人間が一定の具体的現実の中で常にすでに生きている在り様を、ヤスパースは「状況内存在（das In-Situation-Sein）」と呼ぶ[12]。「状況」とは、個人が世界の内部で相対する「心的（psychisch）かつ物的（physisch）現実（Wirklichkeit）」である[13]。「状況内存在」は人間の有限な生の基本的形式であり、一人一人の人間は、内的状況においても外的状況においても、自分の置かれた場に適応するとともに自分でもその場を作り出している。人間どうしは、互いに他の人間の「状況」を形成している。「状況」は、一面で、甘受しなければならない所与の条件や対決を要する障害の布置として、個人に行動の自由や可能性を狭めて選択を強いる「制限（Einschränkung）」を意味する。われわれは、それぞれに生得的素質を授けられて千差万別な境遇で生まれ育ち、固有の伝統や規範を備えた地域社会や共同体との相互作用の中で人生行路を開いていく。他面で、「状況」は、個人の行為が具体的な目的へ向けて有意味に実践される場 —— 行為によって部分的に変化させたり創出したりすることができる現実 —— としての「活動の場（Spielraum）」を意味する。「状況」の中でわれわれは目的を設定し、目的を実現するための環境整備に努め、公共の福祉と私利私欲の釣り合いを取りながら、新たな価値を創造するための布石を打つ。

「状況内存在」を根本的な存在様式とする人間が「限界状況」の内に置かれていることになるのは、各人に特有の「状況」はどれも、主観的な側面と客観的な側面から規定されており、その両面に「決定的な二律背反」が現れるからである。ヤスパースは次のように言う。

現実の――思惟し、感じ、行動する――人間は、いわば二つの世界の間に立っている。二つの世界とは、彼の前面にある対象性の領域（das Reich der Gegenständlichkeiten vor ihm）と、彼の背後にある主観の力や素質（die Kräfte und Anlagen des Subjekts hinter ihm）である。彼の状況は、彼の前方の客観と後方の主観との、二つの側面から規定されており、どちらの側面も、無限で汲み尽くすことができず、見通すことができない。双方の側面に、「決定的な二律背反（entscheidende Antinomien）」がある。[14]

個人の「状況」を規定するのは、個人を取り巻く環境・社会・時代などの外界的要因と、個人の内面を構成する感情や欲動や気質などの内界的要因である。後者の内界的要因は、自然科学が重視する、脳神経系のはたらきや遺伝的要素などとは区別される。塚本昌則によると、現代は「個人の内面が何かを意味するという了解がなくなった」[15]のであり、「人間を規定するものは、内面ではなく、人間の外にある環境、社会、時代であり、人間の内にあるDNA、神経組織、脳の構造であると今では考えられている」[16]。このように大勢を占める考え方とは異なり、ヤスパースが個人の内的状況を規定する要因として、したがって「状況内存在」であるその個人の現存在を規定する要因として重視するのは、意識の次元で記述される心的生である。彼によれば、内界と外界のそれぞれに組み込まれている二律背反的構造を経験することが、限界状況を経験することであり、現存在から実存へ飛躍することである。そこで、「限界状況」論を解明するための方途として、次節以降では、主観の側と客観の側のそれぞれから、現存在の二律背反的構造が何を意味するのかを考察したい。

その前に、第1章の最終節で言及したことであるが、「両極性」と言われる、実存の生成過程の二面性について、ここでもう一度確認しておく。「限界状況を経験することと実存することは同一のことである」[17]と言われているように、限界状況の経験と実存の生成は表裏一体である。実存の生成には、限界状況の経験を内面化しながら推進される、内的事象としての自己形成（人格の発展）と、人格の追求する価値を外在化することによって遂行される、外的事象としての自己実現という、両面的な意義がある。実存の生成は、一方で、内省によって自己認識を深めながら、より高次の統合性をもった人格を目指して修養を積む、内的な過程であり、その過程の中で心的生が分化し人格が発展する。他方で、実存の生成は、他者や社会と関わりあいながら、具体的行為を積み重ねることによって価値を実現し、客観的状況を形成していく外的な過程でもある。[18]たしかに、人間の精神類型は外向的タイプと内向的タイプに分けて考えることができ、また同一個人においても時と場合に応じて外的・内的過程のどちらか一方が優勢になることはあるけれども、どちらの過程も単独では機能せず、双方の過程が密接に連動しながら実存の生成は進行する。

このように、実存の生成をその内的過程と外的過程に分節することにより、「選択（Wahl）」と「決断（Entscheidung）」（ないし「決意（Entschluß）」）のそれぞれに固有の意義を見ることが可能になる。たしかに、「選択」も「決断」も実存するはたらきに属する内的行為であり、またどちらも身体的行動に先立つ意志作用である限り、個人の内面生活に組み込まれている。ヤスパースの著作中には、「選択」と「決断」の意味内容の違いが判然しない箇所も多くあり、研究者たちによってもその相違が明確に論じられることはなかった。[19]その理由の一つは、「選択」と「決断」がまさに一体になっている内的行為こそ「実存」範疇に属するのであり、どちらかが欠けたままなされる外的行動は自己実現につながらないことにあるだろう。しかし、注意深く読むならば、「選択」と「決断」は、実存の生成という事象においてそれぞれ独自の機能を担っていることがわかる。そのように両者を分節する発想をヤスパースがもっていたことは、例えば、次に引用するヤスパースの表現から読み取ることができる。

私は、自由な「決断」において世界の中で行動するばかりでなく、そのうえ、歴史的連続性を備えた私固有の本質を創造する、という意識を示すための表現が「選択」である。[20]（「　」は、原文にはなく、筆者が付したものである。）

「選択」は、目的を達成するための手段や方法に関して、行為に先立って熟慮したうえで追求や忌避を「決断」することに尽きるものではない。[21] アリストテレスのもとでの「選択」があらかじめ達成可能と思われるものに関わるのに対して、[22] ヤスパースのもとでの「選択」はむしろ現状では不可能なものに関わる。上に引用した箇所で述べられている「選択」は、いまだ現存していない新たな自己を形成しようと意欲するはたらきとしての「自己選択（Selbstwahl）」である。「私が選択することによって、私は存在する」[23]と言われるほどに、ヤスパースにおいて「私」の存在と選択行為は不可分の関係にある。この「自己選択」としての「選択」は、実存の生成の内的過程に深く関与する行為であるので、これについては第2節で考察する。他方で、「決断」は実存の生成の外的過程において重要な役割を果たしている。「決断」は、目的・手段・結果に関する考量や、複数の動機間での迷いや葛藤といった、内面の過程に心的帰結を与え、「私はそれを意欲する」あるいは「私はそれを意欲しない」というように内界と外界の接点を定める意志行為である。[24] この行為の重点は、自らの行動が、自分や他人そして世界の内に引き起こす結果に対して「責め」を負う覚悟を決めることにある。ヤスパースによれば、「決断」（および「決意」）と「恣意（Willkür）」を客観的に区別する基準はないが、しかし「主観的には決意において任意性（Beliebigkeit）に対する最も極端な対極が到達されている」[25]という。実存するはたらきの一環をなす「決断」は、個人の内面のみを重視してなされるのではなく、外界に対する配慮と責任感を抱いて行動に踏み切る内的行為である。この点を第3節で明らかにすることで、ヤスパースの思想は、個人の内面にのみリアリティを認める（第一の意味の主観主義）という意味でも、自分中心の利己的行動に理論的温床を与えて、極言すれば、「何でもよい」、「何をしても許される」という考え方を許容する（第二の意味の）相対主義的な意味でも、価値判断の基準を主観のみに置いて客観的な評価を認めない（第三の意味）という意味でも、主観主義ではないことが見えてくるであろう。以下の考察では、主観の側と客観の側の双方における二律背反について、それぞれ「選択」と「決断」に焦点を合わせながら明らかにしていく。

第2節　主観の側での二律背反と「選択」

ヤスパースのもとで「二律背反」は「統一不能性（Unvereinbarkeiten）」とも言われるが、それは、さまざまな対立（論理的対立・実在的対立・価値的対立）が、認識や思惟や行動といった経験の自明な流れを妨げる限界として、人間によって深刻に捉え直されたものである。[26]主観の側にある二律背反は、個人の内面生活において相対立する心的現象が生み出す関係性である。われわれの主観は拮抗する心的現象を同時に内包するようなあり方をしているため、個別的限界状況としての「闘い」が「個々の個人自身の内にあり続ける」[27]のである。こうした対立的な心的現象の中でも特に人格の形成との関わりが深いものは、「どんな意欲（Wollen）にも非意欲（Nichtwollen）が対立している」[28]ほどに、心的生の内では相反する「欲動（Trieb）」が相補的に生起しているという現象である。「欲動」は、人間を動かす力として行為の「動機」の一つであり[29]、「人格」を規定する内的要素の一つである[30]。第1章第3節で見たように、心的生における「欲動」の発動・葛藤・充足状態は、人間の現存在のあり方を決定する根本的問題である。多岐にわたって発動する「欲動」が多次元の階層の内に秩序づけられていき、そして「欲動」の葛藤や充足に「意志」が関与する度合いが高まっていく過程が、「人格の発展」の重要な側面である。主観の側の二律背反的構造を具現している「欲動」の現れ方について、ヤスパースは次のように述べる。

> 人間が何らかの欲動をもつとき、その人間は両極性の中にいる。人間はせいぜい両極性全体を捨てきることはできても、一方の欲動を捨てきることはできない。直観的ではなく合理主義的な考え方は、心的なもののうちに〔欲動の〕対立の一方の側が現存している（Vorhandensein）場合、他方の対立する側の欠如を論理的に期待する。それに対して、たしかに一方の側を規律に服させること（die Disziplinierung）が、人格の形成（die Prägung der Persönlichkeit）に、特に行動に、主要な影響を与えうるが、しかし実際、体験そのものにおいてはまさに両方の側が現存しており、一方の側の現存から他方の側の現存も推し量ることが許されてよい[31]。

内容や方向において対極をなす二つの欲動が、人間の心的生においては互いに自らのあり方の条件となっている。ヤスパースによれば、愛情が得てして真反対の憎しみへ急転するのはこのためである[32]。たしかに、誰かに対して抱いていた親愛の情が、何らかのきっかけでたちまちに反感や嫌悪感に転化することは、われわれの多くが経験しているだろう。しかも、親密の度合いが大きければそれだけ離反の力も大きく作用するようである。このような内面的対立は当人によって内側から直観的に体験されるが、しばしば対立の一方が明確に意識化されずに心的生の深層へ抑圧される。[33]「欲動」に関して言えば、当人の人格が承認しがたい欲動、例えば社会的通念に反するものや当人の価値観からして低劣に思われるものなどは、抑圧される場合がある。[34]身近な例を探せば、刑事ドラマや犯罪小説に対する需要が多いのは、多くの「善良な」現代市民にとっても「殺人や悪事への志向」が自覚の有無に関わらず他人事ではないからであろう。あるいはまた、同一の事柄に関して「私はそうしたい」とも「私はそうしたくない」とも本心から言えるような、アンビヴァレントな心持ちをわれわれは自覚することがある。例えば多くの社会人はあるときには生理的欲求を曲げてでも規律に従って働くが、また別のあるときには安逸を貪り嗜欲を満たす。仕事に勤しんでいるときと余暇を過ごしているときを単純に引き合わせると、同じ人物においても欲動のあり方に矛盾があるように見える。けれども、実際の内面生活においては「働きたい」のも「怠けたい」のも本心であり、勤勉にも放埓にもそれぞれに価値があるので、二様の外面生活があるのは自然な現象である。内面的には当然のことが外面的には矛盾のように見えるのは、人間の「希求（Strebung）」や「願望（Wunsch）」の根本にある「欲動」[35]が、その本性からして背反するベクトルとして生起するからである。実際に体験されているものを言葉で分節すると、「愛情」と「憎しみ」、「欲する」と「欲しない」などは正反対の相容れない意味を持つ。しかし、二律背反的構造を自然に布衍している心的生の内では、或る感情や欲動は、まるで振り子のように揺れ動きながら、状況依存的に流動している現象である。心の内を掻き回す動きの大きさや強さから判断すれば、そして、心の内で推移する際の振幅の度合いや複雑さの程度から判断すれば、無関心よりは憎しみの方が愛情により近似しているとさえ言える。しかるに、われわれの外面生活の矛盾は、内面生活の二律背反的構造から発現する、やむを得ない現象なのである。

さて、人間の心に内在する対立的な要素のすべてが二律背反であるわけではない。対立の一方が意識されていない領域へ抑圧されている場合、その抑圧が神経症的症状を引き起こすこともあれば、抑圧されている体験が意識のはたらきにほとんど影響を及ぼさないこともある。あるいはまた、対立をなす要素がそれぞれ意識的に異なる階層や観点に位置づけられて軋轢が生じないこともある。対立が二律背反になる事例としてヤスパースが挙げたのは、農家で生まれ育った青年が、進路を決定するにあたって、家業を継いで親孝行したいという思いと、家を出て自分の好きな学問を職業にしたいという思いとの狭間に立たされた、という事例である。[36] 青年にとって「親孝行」も「学問」も切実に希求する価値であり、どちらへ向かう欲動も青年の「人格」を成り立たせるのに不可欠な要素である。もし、例えば、後継ぎの候補者が他にもいたなら、あるいは、農家を継ぎながら大学や研究所でも働くことができる能力を青年がすでに持っていたなら、事態は緊迫しなかったであろうし、選択を迫る外的圧力を青年が受けることもなかったであろう。しかしながら、状況を規定するさまざまな有限性が重なり合って、それまでは自明であった価値の両立が不可能なものとして浮上し、限界状況の特性である「価値の衝突（Wertkollisionen）」[37] が出現する。そのとき、青年の内では二極分化した価値志向が意識され、「親孝行」や「学問」にまつわる諸々の内面的対立が活性化される。外的状況は二つに一つの選択を強いるような相貌を呈し、なおかつ青年の意志行為が介入する余地も残っているため、青年の内面には「あれかこれか（Entweder-Oder）」という深刻な葛藤が引き起こされる。[38]

このような場合ヤスパースが危惧するのは、「個々の欲動あるいは機械的確実性を備えた定石的原則に従う突発的・強制的決意[39]」によって決着がつけられ、二律背反に面しての「自己選択」が行われず、したがっていかなる実存も生成されないことである。もし青年が、欲動の自然な活動の成り行きに任せ、動機づける力がより強い欲動を行動化することで葛藤にけりをつけるならば、二律背反は容易に解消されるであろう。けれども、あるがままの欲動のあり方をただ素直に表出するような心的過程は、本来的な意味での「選択」ではなく、それゆえ人格の形成に資するものではない。あるいは、もし青年が、社会的規範や宗教的教義や哲学的学説などの、権威や合理性を備えた信念体系を拠り所にして、その中で是とされる価値判断に倣って、現実に起こっている具体的問題にも型通りの答えを出し、これが正しい、あれを選ぶべきである、と短絡的に割り切って決めてしまうなら、簡単に解決が得られるであろう。しかし、このようにあたかも行動の処方箋であるかのように理論が絶対視される場合、その理論は偶像化され、ヤスパースが問題視する「死んでいる殻」へ変容する。以下では、「選択」と「欲動」の関係、そして「選択」と「殻」との関係を検討することによって、「選択」概念の理解を深めることを試みる。

1.「選択」と「欲動」

前節で挙げた青年の場合、それまでは目立った支障がなく自明的であった経験の流れが妨げられたことにより、彼は自分の「意志」によって事態を打開する必要を意識した。誰にとっても、内的状況において極めて重要な価値が外的状況においては両立不可能であるように見えて、どちらを採っても生き方が一変するような二者択一を迫られるときがある。このように、平常の生活に何らかの差し支えが生じ、既存のやり方で現状を維持するだけでは物事がうまく運ばなくなると、われわれは自分の世界観を再検討する。そして、ありのままの状況を認識するよう努めるとともに、行き詰った状況を改変するために「私」はどうしたいのか、あるいは「私」に何ができるのか、について改めて考える。

ヤスパースは、動植物が行う「生命体の自然的あり方としての受動的生長と生成」[40]と、人格の形成および実存の生成との間に、決定的な相違があることを強調する。人間以外の動物の場合、本能的エネルギーの行動化は、たいていの場合、細胞のゲノムにある遺伝情報によって自然に水路づけられており、[41]植物もまた遺伝情報のプログラムに従って自ずと芽を出し形態を生成する。他方で後者の、人格の形成および実存の生成には、「自己意識（Selbstbewußtsein）」としての「意志」が主体となって行う、後天的な「選択」・「決断」が関与する。たしかに、ダーウィニズムに従って進化的すなわち系統発生的観点から見れば、人間を含め、あらゆる動植物の個体のあり方には、環境の側から生命体をふるいにかけること、つまり「自然選択（natürliche Zuchtwahl）」の歴史が関与している。個体発生の観点から見れば、生命体としての個人がどのような人間になっていくか、その細胞や臓器の階層における形成は、一定の物質的条件が揃えば当人に有無を言わせず発現する過程であり、遺伝情報によってある程度先天的にそして偶然的に決定されている。[42]個人の性格や才能や行動も、それらの一部は、遺伝的要因で説明できるものであり、「自然選択」によって形作られたものと考えられる。社会的存在としての個人もまた、容姿や技能や業績などの、「自我」の現象様態を否応なく「自然選択」にかけられ、生き残るためには、所属する人為的環境に適応すること、そしてその環境の維持や発展に貢献することを要請される。しかし、人格の形成および実存の生成の過程では、文化情報を取り込む学習や非遺伝的成長が可能であり、個人の主体的な自由や創造性が発現する余地がある。ヤスパースは「実存への飛躍（der Sprung zur

Existenz）は、意識的な内的行為（das bewußte innere Tun）であって、その内的行為によって私はそれ以前（ein Vorher）からそれ以後（ein Nacher）へ踏み入る[43]」と述べる。それは、実存的な意味での「選択」と「決断」を通して、個人の心的生は、非連続的な変化を伴って新たに再生するからである。

　われわれの通常の意識内容は、ある程度秩序立てられ組織化されている。とりわけ「自我意識」においては、われわれはさまざまな「欲動」や「信念」をシステムとして統合した「人格」を維持している。「人格」というシステムを構成する「欲動」や「信念」には大きな齟齬がなく、むしろそれらは相互に支え合っている。そのようにして「人格」にはある程度のまとまりや安定性があり、そうでなければ、複数の人間が、お互いをある程度信頼できる人と見なしあい、社会生活を共有することは困難であろう。ところが、二律背反が表面化すると、人格のシステム性は崩壊の危機に瀕する。この危機に際して「意志」は、欲動と信念（および、それに基づく行為）との間に介入するだけではなく、安定性を揺るがされた心的生に、現にあるより高い次元の統合性を志向させる。「自分自身に対する関係（*Beziehung auf sich selbst*）」として機能するこの意志は、「もはや何ものかの間の選択ではなく、自己を現存在の中で現象へもたらすような根源的選択（die ursprüngliche Wahl, welche das Selbst im Dasein zur Erscheinung bringt）」としての「自己創造（Selbstschöpfung）」を行う[44]。人格の形成および実存の生成において重要な役割を担う「自己創造」としての「選択」は、所与の選択肢のうちのどれかを採ることや対立を取りまとめることではない。実存的な意味における「選択」とは、「自己意識」が自らの「自我意識」（「人格の意識」）や「対象意識」にはたらきかけて現存の最上位の階層を超えてさらに上の階層へ至る――超越する――ことによって、人格の新たな体制を志向することであり、質的に新たな価値の体現を意欲することである[45]。

前節で挙げた例に即して言えば、青年が心の中にある究極の対立や、二者択一を迫る外的状況からの圧迫を経験して、安易に対立の一方に力を傾けるのではなく、むしろ発奮して、両立しがたいと思われているものを両立させるような、二律背反を総合するあり方を志向し、自分や外界にはたらきかけるならば、それによって飛躍的に成長する。心的生は、対極間のダイナミズムに支えられて絶えず生成し、いったん形成されたものを繰り返し超え出ていく。相反する「欲動」の衝突と連関作用は、個人の人格というシステムをすぐさま破綻させるのではなく、かえって心的生に対極間のダイナミズムを生み出すという積極的意義をもっている。われわれの内面では、定立する動きと反定立する動きが相殺されるのではなくせめぎあうことを通して、相反するものの総合を目指す情熱が呼び覚まされる。実存の生成は相反するものの総合という契機を含んでおり、その契機では個人の意識の爆発的発展が起こる。相反するものを総合するということは、それまでは矛盾として捉えられていた現象を、矛盾をもたない現象に変貌させるということであり、それはつまり、それまでの意識の活動次元より高い次元を発見するということである。この意味で、実存の生成は一つの超越するはたらきであり、その際に新たな心構え・物の見方・価値観・行動様式が会得されるのである。

限界状況論に組み込まれているヤスパースのエネルギー論的観点から見れば、実存の生成は個人の主観的な力の発現である。すべての限界状況に共通していることは、限界状況は人間の主観のうちに「苦悩（Leiden）」を引き起こすとともに「現存在の・感覚の・成長の喜びを伴って出てくる力（die Kräfte, die mit der Lust des Daseins, des Sinns, des Wachsens einhergehen）」を発展させるということである。[46] それまでの信念や期待が挫折するような否定的経験を契機に、頼りにしていた世界観を再検討し、自分や世界を改めて疑問に付すことには、相当の苦しみが伴うが、それとともに新しい力を身につけることができる。このように、現存在の有限性から、

「苦悩」を糧として作り出される「力」の無限性へと、われわれの意識を導くところに、ヤスパースの限界状況論の真骨頂がある。

現代の人間は、体内で食物から作り出すエネルギーとともに、その数十倍にも及ぶ電力や原子力などの外部エネルギーを消費して生きている。そうしたエネルギーは何らかの物理的・化学的力に還元されうる。たしかに、安定した電力供給と栄養源を確保することは、人間が仕事をするための必要条件ではあるが、それらだけで十分ではない。ヤスパースが想定した「四重の現実」のうち、「現実1」の「物質」は、外からエネルギーが与えられない限り動かない、つまり、他力が加わって初めて動く。これに対して、「現実2」より上層の「生命」・「心」(「現実3」)・「精神」(「現実4」)は、自らの内部でエネルギーを生み出す能力を持ち、自発的に動くことができる。生命体の中でも特に人間は、「精神」の次元の力を活動のもとにすることができる。序で既述したように、人間が自分の内部に持つエネルギーを用いて、自分を「動かす」あるいは「働かせる」のを、「仕事」と解釈すると、機械的仕事は別にして、人間が行う仕事の成果は、電気や食物の量と必ずしも対応していない。たとえ電気エネルギーを継続的に発生させるエンジンがあっても、エネルギーの舵取りをしてうまく仕事に変換するためには、人間に特有の熱エネルギーが必要である。例えば、恵まれた食生活によって体力に満ち溢れていても、豊富な電力を用いて高性能の機械を操作できる環境にいても、理想を持たない者は作品を創る技術を伸ばすことができない[47]。逆に、物質的条件が悪くとも、成就するに値することを成し遂げる者もいる。人間が外部からの圧迫によって動かされたり、自らの肉体的欲求のみに従ったりするのではなく、大事な場面で底力を発揮したり、目標を設定して訓練や学習を持続したりするためには、物理的・化学的力の他にも何かエネルギーを必要とするのではないだろうか。

ヤスパースの考えでは、意識の次元で働く主観的な力にも人間を「動かす力（die bewegende Kraft）」があり、その源泉は、主観的な力すべての原動力としての「心理的欲動」と、理念の表象から発する「情熱的な力」である[48]。前者の「欲動」に関しては、各人が「限界状況」の中で二律背反の総合を志向する際に、あたかも正電荷と負電荷の摩擦によって電気エネルギーが生じるように、相克する「欲動」は新しい他の力へ統合される[49]。この新たに発生する力は、精神的衝撃の中で精神の活動が生み出す「二律背反ゆえの力（Kraft durch die Antinomie）」であり、二律背反的状況の中で高められる「統一への意志（Einheitswille）」としての「生の力（Lebenskraft）」である[50]。後者の「情熱的な力」によって内実を与えられて作動するのが、「実存を根拠とする理念による意志（ein Wille durch Ideen auf dem Grunde der Existenz）」であり[51]、この意志にこそ、人間や世界を改変し形成するはたらきを可能にする、無制約的な「意志エネルギー（Willensenergie）」が漲る[52]。個人の内部に宿るこの「意志エネルギー」は、機械エネルギーのように定量が決まっているわけではないので、節約すればよいとは限らず、使えば使うほどより強化されいっそう湧き出てくることさえある。意志のエネルギー源である「理念」は、企業理念のように標語やモットーとして一般的に言い表したり、共同体の構成員で共有したりするものではない。「理念」を表象するということは、ひとりひとりが全体性へ向けて主観的な力を放つということである。このことをヤスパースは、「理念とは、伝達可能かつ習得可能であるような決まり文句（Formeln）ではなく、各自によって自発的に産み出される力（von jedem spontan erzeugte Kräfte）である[53]」と表現している。つまり、「理念」は外在化している既成の情報ではなく、主観から発して普遍を目指す精神力の結晶である。

このように、ヤスパースにおいては二律背反の統一へ向かう強靭な意志力が重視されている。けれども、近代的自我の概念を外国から摂取したわが国では、現代でもなお、われわれの多くが、実存の前提となる強くて決然とした自我を確立していないように思われる。われわれにとっては、夏目漱石が開国時の日本人の状況についてやや悲観的に述べたように、二律背反に直面する状況において先ず以て必要な力として、二律背反を明確に意識化したうえで、それが引き起こす葛藤・緊張・苦悩を神経症に罹らない程度に保持する力も強調されてしかるべきだろう。[54] 二律背反の総合は「理念（Ideen）」であって、「理念」は完璧には実現不可能でありながらもわれわれの情熱を喚起する。ヤスパースによれば「理念」とは、それ自体としては世界を超越する「精神的現実（geistige Wirklichkeit）」であって、世界内では「客観（Objekt）」ではなく「課題（Aufgabe）」である。[55] 河合隼雄の言葉を借りれば、「理念」とは「ゆくえを照らす星」であり、われわれが人間や物事のあるべき真の姿について考え、努力する方向や全体に対する自分の位置づけを知るために必要なものである。[56] 実際には、二律背反を保持するのに必要な物心両面の力――例えば、相対立する欲動の共存に耐えうる体力や精神力、あるいは選択の余地を残しておくことを可能にする経済力など――を持っていて初めて、われわれは定立と反定立が統合された創造的な内容を含むイメージが湧いてくるまで、持ちこたえたり試行錯誤を積み重ねたりすることができる。この「理念」を帯びたイメージが、情熱のこもった心的エネルギーを内面生活に運び込む。さらに、たとえ「理念」を帯びたイメージが湧いてきても、それを現実のものにするためには理念に裏打ちされた意志力だけでは不十分であり、技術や能力や資金などの面で状況を整備する必要があるが、その作業は多くの月日を要する場合が多い。理想を実地に移すための行動はさまざまな障害にぶつかり、イメージ通りには事が運ばない。多くの場合、われわれには満を持して本意を遂げる余裕などなく、持ち合わせている技術や能力や資金がいかに乏しくとも、それらを使ってできる仕事をキープアップして、せめてぎりぎり許容できる状況を保つだけでも相当な精神的・物理的エネルギーを要する。状況を改善するよう努力することと同時進行で、置かれている状況の中に内面的対立の着地点を見つけて最善を尽くすこともまた大事である。何はともあれ致命的な失敗や罪を犯さずに当座をしのぐこと、そして、挑戦し続けられる環境を確保すること、これらのことができなければ「理念」の追求や「自己」の実現も話にならなくなってしまう。引用した事例の青年は、家を出て学問をする道を採った。現実問題として、われわれは差し当たり、相反する欲動の一方を優先して行動せざるをえないことが多い。それでも、それによって二律背反は解決されたとみなすのではなく、二律背反を抱き続けながらその総合への布石を打つことが、実生活の要諦であろう。

2.「選択」と「殻」

さて、われわれは日々さまざまな出来事に出会うが、出会ったすべての出来事を「経験」しているとは言えない。気に留めず物事の成り行きに任せる、マニュアルや他人の指示のみに従って案件を機械的に処理する、これらの場合は本来の意味で何かを「経験」したことにはならないだろう。「経験」の主体は個人の「意識」であり、他の人々にとって重大な出来事に出会っても、自分は何ら心理的影響を受けずに通り過ぎる場合もあれば、一般的には見過ごされやすい出来事に自分だけ強く反応して事を荒立てて、過剰反応だと言われる場合もある。ヤスパースによれば、われわれが何かを「経験する」ということは、その何かに伴う物理的・心理的刺激に対して自らの「世界観」を以て「反応する」ということである。とりわけ「限界状況」を経験するということは、相当の合理性をもつ信念体系によって支えられていた「世界観」を揺るがすような危機に遭い、それに対処するため（理論的には）「世界観の革新」を行うとともに（実践的には）「新たな力の展開という形での反応（die Reaktion in der Entwicklung neuer Kräfte）」をするということである。[57] ここで重視される「新たな力」とは「生きる態度（Lebenseinstellungn）、生きる心の持ち方（Lebensgesinnungen）」であり、それは「現実4」の「精神」のレヴェルで発動する力である。[58] 各自の「世界観」を構成する三つの要素は、個人の意識が他者や世界を志向する際の心構えとしての「態度（Einstellungen）」、意識内容の全体としての「世界像（Weltbilder）」、そして物事に価値の強調をつける「価値づけ（Wertungen）」である。個人がもっている「世界観」は当人の「選択」に影響を与える。われわれが二律背反に直面して実存的な意味で「選択」するということは、能動的態度と観想的（合理的）態度を基盤として情熱的態度を発揮し、二律背反的世界像に現実感を与え、独自の価値づけが重きを置く事柄の実現に向けて、新たな力を出すということである。

「限界状況」論において「殻」は、「限界状況」を覆い隠すものとして、様々な角度から問題視されるが、「選択」の文脈では「殻」の「合理主義」に焦点が当てられる。「殻」へ変容する可能性のあるものは、伝統や慣習や理論など、一定の客観的価値を付与されている合理的形式である。ヤスパースは、「あらゆる殻に共通することは、何か普遍妥当的なもの・必然的なもの・秩序立てられたもの・何らかの規則が、義務や指示や処方として、合理的な形式において人間に示されていることである。あらゆる殻には合理主義が共通している」[59] と述べる。ここで重要なのは、あらゆる合理主義が「殻」であるのではなく、合理的形式において正当化されている価値判断に、例えば職業や配偶者の選択などの、「人間の最も重大な具体的選択行為」の最終的な拠り所が置かれたとき初めて、その合理的価値判断は形骸化し、典型的な「殻」へ変容するという点である。[60] 換言すれば、合理的形式を「殻」へ変容させるのは、「ただ全く具体的に、個人的に、責任をもってのみ生き生きと行われる選択を、一般的なものへ移し替える」[61] ほどに、実践の場でも理論的正当性を絶対視する、強硬な「合

理主義者」である。(62)

さりとて、ヤスパースの「選択」にも合理的思考は不可欠である。彼によれば、人間は物事を合理的に判断する態度をしっかり身につけることによって初めて、単に体験する意識としての「心」から思考能力を伴った意識としての「精神」へ飛躍することができる。個人にとっては何かを「選択」するのに先立って状況を把握する必要があるが、合理的思考を働かせて初めて、決定的に重要な状況である「限界状況」を把握できる意識状態に到達することが可能になる。ヤスパースは「素朴な苦痛は一時的なものにすぎず、絶望的なものではないのに対して、われわれは、合理的態度を介してわれわれの限界に行き当たり、ありうる絶望を経験し、そのようにして初めて、およそ精神的に生動的なものがそこから生じるところの基盤を獲得する」と言う。(63)世界や人間の成り立ちに関する知見、価値観およびそれに基づく選択の様式、態度や行動の規範などを、言語や論理を用いて組成できるようになってから、過去の出来事を遡って理解できた、ということを多くの人々は経験している。われわれが二律背反に直面するような危機に陥ったとき、ある程度合理的に組織化された「世界観」をそのときすでに持っていなければ、事態を掌握して問題の本質を洞察することは難しい。また、合理的思考を理論としては知っている成人でも、現実の物事に主体的に反応することなしに、実生活を事なかれ主義でやり過ごしていては、自らの「世界観」を現実に合わせて磨いていくことができにくい。たしかに、日本人であれば「世界観」と言えるほどのものを持っていなくても、世間に合わせていればうまく生きていける場合が多いであろう。だが、誰にとっても世間との折り合いが悪くなるときがある。極端な場合、世間の大勢に従うことが、自らの人格の否定につながり、自らの心的生を不安定にする可能性もある。風当たりが強くなり、形勢が不利になるときこそ、大多数の人々の思惑に流されることの危険性や自分の精神の重要性を、われわれは身をもって知るであろう。外的状況が暗転するときに明らかになるのは、われわれは、自分自身の人格から発する「主観的な力」をいつでも頼りにするべきであり、困難に対処できる「世界観」を自発的に作り出さなければならないということである。「世界観」の形成には、想定外の状況も信念体系に柔軟に組み入れる作用と、腑に落ちないことにこだわって態度・世界像・価値づけのひとまとまりの統合性を堅固に維持する作用の、両者が不可欠である。

そもそも、意を用いるべき問題として二律背反的現象を認識することができなければ、そして、論理的整合性に一定の価値を認めていなければ、課題を立ち上げることさえできない。この点では、ヤスパースが言うように、西洋の思想家たちが「思考を発動させ、思考に前進の力を与えうる」、「矛盾律（der Satz des Widerspruchs）」のような思考の原理を定めて、知識の体系を築き上げてきたこと、そして、彼らはカント以来「二律背反」の発生を真剣にとって「理念」を組織立てて探求してきたこと、これらのことから日本人は大いに学ぶべきであろう。[64] ヤスパースによれば、合理的態度をとることによって初めて「あらゆる対立性がわれわれにとって明瞭になる」のである。[65] 筆者自身を含めて多くの日本人には、強靭な合理的思考を伴って高い理想へ邁進する精神が不足しており、〈矛盾や対立があっても現実はそんなものだろう〉、〈つじつまが合わない事や納得のいかない事があるのは仕方がないのだろう〉などと、なあなあで話をつけて、問題を適当に丸める傾向があるように思われる。[66] たしかに、完全な論理的整合性や無矛盾性を備えているのは機械であって、生きている人間や有機的な社会システムに対立や矛盾が内在しているのは、自然な現象である。しかし、物事をいったんは論理や道理に即して突き詰めて考えることをしないでいると、看過すべきでない矛盾や人生の中でくり返し行き当たる問題をうやむやにして、状況を打開したり経験値を積んだりする機会を取り逃がしてしまうようである。たしかに、実生活では、矛盾を許容して物事を処理する、相対立する考え方のどちらにも部分的に与する、そういう身の処し方も必要である。だが、矛盾や対立に当面して〈所詮現実はそんなものだ〉と深く考えないで済ませたり、無理な我慢をして遣り過ごしたりするのと、〈容易に解決できるものではないが何とかしなければならない、今はどうしようもないが力をつけてから事に当たろう〉などと考えながら過ごすのとでは、大きな違いがある。やはり、矛盾や対立があることをせめて言語化して意識し続けながら、その解決に向けて努力することは大事であろう。「実存」の生成の前段階として、二律背反的現象を明確に把握し、その成立基盤や問題の所在を合理的思考によって追求していくことは不可欠である。それによって初めて、相反する二項対立的なもの ―― 例えば対立する欲動どうしや（第3節で見る）価値と非価値の結びつき ―― が相補的に働いて現存在を成り立たせている、という人間や世界の実相を見ることが可能になるのである。

けれども、ヤスパースとて、実存的な「選択」の拠り所をただ個人の「世界観」のうちにのみ求めていたのではない。ヤスパースは、行動の倫理的基準が普遍妥当性であることを認めており、その意味において彼の思想は、道徳的相対主義と一線を画している。しかし、「普遍妥当的なものが何であるのかを、具体的な場合にひとは実質的にも決して簡単には知ることがないのであり、その事実だけからしても、普遍妥当的なものに帰依すること（sich hinzugeben）は疑わしい」[67]とされる。ヤスパースによると、倫理的な普遍妥当性の形式的規定は、例えば、カントが定式化した有名な命題 ―― 「汝の意志の格率（die Maxime deines Willens）がいつでも同時に普遍的立法の原理（Prinzip einer allgemeinen Gesetzgebung）として妥当しうるように、行動せよ」[68] ―― によって与えられている。時や場所の如何を問わずおよそ倫理的行動たるものから一定の型を抽象したら、右の命題の形で表現されうる、とわれわれも認めてよいであろう。しかし、ヤスパースが指摘するように、普遍妥当的なものの実質的内容は永遠に個別的・具体的であり続ける。現実には、われわれは不可逆の時間の流れの中で一回限りの事象を「選択」しなければならない。このような「選択」にあえて普遍妥当性を求めるとしても、つまり、今ここでどのように行動することが普遍妥当的な倫理的基準に適っているのかを知りたいと思っても、それを「いつでもどこでも正しい」命題が、ひとりひとりの人間に具体的に教示することはできない。空疎な骨組みのようなカント的格率に、われわれは目下の状況に応じてそのつど内容を充たさなくてはならない。しかるに、合理的形式をもつ理論と「二律背反」を孕んだ現実との間にある隔たりを、われわれが個人的に埋めることによって初めて、理論は形骸化を免れてその実質的意義をもつのである。

ここでもう一度先に引用した青年の事例を敷衍して、「選択」と「殻」との関係について考えてみよう。もし青年が家業を継ぐ道を採るなら、世間から非難される可能性はほとんどないであろう。しかし、外面的には同一の行動であっても、その行動に至る内面的過程には、心的生の水準の違いがある。ヤスパースによれば、本来の「選択」に不可欠の契機は、行動を起こすに際しての「心的体験の立脚点」すなわち「主観と客観の場」を自覚することである。個人の内面生活において、行動の始点は「選択」と「決断」であり、「選択」と「決断」の始点は「欲動」と「世界観」である。したがって、行動のおおもとにある「欲動」と「世界観」の基本的形式である主観と客観の関係が、主観のどの段階に投錨しているのかによって、行動の内面的意義は大きく変わってくる。ヤスパースは、「全く瞬間的な衝動から、あるいは目的をもった自制心から、あるいは全体性の理念から、これらのうちのどれに基づいて生きかつ行動するのか、これらはいわば主観への途上にある諸々の段階(Stadien auf dem Wege zum Subjekt)である」[69]と述べる。青年が家業を継ぐのは、単なる衝動行為なのか、あるいは悟性的思惟によって目的や意義や手段を弁えたうえでの行為なのか、あるいは理念を具現する行為なのか、によって内面的過程には歴然とした違いがある。したがって、結果として「客観的に正しい」行動をとるとしても、その行動を準備する内面的過程において、「私がそれを意欲する」と言えることが肝心なのである。ヤスパースは次のように述べる。

実存的選択（die *existentielle* Wahl）は、諸々の動機の闘いの結果ではなく（もしこれであるなら選択は一つの客観的事象であろう）、また正しい結果としての一つの結果を生み出すようないわば計算問題の解答に従う、単なる見せかけの決断ではない（もしこれであるなら計算問題の正しい解答には説得性があるから、私はそれを明証的なものとして承認しそれを範とすることができる）、さらにまた客観的に定式化された命法への服従でもない（そのような服従は、自由の前形成であるか自由の逸脱であるかのどちらかである）。むしろ実存的選択の眼目は、私が選択するということにある。[70]

「客観的に定式化された命法への服従」は、目的を実現するための手段としては不可欠であるが、個人が命法への服従自体を目的とみなすなら、そのときその人の心的生の中で命法の実質が空洞化し、その命法は「殻」へと変容する。もし青年が自分の内面と向き合う過程を経ずに、とにかく「客観的に正しい」ことをしたいという欲求に駆られて、あるいは「客観的に正しい」ことをしなければならないという義務感だけのために、「忠孝」を第一義とする教義の内に行動の根拠づけを求めるならば、その教義は青年にとって「殻」になり、彼は自由な自己形成の可能性を放棄したことになる。個人が精神的に成熟するということは、自らが欲することを断念して「客観的に正しい」ことを選ぶようになることでは決してない。個人の「精神の型」は、既成の鋳型に合わせて矯正されるべきものではなく、相反するものの間での葛藤を通して絶えず新たに生み出されるべきものである。むしろわれわれは、自らの内的環境を整えながら、主観的な真理と客観的に正しいことの落としどころを見つけるスタイルを磨くべきであり、まさに「心の欲するところに従えども矩を踰えず」の境地を目指すべきであろう。ヤスパースが危惧するのは、例えば「倫理的法則の一義的妥当を真なるものと見なす厳格主義者たちは、自己を暴力的に押さえつけること（die Vergewaltigung des Selbst）それ自体を賛美する」[71]ように、絶対視された教条や学説などの「殻」に依拠して主観の側の二律背反を制圧すること自体が自己形成と取り違えられ、その結果限界状況は真に経験されず自己形成が形骸化することである。

ところで、引用文中の「客観的に定式化された命法への服従」は、外見上客観性を追求する行為であるが、実は決して無私な態度ではないと考えられる。世界には多種多様な社会があるが、どのような社会も秩序を維持したり成員の安全を確保したりするために、一定の道徳的規範を備えている。また、一つの文化圏内でも、「慈愛」や「親孝行」を第一義とする理論と、「個性」や「学問」を尊重する理論は両立している場合がある[72]。実際われわれは、各自の主観的な基準に従って、多くの理論のうちに重要性の優先順位をつけ、時と場合に応じてそれらの中から適当なものを選別し、適宜参照しながら生活しているのである。もしわれわれが既成の理論の中からどれかを選び出し、それを正しい行動の絶対的な指針であると錯覚するのであれば、それは理論を「殻」へ空洞化する内的行為に当たる。ヤスパースは、「人間が行う決定的選択が、その人間にとって諸々の合理的教説の間で行われる選択である、ということが合理主義の特性である」[73]と述べ、数ある既成の理論の中からどれかを選び出して、それに当てはめて人生の一大事までも処するようなやり方は、決して本来的な意味での「選択」ではないことを指摘する。

外見上の客観性と恣意的な内的現実が結びついている場合はこれだけではない。ヤスパースによると、外面的な客観性の主張には、内面生活における自己保身や自己利益の追求を覆い隠す意図が隠されている場合がある。このような自己欺瞞的な言動が、理論や主義などの合理性を利用して大義名分をもつとき、それは周囲の人々をも巻き込むため、決して無害ではない。ヤスパースは次のように述べる。

客観的な普遍妥当性の固定化が、いかに実存を裏切ることになるかは、個々の人物において心理学的に了解することができる。客観性を強調すること（das *Betonen der Objektivität*）は、事実上の独我主義的な我意（solipsistischer Eigenwille）と相関関係にある。私自身としては誰にも触れられないままでありながら、現存在としては妥当性を得るために、私は「事柄」の代理者（Vertreter der "Sache"）として現れ、そして私の周囲の人々をその事柄の中に強制的に引きずり込む。［……］偽りの即物性は、主我的現存在の自己防衛にすぎず、その即物性が帯びる外見上の客観性（scheinbare Objektivität）は、極端な主観性（radikale Subjektivität）に転化する。(74)

表面上の客観性を売りものにしている振る舞いが、実際は我意によって裏づけられている。これは誰もが陥りやすい自己欺瞞であろう。われわれが主観の全段階を活性化して自らの理性が下す判断に従うのであれば、このような自己欺瞞を防げるはずである。たしかに、われわれが他者と共生していく中では、引用文中で述べられている、自らの「客観性を強調すること」が必要な場面は多い。日本の社会のように同調圧力の強い環境ではなおのこと、人々は私利私欲の追求を隠蔽して、ひたすらに公共の福祉への貢献を標榜する傾向にある。けれども、心の中に現実にあるのは公と私の間での葛藤や緊張であり、重要であるのは両者の均衡と総合であろう。

たしかに、理論的考察の領域では、客観性は学問性の一つの基準として追求されてしかるべきである。しかし、ヤスパースが言うように「普遍妥当的なものとしての客観的なものは、普遍的な意識一般に対するものにほかならない」[75]のであり、学者の共同体が一定の合意事項[76]を約束事としたうえで承認する「正しい理論」は、成立する範囲が限定されるうえに、訂正される可能性に常に開かれている、暫定的な結論である。そのような学説は、個人が「二律背反」を孕む複雑な現実に相対するときには限定された「正しさ」しかもちえないのであるから、理論が現実のどのような領域にどの程度まで通用するのか、理論と現実との接点を見定めることが重要である。現実客観的な「正しさ」と実存的「真理」の相違に関して、ヤスパースは次のように述べる。

客観性は、合理的に首尾一貫しているという無制約性を外面上もたらす。客観性は、見かけの上では永続するものであるかのように現存している、正しさ（das Richtige）を提供する。しかし、正しさは、闘いの緊張（die Spannung des Kampfes）の中に初めて存在する――それも妥当なもの（das Gültige）と欲動的なもの（das Triebhafte）との闘いの緊張だけではなく、本質的には客観的なものと主観的なものとの闘いの緊張および客観的なもののそれ自身との闘いの緊張の中に、存在する。ただ客観的であるだけのものは、普遍妥当性を要求する。実存は主観性と客観性の内で真理を意欲する。[77]

実存的な意味における「真理」とは、客観化された情報として外から与えられるものではなく、したがってテキストや教師が教示するものではなく、個人が主観の全段階を駆使しながら掴み取り追求し続けるものである。個人は実存的真理を基準として価値の序列の頂点を決めるのであり、実存的真理を最優先にしてさまざまな価値の重要性の順序を定める。実存的真理とは、個人のアイデンティティを支えるような、人格の核心をなす信念である。極言すれば、（第4章で見る）ソクラテスの場合がそうであったように、実存的真理は、どんな価値を犠牲にしようとも、たとえ命を落とすことになろうとも、それに従って生きると本人が覚悟を決めているような信念である。悲劇的な逆説であるが、実存的真理は本人の自己実現の指針を与える信念であると同時に、その実存的真理の完全な遂行は本人の命を奪う。生きている限り人間は、実存的真理を全うすることはできず、現存在的真理を基盤にして実存的真理を不完全に外在化することができるだけである。

客観性がもたらすのは外見上の「正しさ」であり、その客観的な「正しさ」は、論理性や再現可能性や感覚的事実との対応という観点から（悟性的存在者であれば原則的に）誰でもいつでも確認できる。これに対して、人間や世界の内情に合った「正しさ」は、主観的なものと客観的なものの相互作用が生み出す「緊張関係」にある。さまざまな「緊張関係」は、人間の内面生活そのものの内にも、内的状況と外的状況との間にも、外的状況そのものの内にも生起する。そうした「緊張関係」は世界や人間の二律背反的構造から発現するものである。したがって、実存の生成の一環をなす「選択」は、学説や教義などの客観的・合理的「正しさ」との形式的な一致によって根拠づけられるものではない。「選択」の眼目は、現実の二律背反性の経験において生じる緊張や葛藤や苦悩の中から、二律背反の総合という理念を意欲することにある[78]。

これまでの考察から明らかになったように、「選択」は、皆で手に手を取り合って同じ道を進むような集団的営為ではなく、絶えざる自己超克を含む、極めて個人的な内的行為である。ヤスパースの考えでは、たとえ内的・外的現実がいかに厳しいものであっても、個人はそれに耐えてそれを変えていこうとする、計り知れない無尽蔵の主観的な力を秘めている。そうであるならば、他の人間が個人の「選択」に介入することやましてや「選択」の可能性を否定することは、たとえ善意からであっても軽軽しくしてはならないだろう。本節で明らかになった「選択」の特性を踏まえて、次節では、「決断」に照準を合わせて、客観の側に内在する二律背反を考察する。

第3節　客観の側での二律背反と「決断」

人間の行動はすべて、自分や他人に対して心理的・物理的作用を及ぼし、世界のあり方に変化を起こす。そのため、行動を起こす人間は、現状における行動の条件や手段だけでなく、自らの行動がもたらす状況の変化についても、あらかじめできる限り熟慮する。実存の生成の外的過程である「自己実現」は、人格が追求する価値の実現を目的として、それにつながる一連の行動を積み重ねていく過程である。この過程において「決断」が重要な役割を果たすのは、個人が相対する対象性の領域に、価値と非価値の不可分な結びつきとしての「決定的な二律背反」が存在するからである。このような客観的状況の内にある二律背反について、ヤスパースは次のように述べる。

人間は、現実をただ認識するだけでなく評価も行う。価値づけ（Wertungen）と目的に基づいて行動しつつ、自らの実存のために現実に関与することによって、客観的状況は、人間にとって「現実を理論的に認識するときよりも」はるかに衝撃的（viel erschütternder）である。諸々の価値は、総体としては、価値と非価値の対立のうちに（in Gegensätzen von Wert und Unwert）存する。どの価値にも全般的に非価値が結びついている。(79)

各人は自分なりに重きを置く価値を外在化するために行動するのであるが、目指された「価値」はそれと対極にある「非価値」と言うべき否定的なものを「条件」や「力」としてのみ現実化するようになっているため、価値を追求することは非価値を承認することと不可分の関係にある。[80] このような価値と非価値の結びつきが表面化する状況が「限界状況」である。ヤスパースは『哲学』の中で次のように言う。

諸々の限界状況において明らかになるのは、われわれにとって肯定的なものすべて（alles uns Positive）がこれに属する否定的なもの（das dazugehörige Negative）と結びついていることである。可能的なまたは現実的な悪しきものを伴わずにはいかなる善きものも存在せず、虚偽を伴わない真理も死を伴わない生も存在しない。［……］あらゆる現存在のうちに私は二律背反的構造を見ることができる。[81]

「価値」とそれの実現基盤である「非価値」の不可分な結びつきの具体例として、ヤスパースは次のようなものを挙げる。

私は人間愛（Menschenliebe）と精神的文化（geistige Kultur）を欲する。これらをそもそもどこかで実現しうるためには、たとえ私の眼にはいまだそのことが覆い隠されていようとも——不可避的に——私は人間からの搾取（Menschenausbeutung）を事実上受け入れている。[82]

一方で「人間愛」・「精神的文化」が追求されながら、他方で「人間からの搾取」が容認されている、こうした矛盾を孕む社会システムに関して、ヤスパースは、「歴史的に現実に存在する精神的な生（geistiges Leben）は、少数者の自由と余暇に有利になるような、社会の秩序に依拠している。大多数の者は、別の意味において働いている[83]」ことを指摘する。ヤスパースによれば、人類の知的・文化的遺産は、すべての人々によってではなく、「自力によって治めている支配階層、年金生活者、あるいは、自身は比較的貧しいにもかかわらず必要不可欠な生計は確保しているために機械的な労働を強いられていない人々[84]」によって、創出され享受されてきた。創造的活動の主体となる人々は、「後にも先にも常に一回限りの創造として、万人の目から見てひとつの価値を有するものの担い手」であるが、彼ら自身は、その価値の実現を可能にする基盤が、大多数の人々の機械的労働であり、また少数の受益者たちによる「残酷でいくつかの決定的な点において暴力的な搾取（die grausame und an entscheidenden Punkten gewaltsame Ausbeutung）」であることに、必ずしも気づいていないという[85]。たしかに、現代でもなお多くの人々が、長時間低賃金の機械的労働を提供するほかに生活費を得る方法が見つけられず、時間的にも経済的にも余裕に乏しいため、文化的生活には滅多に手が届かない、精神的欲求を満たすことができない、という非人間的な状況に置かれている。「アルバイト」や「派遣」と呼ばれる非正規の被雇用者たちや、組織の下層で働く者たちが、嫌がらせや言葉の暴力などの人権を侵害する扱いを、職場で受けることは珍しくない。競争の激しい資本主義社会の中では、特権階級に這い上がりその地位を維持するためには、並外れた努力や才能あるいは元手や運が必要であり、「勝ち組」や「負け組」という言葉で人間の種類を二分する考え方がまかり通っている。

ヤスパースの論述の重点は、このように幸運な少数者だけが人類の英知の蓄積を享受するような、不公平で過酷な社会状況を否定することにあるのではなく、そのような事態をまず直視する必要性を説くことにある。なぜなら、「世界から搾取を除去しようと欲する者は、教養を培う過程の中で個々の人間にそのつど生じるところの、精神的現実を断念しなければならない[86]」からである。人類にとって貴重な「価値」をもつ「人間愛」

や「精神的文化」を求めて行動することは同時に、大多数の人間に「非価値」を押しつけて非人間的な「搾取」が行使されるのを是認することであるという「二律背反」は、われわれを取り巻く「客観的状況」のうちに根深く組み込まれているのである。西洋人が作り出し日本人も取り入れてきた社会システムには、人間愛と搾取の事例に顕著に見られるように、さまざまな「価値」と「非価値」の対立が内在している。それゆえ、現代の社会に適応して何らかの恩恵を受けて生きている限り、われわれは社会的不正にもすでに加担しているとさえ言える。このような現実を容易に変革できると思うほど、ユートピア的な世界観をヤスパースはもっていない。彼によれば、世の中を事実上動かしているほとんどの世界観が「人間社会とその特権階級の現行の制度の維持（die *Erhaltung der gegenwärtigen Einrichtungen*）」を最優先しているが、それとは正反対にあるユートピアは「非現実的な夢想状態の世界観」であって、こちらのほうがかえって非力であったり破壊的であったりする。[87] 現状において重要であるのは、搾取して受益者になっているという「責め」の意識を、だからこそ業績を上げねばならないという引責の意識へ高めることであるという。[88]

　このような考え方を知ると、ルカーチがヤスパースとハイデッガーの思想を「寄食者的主観主義（der parasitäre Subjektivismus）」と名づけたのにも一理あるように思われるかもしれない。[89] しかし、ヤスパースは、価値と非価値の対立が氾濫している現実を前にして、無責任に安閑としているわけではない。また、彼は〈あらゆる価値は無価値である〉、〈物事は次々と起こるべくして起こるだけである〉あるいは〈何ものも欲するに値しない〉などと概括しているのでも決してない。逆にそのように考える「価値虚無主義（Wertnihilismus）」の典型が、物事の価値や意義を認めずに単なる実在性の肯定に専心する「実践的唯物論者（praktische Materialisten）」である。[90] そうではなく、たとえ社会に寄生しているように見えようとも文化人として生きることを「決断」するヤスパースの内面には、自分もまた、何らかの負の価値を甘受したり、誰かの踏み台になる立ち位置を引き受けたり、損な役回りを務めたりしながら、享受できる価値は享受して創造的な仕事に励むことを通して、新たな現実の形成に参加しようとする覚悟がある。傍観者的態度にとどまるのではなく、自らの多元的な欲動を充足し、社会や世界の状況を改善して行こうとする、能動的かつ情熱的態度をとって生きる限り、現にある物事すべてを同等に評価することも、価値のある物事など何もないとしらけていることも、われわれにはできない。「何事かが重要でなければならないし（es muß auf etwas ankommen）、何事かがする甲斐があるのでなければならない（etwas muß sich lohnen）[91]」とヤスパースが言うように、世界の中の何かを他の何かより価値あるものとみなすことは、創造行為の前提である。やはり、われわれは「選択」した価値を追求しながら、それにまつわる消極的価値も引き受けることを「決断」していかなければならないであろう。

　そしてまた、こうした「価値」と「非価値」の結びつきは、世界の内にすでに組み込まれているのみならず、価値の実現を目的とする行動によって新たに生み出される。ヤスパースは次のように言う。

> もし人が現実性のうちに何らかの価値を欲するならば、諸々の客観的な連関のせいで（wegen der objektiven Zusammenhänge）、人は諸々の非価値（Unwerte）を不可避的に甘受しなければならない。価値を目指すいずれの行動にも、行動者が欲しなかったし欲することができなかった、諸々の結果が伴う。いかなる行動も、純粋には、そして副次的な結果（Nebenerfolge）を伴わずには、欲せられた効果（die gewollte Wirkung）をもつことはない[92]。

何らかの価値の実現を目指してなされた行動は、この世界におけるさまざまな偶有性に満ちた出来事や他の人々の思惑に巻き込まれて波紋を広げ、その結果予期されていなかった価値否定的なものを否応なしに引き起こす。現実の本質的な相がこのようなものである限り、「絶対的に正しい」選択や決断は存在しない。だからこそ、われわれが「自分の行動に責任（Verantwortung）をもつということ」は、「責め（Schuld）を引き受ける心構えがあるということ」を意味する。[93] この場合にわれわれが実存的に負うべき「責任」や「責め」は、法的・社会的・道義的な帰責問題とは異なる次元にある。[94] 社会生活の中で行為者が「責任」を問われるのは、意志行為の直接の結果や、意志行為に付随して生じた予期すべき結果であって、偶発的な結果や波及効果はその限りではないからである。[95] つまり、実存的な「責め」や「責任」は、客観的な基準に従って第三者によって断罪されて生じるものではなく、個人が意志的に引き受ける自責の念である。この「責め」や「責任」を引き受ける能力と意志が「決断」に不可欠であることを、ヤスパースは次のように言い表している。

能動的な者にとっては自らの行為の意図に応じた結果（*der Erfolg*）が重要である。結果とは、世界形成における外的結果、あるいは、自己形成に際して到達された心の状態における内的結果である。しかし、第一に、結果は実際には決して確実に予料できないし、第二に、全く考えられていなかった、全く望まれていなかった、諸々の結果が生じる。どのような行為にもそうした望まれていなかった結果が伴う。極めて鋭い基準で判断すると、すべての行為はそのように何らかの不可避の責め（eine *unvermeidliche Schuld*）を主観的体験として随伴している。ゲーテの見方によると、行動する者は誰でも良心を欠いている（gewissenlos）。予料は十分に及ばないのであるから、「決断すること（das Entscheiden）」が可能であるのは、良心の咎めを知らない行為者、あるいは、「責任（"*Verantwortung*„）」を持つことに耐えうる者、すなわち、不可避の責めを引き受けることができるし引き受けようと欲する者の、どちらかのみである。そのような責任に対する恐れが、人間を能動的態度から遠ざけている。[96]

サルトルは、実存主義は静観哲学に帰着する、というコミュニストたちからの非難を取り上げ、これに反論している。[97]そして、サルトルが有神論的実存主義に位置づけたヤスパースの哲学もまた、瞑想に耽るばかりで実際的活動をおろそかにするという悪い意味での静観哲学ではない。ヤスパースは、自らの欲動を充足し世界の形成に参加する意志をもって行動する、能動的態度を実存の生成に不可欠の契機とみなしている。彼は、「能動的態度にとって悟性とあらゆる観想（Kontemplation）は手段（*Mittel*）である。悟性や観想は、能動性の目的によって動かされ展開される道具であるが、自立性を承認されることはない[98]」と述べる。彼の考えでは、人間にとって、世界を認識することは、世界を形成することや自己を実現することのための方途である。それゆえ、右に引用した箇所に記されているように、能動的に状況を把握し決断する人間にとって、行動に至る過程だけではなくやはり行動の結果が重要である。しかしながら、状況を構成する外的・内的要因をすべて把握することはできないし、自分の行動が引き起こす結果を予想するのにも限度がある以上、誰にも迷惑をかけずに何の犠牲も出さずに行動することは理論上不可能である。ゲーテの文言にあるように、もしわれわれがいわば完全無欠の良心をもって、いかなるレヴェルの不正も犯さずに行動することを心がけたら、自発的な行動は何もできなくなってしまう。逆に、良心の呵責を覚えない者は、後ろめたさのない潔白な気持ちで行動することができ、理屈では割り切れない責任や法律の枠内では裁かれない罪について思い煩うことはない。不完全ではあるが何らかの良心をもつ個人が、能動的態度をとり自らの「決断」によって現実を形成していくには、予防できない悪い結果や自らの咎を認めてできる限りフォローする心構えが必要である。

「決断」に関与する「良心」について、ヤスパースは『哲学』においてさらなる考察を加える。個人の心的生が現状に停滞することなく本来の「決断」の必要性を意識して活動するのは、各自の「良心」の働きかけがあってのことである。彼は次のように述べる。

> 良心において私は私に対して距離（*Distanz zu mir*）をもつ。私は、単に演じ終えられるべく与えられているような現存在に、頽落していない。私は私に手を加え、私が何者であるかを、それが私次第である限り、現存在において創出する。私の現存在と、私にまだ開示されていない私の本来的自己存在との間に、良心が現実として入り込む。そしてこの良心に基づいて、私にとって存在となるべきものが、承認されるか退けられるかしなければならない。[99]

「良心」は、心的生の一人称的局面の主体である「私」に対して、法廷のような第三者的役割を果たし、懸案の「私」の可能的あり方についてそれを選び取るか忌避するかの判断基準を提示する。さらに、「良心」が「決断」を促進する作用として、「〔良心は〕私が致し方なく現にそう在るように現存するべきではなく、私がそう在ろうと意欲するものとして私をつかみ取るよう、決断することを私に要求する」[100]と言われ、このような意味での「良心」の要求が作用してこそ実存的な「決断」が可能になる。「決断」という内的過程は、感情や欲動を主観的根源として発生するが、単に主観的に正しいと確信したことを行動として外在化することでけりをつけるわけでは決してない。ヤスパースは、「良心において私は超越者に面している」とか「良心において私は、自らが超越者の方へ差し向けられているのを知る」と述べる。[101]つまり、実存を生成する「決断」には、個人が良心を媒体として崇高なものに伺いを立てるような、「絶対的他者」としての「超越者」に対する信仰的な関わりが、不可欠の契機として組み込まれている。

さて、実践の場においてわれわれが具体的な問題に直面するとき、限られた時間内でその時々の状況に応じて対処しなければならない。客観の側に内在する二律背反を考慮に入れるまでもなく、そもそも不完全情報の状況下では絶対的な正解を見つけることが不可能であるが、それでもわれわれはその場で最も適切な答えを見出して勇断しなければならない。そのときに一番大事なことは、ヤスパースが考えるように、どのような行動をするにしろ、その行動を可能にしている既存の負の価値と、その行動に伴って生じる負の価値（代価）について、実存的な意味における「責め」を負う覚悟を決めることであろう。たとえ、権威や社会的規範に従って行動したとしても、あるいは、客観的評価の高い成果を上げたとしても、そのために自分が「絶対的に正しい」ことをしたのだと思いなしてはならないであろう。なぜなら、自分の行動を絶対的に正当化する考え方は、価値の実現には犠牲や皺寄せが伴うという世界の実相をよく見ていないのであり、それは他人の負担や苦悩を配慮しない厚顔無恥な振る舞いとして表れやすいからである。「現存在の二律背反的構造は、世界の中には希望のない悲惨さ（das hoffnungslose Elend）があるという形で、そして、自分を最終妥当的に正当化することを求める意欲は不埒極まるものであるという形で、意識される」[102]とヤスパースは言う。このような意味で、個人が行動への「決断」を下す内的行為には、既存の負の価値を利用することの自覚と、自らの行動が新たに引き起こす負の価値への配慮が不可欠である。

ここまでの考察から明らかになったように、「決断」はひとりひとりの意志が最終的な判断を下す、極めて個人的な内的行為である。自らの「決断」に伴う（客観的状況における）負の価値や（主観的体験としての）責めの意識は、他人が引責したり肩代わりしたりできるものではなく、誰もが自分の負担分は主体的に背負って生きなければならない。だが、それだからといって「決断」は、個人の内面性のみを決定要因とする（第一の意味の主観主義）、個人の欲望を無条件に肯定して表出する（第二の意味）、個人の価値観を絶対的に正当化する（第三の意味）という、いずれの意味においても主観主義的行為では決してない。むしろ「決断」は、過去の歴史、現在の社会状況、未来の世代への影響などの、外界の要因を考慮して、自分と外界との関わり合いを強く意識しながらなされる内的行為であると言える。

第4節　ルカーチによる「殼」の批判

ルカーチは、『理性の破壊』の中で、ヤスパースの『世界観の心理学』の基本方針を「客観的哲学的認識の可能性と価値との完全な拒否（die völlige Ablehnung der Möglichkeit und des Wertes einer objektiv philosophischen Erkenntnis）」と断定し、ヤスパースの思想を「生の哲学の極端な相対主義」あるいは「極端な主観主義」と呼んで批判する。[103] そして、ルカーチがこのような否定的判断の根拠として挙げるのが、ヤスパースの「殼」の理論である。ルカーチは次のように述べる。

ヤスパースは、認識における客観的なものすべてを、「殼」という軽蔑的な皮肉った言葉で呼ぶ。この言葉は他方でまた、昔の生の哲学が強調した生動的なものと硬直的なものとの対立を表現しており、しかも、あらゆる客観性が何か硬直したものかつ死んでいるもの（Etwas Erstarrtes und Totes）に思われるような特殊なニュアンスをつけている。[104]

ルカーチによる批判の要点は、ヤスパースが認識を客観的であらしめているものを「殻」と蔑称し、その「殻」という語にはあらゆる客観性を硬直や死とみなす考え方が反映している、というものである。けれども、実際のヤスパースの考えでは、「身体が骨格を、軟体動物が甲殻を、それぞれ必要とするように、生は殻を必要とする」[105]のであり、機能の観点から見ると、第一に、「殻」は個人の内面生活を表現する形式であり、第二に、「殻」は個人を過度の刺激から護るはたらきをする。ヤスパースにとって重要であるのは「生きている殻」と「死んでいる殻」を区別することである。それでは、「殻」の生死を分ける基準はどこにあるのだろうか。「殻」の形成は、実存の生成の外的過程に不可欠の契機である。ヤスパースは次のように述べる。

発生する殻は、人間の生が外へ歩み出るはたらきのあらゆる形式（alle Formen des Nachaußentretens des menschlichen Lebens）をもちうる。その形式とはすなわち、世界形成における行動・現実の人格の形成・事実的認識や芸術作品や文学の実現と創造、究極的には、殻の合理的形式すなわち哲学的教説である。[106]

「殻」は、内面生活の表現形式として、また外界に対する緩衝装置として、個人が世界の中で自己実現をするために必要不可欠な手段である。個人の内面生活も、世界の物事の成り行きも、理路整然と進行しているわけではなく、それどころか、人間が意識的に整理しようとしなければ基本的に支離滅裂であり、さまざまな矛盾を孕みながら活動している。内面生活を文章で表現するためには、雑然とした主観的体験を一定の合理性・論理性をもった形に整えなければならない。質の高い楽曲を作るには、音楽理論を下敷きにして言葉や音を構築する作業が不可欠である。また、われわれが社会生活を円滑に営んでいくためには、ありのままの内情や欲念に溺れたりそれらを剝き出しにしたりするのではなく、心を包む「殻」のような、ペルソナとしての人格を形成しなければならない。そして、世界や社会の混沌とした状況に秩序を与えるために、合理的な思考形式は大いに役立つ道具である。このように、人間の思考や行動にはすべて、一定の論理的整合性を備えた枠組みやシステムとしての「殻」が不可欠である。おそらく多くの人間は、世間一般に価値を認められているさまざまな形式や型を模倣することから始めて、徐々に独自のスタイルを生み出していくだろう。

けれども、人間がこのような「殻」に安住し、既存の「殻」を一徹に固守すると、それは「死んでいる殻」へ変容する。ヤスパースによると、「人間が生きており滅びてはいないということは、その人間が古い殻の溶解過程にあって、同時に新しい殻ないしそのための原基（*Ansätze dazu*）を構築しているということの内に、見て取れる」[107]のであり、さまざまな「殻」が絶えず改鋳過程にあることが、内面生活の生の証なのである。例えば、小説家にとって、独自の文体を作ることは不可欠であるが、いったん作り上げた文体に固執するとそれによって大きな成長や進歩を阻まれてしまう。優れた小説家は、小説作法を絶えず練磨し続け、ときには技法や文体を一新することによって新たな世界観を描き出すことに挑戦する。[108]ヤスパースの人間観によると、人間の内面的発展には、累積的に進歩を積み重ねていく局面と、断続的な転換によって新たなものを獲得する局面がある。[109]「精神の生は連続的に進行するのではなく、発展の連続的局面（die kontinuierlichen Phasen der Entwicklung）は、危機（*Krise*）・改鋳（*Umschmelzungen*）・変態（*Metamorphosen*）によって中断され、新たなものが飛躍によって現出する」[110]とヤスパースは言う。この意味で、古い「殻」の鋳つぶしと新しい「殻」の創造は、人間の内面的発展の転換点に深く関与している。

人間の内面的発展の転換点と「殻」の関わりに関してヤスパースが危惧するのは、哲学的学説を行動の最終的拠り所とすることによって、本来的な「選択」が行われず「限界状況」が体験されないことである。哲学的学説と人間の実存の関係について、ヤスパースは次のように述べる。

哲学的学説と人間の実存とは重なり合わない。知的世界観と実際に生きられている世界観とは、互いにさまざまな緊張関係にある。実存するはたらきは、学説への何らかの関係をもつが、それは同一性の関係ではない。世界観的学説は、模範であり、何らかの実現されぬ理想ないし実存の個別的側面の表現であり、手段と仮面であり、あるいは単に知的な、純粋に観想的な享受の内容である。(111)

実存の生成の観点から見て重要であるのは、既成の学説の中から適切なものを選び、その借り物の「殻」を頼りとするのではなく、既成の学説を「手段」として自ら研鑽して独自の「殻」を培うことである。「殻が成長し、自己形成するのであれば、その殻は生きている、あるいは、殻が既成のものであり、ただ選ばれるだけであるならば、その殻は機械的で死んでいる」(112)という文言に端的に述べられているように、「生きている殻」には、代謝と独創性がある。さらに、「殻」が「生きている」ためには、それは用いる人間の心的生が〈温かい〉つまり何らかの〈熱をもっている〉のでなければならない。(113)「殻」を生かす熱は、理念を帯びた情熱的な力である。「殻」と「理念」の関係について、ヤスパースは次のように述べる。

合理的装置（der rationale Apparat）は、それ自体は空虚であり、ただ〔人間を〕無意味なことから護ることができるだけである。この装置は、それ自体で実質的意味を与えることは決してなく、より以上の諸力、つまり諸々の理念によって初めて発動されるべきであるところの、生気なき形式である。同時に、こうした合理的装置を手段として、心的生のあらゆる分化つまりあらゆるさらなる発展が可能になる。(114)

概念装置や理論としての「殻」は、それ自体は「生気なき形式」であるが、それに「理念」の表象から発する情熱的な力が加えられることによって初めて、心的生の発展の手段として活かされる。この情熱的な力は、「合理的なものを発動させ展開する力」であるが、それは「同時にまた、合理的なものが再びそれによって捨て去られてしまうところの爆薬（der Sprengstoff）をも開発する」(115)。要するに、「殻」としての合理的形式は、そこに理念を帯びた情熱という非合理なものが注がれることにより、個人の内面的発展に役立つ手段として活かされるが、他方でまた「殻」はその同じ情熱によって破棄される定めにある。

それゆえ、「殻」それ自体には生死の区別はなく、「殻」と個人の内面的発展の連関に応じて、「殻」の実質的意義は決まってくる。とはいえ、「殻」が具備する合理性の性質によって、特に「死んでいる」状態へ変容しやすい「殻」もあり、世界観を合理的形式に客観化した哲学体系はこれに当たる。ヤスパースは全体主義の学説を例として挙げる。以下の記述は、ルカーチもまた引用している。(116)

全体に関して言明している学説はどれも（jede formulierte Lehre vom Ganzen）、殻になり、限界状況の独創的体験（das originale Erleben der Grenzsituationen）を奪い、〔人間をして〕自ら意欲した経験の中に将来における現存在の意義を探し求める気にさせる、力の発生を妨げ、その代わりに、見通されていて完全であり、心を満足させ、永遠に意味が現前している世界という静止を設定する結果を招く。(117)

もし全体主義の学説が信奉されたなら、それは直ちに「死んでいる殻」になる。なぜなら、物事の順序主客が逆様であるからである。「見通されていて完全な世界」という静止状態を目的として設定し、そこから個々の生身の人間のあり方を合理的に導出するのには、無理がある。本来は、まずひとりひとりの具体的で個別的な生活が考察され、その特殊な内容や形態の中からある程度普遍的な人間性を抽出して理論が作られるべきである。中村桂子が指摘するように、理論が普遍性を追求するのは当然であるが、最終的には現実の世界にある個々の人間やそれを取り巻く状況の、多様性を説明できることになっていて初めて、その理論は実質的意義をもつ[118]。ヤスパースによると、全体主義は「世界に関する完結した知というユートピア」であり、それはすべてのユートピア同様、現存在の二律背反的構造を無視している。ユートピアを信じている人間は、生き生きとした内面的成長を妨げられた「死んでいる人間」であり、また、現実に適合しない信念に従って行動することによって世界や人間を破壊してしまうほどに危険な人間でもあると考えられている[119]。

以上の考察から明らかになったように、ヤスパースの「殻」理論は、客観的哲学的認識全般の価値を否定しているわけでは決してない。彼がわれわれに推奨しているのは、そのような認識に無批判に追随するのではなく、それを自らの実生活と重ね合わせながら参照し、思考と経験を連関させ、実生活によりいっそう適合した独自の世界観を作り出していくことなのである。

第5節　リッカートによる「殻」の批判

リッカートは論評「世界観の心理学と価値の哲学」の中で、ヤスパースの精神病理学の著作が学問の発展に貢献したこと、そして『世界観の心理学』の論述にも肯定的に評価できる個々の点がたくさんあることを認めている。しかし、ヤスパースの功績をたたえる文言はごくわずかにとどめ、リッカートは終始批判的な論調で、『世界観の心理学』の論述が基づいている一般的原理を問題にする。リッカートは、その原理を「心理学的主観主義」と特徴づけ、「超越論的主観主義」に基づくカントの価値の批判哲学を正統に引き継いでいないものとみなして、ヤスパースの経験論的立場を批判する。リッカートから見れば、世界観についての理論の構築は、その基盤に心理学ではなく純粋な価値の哲学があって初めて可能なのである。[120] 彼によると、『世界観の心理学』が立脚している「心理学的主観主義」は、「人間の信念としての世界観を生み出すところの、一般的で絶えずくり返され自然的で心的な要因と力（die allgemeinen, immer wiederkehrenden *natürlichen* psychischen Faktoren und Kräfte）を描き出し、当然の帰結として、哲学を狭い意味においてそう呼ばれるべき「世界観の心理学」に置き換えるに違いない」というものである。[121] ヤスパースの「心理学的主観主義」の徴表としてリッカートが特に問題視するのが、世界観を確固とした体系としてではなくあたかも自然の産物であるかのように生生流転するもの・非合理なものとして扱う、という点である。リッカートは、こうした問題的徴表が顕著に表れている理論とみなして、ヤスパースの「殻」理論を批判的に取り上げる。リッカートがヤスパースの「殻」理論を批判する理由は、次の二点に集約される。第一に、歴史的に重要な意義をもつ哲学的世界観すなわち文化遺産を、自然の産物である「殻」に喩えるのは不適切である。思想家が考え出した世界観をもしあえて喩えるなら、厳密に定義づけられた概念を石に、哲学的世界観をその石で造られる「家」に、それぞれ喩えるべきである、という点である。第二に、体系化された哲学的世界観をヤスパースが「殻」と呼ぶのは、彼がそれに独自の意義を認めず、個人の成長の手段としての付帯的価値しか付与しないからである。だが、ヤスパース自身が学者である以上、まさに自分が拠り所にしているまた構築しようとしている体系知に意義を認めないのは、首尾一貫していない、自家撞着的行為である、という点である。この節では、この二点に焦点を当ててリッカートの批判を検討する。

第一点として、すでに触れたように、リッカートが問題視するのは、ヤスパースが哲学体系すなわち「歴史的に重要な思想家の世界観」を「殻」のようないずれは丸ごと捨て去られるような天然の産物に喩えたことである。[122] この点にリッカートは「極めて純粋な形態における現代的生の哲学の反合理主義（der Antirationalismus）[123]」を見て取る。リッカートの言い分では、例えば「ミラーとシュルツの世界観」のような哲学史に名をとどめていない人々の世界観は天然の産物として取り扱うことができるが、歴史的連関の構成要素となっているような哲学的学説は決して自然物のように消滅しないのである。リッカートは、ヤスパースの「殻」に自らの「家」という比喩を対立させせながら、次のように述べる。

もし思想家（ein Denker）が自ら考え出した世界観を何かに喩えようとするなら、彼は文明生活に目を向けながら一軒の家（ein *Haus*）について語るであろう。その家を彼が建てたのは、理論的人間としてその家に住むためであり、彼が考察しようとする世界をその家の中から見るためである。そして、生や激情の嵐が周りで吹き荒れようともその家は安定していなければならない。そのために思想家が必要とするのは、頑丈で直角の石（Steine）、すなわち、厳密に定義づけられている概念（streng definierte Begriffe）である。そのような概念を用いて初めて思想家は、彼に直観を提供する、揺れ動く現象に対して支配者となる（Herr werden）[124]。

リッカートが自らを重ね合わせて想定する「思想家」は、自らは「家」の中に落ち着いて、世界のありさまを壁や窓を隔ててあくまで傍観し、そしてそれによって外界を支配下に治める。外界がどんなに動揺しようとも、世界観を体系化した理論すなわち「家」は安定しており、純粋な考察的態度をとる思想家の立場も安泰であるという。上の引用箇所から、確固とした基礎をもった体系知の構築を目指す、リッカートの基礎づけ主義的立場を見て取れる。ヤスパースの「殻」理論は、世界観や価値の問題に関する哲学の既得権益を脅かすように、リッカートには思われたのであろう。しかし、ヤスパースの実存哲学と基礎づけ主義は相容れない関係にある。ヤスパースは、知識体系の拠り所・支えとなるべき「アルキメデスの点」さえも「限界状況」（ないし「根本状況」）が与える衝撃によって破壊されてしまうと考えていた。『哲学』の中でヤスパースは「もし世界が壊れて崩壊するなら、廃墟の瓦礫は、恐れを知らぬ彼をも打ち殺すであろう」というホラティウスの文言を引いて、「限界状況」（ないし「根本状況」）を免れることができる安全地帯など世界中のどこにもなく、傍観者の位置に安住しているつもりの者も実際は危険にさらされている、という考えを言い表している[125]。また、彼は『世界観の心理学』の中で次のように述べている。

諸々の限界状況に共通するのは、――主観―客観―分裂すなわち対象的世界の中では常に――確固としたものは何も（*nichts Festes*）現存せず、疑いえない絶対的なもの・あらゆる経験と思惟を持ちこたえるような支え

（Halt）は現存しないということである。(126)

思想家であろうとなかろうと人間誰しも自分の「選択」と「決断」による行動を通して現実とは何かを経験するべきあり、その経験の中で「実存」が生成する、というのがヤスパースの考えである。二律背反を孕む現実の経験に際して、「石造りの家」に喩えられるような自己目的化した理論に頼りきることはできない。世界や人間についての普遍的理論というようなものを現実に適用すれば事足りるわけでは決してないからである。個人にとって確かに価値のあるものは、退っ引きならない現実を経験して初めて会得できるのであるから、思想家も「限界状況」の経験を哲学的世界観にフィードバックしながらその世界観を展開していくのが、学問に対する真摯な姿勢の表れでもある。哲学者が自然科学者と同様に傍観者的態度で対象に向かうことの弊害を、夏目漱石は小論「中味と形式」の中で、次のように言い表している。

彼ら〔冷然たる傍観者の態度をとる学者たち〕は彼らの取扱う材料から一歩退いて佇立む癖がある。いい換えれば研究の対象を何処までも自分から離して眼の前に置こうとする。徹頭徹尾観察者である。観察者である以上は相手と同化することは殆ど望めない。相手を研究し相手を知るというのは離れて知るの意で、その物になりすましてこれを体得するのとは全く趣が違う。いくら科学者が綿密に自然を研究したって、必竟ずるに自然は元の自然で自分も元の自分で、決して自分が自然に変化する時期が来ない如く、哲学者の研究もまた永久局外者の研究で当の相手たる人間の性情に共通の脈を打たしていない場合が多い。〔……〕こういう分り方で纏め上げたものは器械的に流れやすいのは当然でありましょう。換言すれば形式の上ではよく纏まるけれども、中味からいうと一向纏まっていないというような場合が出て来るのであります。つまり外からして観察をして相手を離れてその形を極めるだけで内部へ入り込んでその裏面の活動からして自ずから出る形式を捉え得ないという事になるのです。[127]

漱石によれば、本来は研究対象の中味が主で形式は客であるのに、傍観者的態度で研究する者は、主客をあべこべにして理論の形式を整えることを優先するので、対象の実際の内容を捉え損なう傾向にある。漱石もヤスパースも、思想を成型した理論や行動の範型が人間にとって不可欠であることは認めている。そのうえで彼らはともに、哲学の研究対象である人間の実質的な中味は、永久不変の形式に適合しないことを重視し、中味に合わせて形式を作り変えていくことこそ、真に合理的な学問的態度の表れであると考えた。漱石は、形式の中に盛られるべき内容が人間の内面生活や思想のように刻々と変化する性質のものである場合、「一つの型を永久に持続する事を中味の方で拒む」ことを指摘し、「なるほど一時は在来の型で抑えられるかも知れないが、どうしたって内容に伴れ添わない形式は何時か爆発しなければならぬと見るのが穏当で合理的な見解であると思う」と明言している。[128] ヤスパースのもとでは、生きている個人がもつ「世界観」は、「態度」・「世界像」・「価値づけという形で客観化される主観的な力」の三要素が一体となったシステムである。そしてヤスパースが「殻」と呼ぶのは、「一人の人間がもっている対象的内容の全体」すなわち個人がその中で生きている世界としての「世界像」である。[129] 漱石の正鵠を射た指摘を考えあわせ、「石造りの家」のような半永久的に不変な形式にはおさまらない現実が人間や世界の内にあることを念頭に置くと、「殻」の哲学的意義を全否定するリッカートの主張にこそ、非合理な考え方が潜んでいることが見えてくる。

ヤスパースの述懐によると、学生時代に受講した講壇哲学 —— おそらくリッカートの講義も含意されているであろう――は「偽科学（Scheinwissenschaft）」のように思われ、その講壇哲学は「疑わしいあるいはまったく未開明の諸々の自明性」に基づいており、「その基盤は沼地のようであったたし、たしかに建築構造自体は精密であったが、しかしなお哲学とは言えないものであった」という。[130] リッカートが構築しようとする〈石造りの家〉の基盤が、実際は沼地のように不安定であるように、緻密に概念構築されている理論でさえも、現実との不適合により土台が侵食されて破綻する危険に、常にさらされている。思想家が世界の現実からはたらきかけを受けつつ自らもはたらきかけるという相互作用なしに、まさにリッカートが企図しているように、あくまで局外者の立場から理論を構築するならなおのこと、理論の形式は整っているがその内容は現実を反映していないという事態が起こりやすい。そして、現実を中味として盛り込むことよりも形式上の体裁を繕うことを優先して成り立っている理論は、見た目は確固としていても実際は無用であるから風化しやすい。ヤスパースは知の絶対的基礎づけが不可能であることを悲観してはいない。たしかに、もし基礎づけ的支点が人間にとって最後の支えであるならば、人間は自らの根本を危うくされ、「独自の自分の価値と意義の根は、壊滅的として把握され、人間は完全な絶望へ突き落とされる[131]」ことになる。けれども、個人が生きていくうえで本来の支えとなるのは、二律背反の総合を目指す、精神の弁証法的運動である。[132] 既存の自明性が疑わしくなるような状況では、われわれは無限に展開する精神的運動にこそ支えを求めるべきなのである。

このようにヤスパースが、精神的運動の無限性を想定し、理論や哲学的学説を有限な「殻」に喩える背景には、個人の内面的発展を、時計で測れる時間の流れに沿った連続的進化ではなく、飛躍する瞬間によって分断される非連続的過程とみなす考え方がある。興味深いのは、ヤスパースが、内面的発展つまり心的生の分化を、生物の進化つまり系統発生とのアナロジーにおいて捉えていることである。[133] 養老孟司によると、進化学においては、ダーウィンの進化説の前提にあった、自然選択による漸進的な生物種の進化の仮説、つまり、微細な変化が長い時間にわたって蓄積して進化が起こると考える「漸進説」に対して、生物の急激な進化（系統の分岐）は地質学的に短い時間で ── グールドによると、地質学で言う一瞬は百万年くらいに相当する ── 地質学的大異変と関連して起こると仮定する「断続平衡説」が唱えられている。[134] 後者の「断続説」によると、生物の進化の過程には、ほとんど変化の起こらない長い時期と急激な大変動の時期がある。心理学においても、人間の心の中には、自らのあり方を安定させ続行させようとする傾向とともに、安定性を崩してまでもそれを変革しようとする傾向が内在している、と考えられている。[135] 生物の進化論では「時」をどのように見るかという問題が議論を大きく左右する。養老によると、漸進説と断続説は、時間的な事象に関する人間生来の二つの見方であるそうだが、[136] 人間の心的生に関するヤスパースの見方は断続説に近いと言える。人間の心的生に関してヤスパースは「瞬間（Augenblick）」を重視し、「瞬間は、唯一の実在性（die einzige Realität）であり、心的生における実在性一般である」[137] と述べる。つまり、心的生においては過去から未来へ一方向に均質な時が流れるような直線的な時間体験があるのではない。特に、心的生が最も生き生きと躍動する「選択の瞬間（der Augenblick der Wahl）」[138] には、時間が止揚され、過去も未来も包摂する無限の広がりが一挙に体験される。

第二の論点に話を戻すと、リッカートは「殻」理論のうちに、次のようなヤスパースの根本姿勢を見出して批判する。

体系を心の木質化と解する、極めて生物学的な生の予言の反体系的努力（die antisystematischen Bestrebungen der biologistischen Lebensprophetie）は、ただ学問的な立場としてのみ存続するのであるから、自己矛盾に満ち

ており、したがって自らの内部で論破されている。(139)

右記の批判にはリッカートの曲解が混入している。『世界観の心理学』に即して言えば、ヤスパースは哲学体系のような形式をむしろ人間誰しもが限りなく追求してしかるべきものと考えていたのであり、ただし、個人の心的生がそうした形式にはまり込むことによって生き生きとした活動を失うことを危惧していたのである。彼がそうした形式を「殻」や「蛇の皮」や「軟体動物の甲殻」に喩えるのは、思想家の世界観をいずれは無機的自然（「現実1」）に還る有機体（「現実2」）とみなしていたからではない。比喩の趣意は、第一に、およそ「観」という形で体系化されている、人間や世界に関する知（「現実4」）というものは、それが個人の生きる力として発現する限りにおいてのみ実質的意義をもつことにある。「人間は、いつでもどこでも正しい世界観を、外からもらうことは決してできず、理念と精神（の力）を実現しながら、自らが生きるはたらきの中で理念と精神の力によってそのような世界観を経験することができるだけである」(140)とヤスパースは言う。第二に、世界観には、それを創造した個人やそれを取り入れる個人の内面生活および外的環境に密着しているという側面があり、したがって優れた世界観は広い意味での生命原理と相通じている、ということも含意されている。リッカートが「家」に喩える、整合的に組み立てられた概念世界はすでにある程度のまとまりをもっているが、ヤスパースから見れば、それは人間から離れて外在しているものではなく、一人一人の意識に内在している「世界像」であるので、常に命脈を保って発展していく必要がある。たしかに、高度の普遍性に到達した世界観には、言語や記号で表現された文化情報として、それを表現した人間から独立に永続する人工物としての側面もある。だが、図書館やアルヒーフに保存されている情報も、それに意義を見出し、それを活用する人間がいなくなれば廃れる定めにある。世界観は、個人の人生と密着している限りにおいて本来の意義をもつのであって、したがってそれは、当人の心的生が発展し、世界の状況が変化するのに連動して、絶えず新しく作り変えられる。

さて、リッカートはヤスパースの学問的態度を「首尾一貫していない（inkonsequent）」と糾弾するが、その理由は、「ヤスパースの生物学者的殻理論は、理論的建設という前提を疑問視することによって、理論構造の土台を掘り崩している」ことにある[141]。だが、ヤスパースに言わせると、真の哲学的思考は論理的な「首尾一貫性」よりももっと究極的な「首尾一貫性」を追求してしかるべきである。「首尾一貫性」についての持論を、ヤスパースは次のように述べる。

> 諸々の原理の徹底した完成は、新しい経験との衝突を発生させ、最後は合理的なものの自己破棄（die Selbstvernichtungen des Rationalen）に至り、この自己破棄が新しい力と原理を発生させる。それゆえ生は、生にとってはおそらく死んでいて不毛に思われる、合理主義の「首尾一貫性（die “Konsequenz„）」に対して、この首尾一貫性を回避することによってではなく、「よりいっそう大きな・徹底的な・必死の首尾一貫性（noch größere, noch restlosere, noch verzweifeltere Konsequenz）」を伴って反応する。生にとって役に立つのは、生を抽象的なもの・観想的なもの・審美的なものへと空疎化する、諸学説の多彩ではなく、そこにおいては合理的なものが再び自分自身を疑問視するところの「究極の首尾一貫性（die äußerste Konsequenz）」である[142]。

理論内部の首尾一貫性よりも大事なのは、理論と現実の適合性であるくり返し超越するはたらきを起こす首尾一貫性である。そのため、概念で定義され定式化されたことが実状に合っているかどうか絶えず吟味しながら、理論を刷新していく必要がある。逆説的なことに、理論の完成度を高めていく過程はいずれ「合理的なものの自己破棄」の契機に到達する。それゆえ、理論を構築するということは、一方で理論の内部の合理的首尾一貫性を追求し、他方でその首尾一貫性を突き崩す準備をするような、引き裂かれた行為を行うことである。このような見かけ上矛盾する行為が生み出す緊張状態が、合理性を重んじる科学研究にも本質的に内在することは、トーマス・クーンによって指摘されている[143]。本来の「首尾一貫性」についてヤスパースは次のようにも述べる。

人間が自らの全き真摯さを伴って生きるのは、自らの殻を真剣にかつ決定的に解し、全力でその殻の展開に従事し、その殻を現実の中で十分に仕上げた後で、いわばこの殻の力の衝動を使い尽くした後で、限界において、かの危機の震撼を体験することによってであり、この危機が新たな衝撃に導く。ここよりいまや見て取れることは、われわれは一つの殻の内部での合理的首尾一貫性の他に、一連の殻創造の過程の中に二律背反的総合という首尾一貫性（eine Konsequenz antinomischer Synthese）を想定しているということである[144]。

ヤスパースが真正な世界観に求めるのは、経験を通してどんなに破砕されても絶えず「二律背反的総合」という方向に向かって再生される、動きと力である。本章の考察から明らかになったように、「殻」という概念が重要な位置を占める「限界状況」論は、決して反合理主義に基づいているのではなく、むしろ、人間や世界の現実と重ね合わせながら合理的なものの本質を見極めようとする、真摯な合理的思考に裏づけられているのである。このような意味においても、ヤスパースの「限界状況」論は主観主義に陥らず普遍性を探究するものであったと言える。

注

（1）Stegmüller は、ハイデッガーやヤスパースの実存哲学を「現代の非合理主義」とみなしている。Vgl. Wolfgang Stegmüller, *Hauptströmungen der Gegenwartsphilosophie*, Stuttgart 1965, S. XXXVII–XXXVIII; S. 195–242. Werner Schneiders, *Karl Jaspers in der Kritik*, Bonn 1965, S. 53. フランス実存主義を代表する作家ボーヴォワールは、当時「実存主義」と総称された思想に寄せられた典型的な批判を、次のように言い表している。すなわち、「実存主義は不条理と絶望の哲学である（l'existentialisme est une philosophie de l'absurde et du désespoir）と主張する人もある。実存主義は人間を不毛の不安のうちに、空虚な主観性のうちにとじこめる（l'existentialisme enferme l'homme dans une angoisse stérile, dans une subjectivité vide）。実存主義は人間に選択の原則をひとつも提供することができない。気の向くままに何をやろうとも、どのみち勝負は負けに決まっている」というものである。そうした批判に対してボーヴォワールは、サルトルの理論に即して反論している。ボーヴォワール／松浪信三郎・富永厚［訳］『両義性のモラル』（一九四七年）、『ボーヴォワール著作集第2巻』所収、人文書院、一九六八年、九九頁を参照。Simone de Beauvoir, *Pour une morale de l'ambiguïté*, Paris 1947, p. 15.

（2）ハイデッガーによる「カール・ヤスパースの『世界観の心理学』に寄せる論評」は大体において批判的な論調で書かれている。とはいえ、ハイデッガーが『世界観の心理学』を全く評価しなかったわけではない。例えば、ヤスパースがそれまでは学問的に性格づけられていなかった心的現象や世界内の現象を「限界状況」として描出し、その「限界状況」の様相を複数の次元に分類して秩序づけたことに、ハイデッガーは一定の評価を与えている。ハイデッガーは次のように述べる。「ヤスパースは、「諸々の心的状態」を開封して取り出してくること（Aufbrechen und Hervorholen »seelischer Zustände«）において彼の —— たしかにキルケゴールやニーチェのもとで教えられたものではあるがしかし —— 全く非凡な能力とエネルギーを発揮しており、またそのように取り出してくることによって現れ出て来る諸現象を、たとえ単に秩序づけているだけであるとしても、価値のある一つの集積へともたらした」。同様のことは別の個所でも記されている。「ヤスパースの著作の前進的な点は、彼が今まではそのように見られていなかった諸現象を秩序づけつつ提出したことによって、より強化された集中において実存の問題への注意を喚起したことにあり、またそのことと関連して心理学の問題をより原理的な諸次元（prinzipiellere Dimensionen）の中へ据えたことにある」。Martin Heidegger, *Anmerkungen zu Karl Jaspers'* „*Psychologie der Weltanschauungen*"（1919/21), S. 77; S. 80. 他方で、マルセルは、ヤスパースの『哲学』における「限界状況」論を非常に高く評価している。ガブリエル・マルセル／竹下敬次・伊藤晃［訳］「ヤスパースにおける基本的状況と限界状況」（一九三三年）、『マルセル著作集　第3巻　拒絶から祈願へ』春秋社、一九六八年所収、二三九–二七二頁を参照。

（3）リッカートは、善き主観主義と悪しき主観主義を区別し、カントの超越論的主観主義を前者に位置づけている。リッカートの見方によれば、カントの哲学を心理学に歪曲しながら引き継いでいるヤスパースの立場は、超越論的主観主義の発展系列の「心理学的脇道（psychologischer *Nebenweg*）」として、「心理学的主観主義」と呼ぶのがふさわしいという。Vgl. Heinrich Rickert, *Psychologie der Weltanschauungen und Philosophie der Werte*（1920), in: *Karl Jaspers in der Diskussion*, Herausgegeben von Hans Saner, München 1973, S. 37–42.

（4）Jaspers, *Philosophie II, Existenzerhellung*, S. 202.

（5）Jaspers, *Einführung in die Philosophie*（1953), Zürich ^{4}1979, S. 22.『世界観の心理学』では、「苦悩」は、個別的限界状況には含まれておらず、むしろ「現存在の二律背反的構造」に主観的に対応するものとして、個別的限界状況より包括的な位置を占めていた。Kaegiによると、『世界観の心理学』において「苦悩」は現存在の有限性の覚知とともに喚起される究極的な心持ちであった。しかし、『哲学』の中で「苦悩」には、個々人によって能動的に引き受けられるものとして、そして可能的実存の実現の媒体になるものとして、積極的な意義が付与されたという。Vgl. Dominic Kaegi, *Leiden als Grenzsituation*, in: Anton Hügli, Dominic Kaegi, Bernd Weidmann（Hg.), *Existenz und Sinn: Karl Jaspers im Kontext : Festschrift für Reiner Wiehl*, Heidelberg 2009, S. 57–71.

（6）『真理について』の論述によると、一者である包越者が多様な存在様態に分裂しているという「存在の根本事実（Grundtatbestand des Seins）」が、人間に対して示現する状況が、「根本状況」である。それに対して、その「根本状況」を、存在そのものである包越者を覚知するという人間の経験の側から解したものが「限界状況」である。Vgl. Jaspers, *Von der Wahrheit*（1947）, Neuausgabe, München 1958, S. 871 ff.『世界観の心理学』と『哲学』においては、「根本状況」は明確に術語化されておらず、「限界状況」に関する記述の中には、「限界状況」を「根本状況」と読み替えるのが適切であるような箇所が混在している。

（7）根本状況は認識されていて初めて限界状況たりえるのであり、限界状況論の体系にとって重要な境目は状況と限界状況の間よりもむしろ「根本状況」と「限界状況」の間にあることを、Kaegi が指摘している。Vgl. Dominic Kaegi, *Grenzsituationskompetenz*, in: Anton Hügli, Dominic Kaegi und Reiner Wiehl（Hg.）, *Einsamkeit-Kommunikation-Öffentlichkeit*, Basel 2004, S. 119–134; hier S. 124.

（8）ジャン－ポール・サルトル［著］伊吹武彦［訳］『実存主義とは何か』一九五五年初版、一九七〇年改訂再版、人文書院、八頁を参照。

（9）Jaspers, *Psychologie der Weltanschauungen*, S. 240–241.

（10）Jaspers, *Psychologie der Weltanschauungen*, S. 361.

（11）Jaspers, *Psychologie der Weltanschauungen*, S. 343.「われわれ自身と世界は、〔それぞれ〕二律背反的に裂かれている（antinomisch gespalten sein）」とも言われる。Vgl. *Psychologie der Weltanschauungen*, S. 231.

（12）Jaspers, *Philosophie II, Existenzerhellung*, S. 204.

（13）Jaspers, *Philosophie II, Existenzerhellung*, S. 201–202.

（14）Jaspers, *Psychologie der Weltanschauungen*, S. 233.

（15）塚本昌則『フランス文学講義』二〇一二年、中公新書、ix頁を参照。

（16）前掲書、vii頁を参照。

（17）Karl Jaspers, *Philosophie II, Existenzerhellung*（1932）, Berlin u. a. ^{4}1973, S. 204.

（18）ハイデッガーは、『世界観の心理学』に寄せる論評の中で、ヤスパースの理論における「実存現象への動向（die Tendenz auf das Existenzphänomen）」を二つの「意味方向（Sinnrichtungen）」に分節しながら解説している。すなわち、一方では「最も広い意味での客観化するはたらきとしての生、創造的に形成し業績を出すはたらき、自らの内から外へ出すはたらき（Aussichheraussetzen）」があり、他方では「体験するはたらきとしての生、経験するはたらき、把握するはたらき、自らの内へ取り入れるはたらき（Zusicheinholen）としての生」があるという。Vgl. Martin Heidegger, *Anmerkungen zu Karl Jaspers' „Psychologie der Weltanschauungen"* (1919/21), in: *Karl Jaspers in der Diskussion*, Herausgegeben von Hans Saner, München 1973, S. 79–80.

（19）例えば、Hügli は「実存的選択ないし（resp.）実存的決意」という表現を用い、ヤスパースの記述を引用して「実存的選択とは、ヤスパースによれば、「現存在において私自身であることを決意すること」である」と述べる。Vgl. Anton Hügli, *Die Bedeutung existenzphilosophischen Denkens für die Ethik*, in: Elisabeth Hybašek, Kurt Salamun and Harald Stelzer（Hg.）; *Jahrbuch der Österreichischen Karl – Jaspers – Gesellschaft*, Innsbruck, Band 25（2012）, S. 18; S. 35.

（20）Jaspers, *Philosophie II, Existenzerhellung*, S. 182.

（21）アリストテレス［著］朴一功［訳］『ニコマコス倫理学』京都大学学術出版会、二〇〇二年、九八－一〇八頁（1111b–1113a）を参照。『ニコマコス倫理学』において、「選択」とは、「熟慮に基づく欲求」ないし「熟慮に基づく行為への決断あるいは意図」を意味する。「選択」が熟慮するのは、目的そのものではなく、目的を実現するための手段である。「思いなし」が不可能なものや永遠的なものなどを含むあらゆる事柄に向けられるのに対して、「選択」が関与するのは「われわれの力の範囲内にあるもの」すなわち「われわれ自身が今ここで実際になしうる事柄」である。「選択」は行為の始点であり、「選択」の始点は「欲求および特定の目的のためのロゴス（目的実現のための道理や論理）」である。

（22）同上、一〇〇－一〇一頁（1111b）を参照。

（23）Jaspers, *Philosophie II, Existenzerhellung*, S. 182.

（24）Jaspers, *Allgemeine Psychopathologie*, Berlin 1913, S. 68.

（25）Jaspers, *Philosophie II, Existenzerhellung*, S. 181.

(26) Jaspers, *Psychologie der Weltanschaungen*, S. 231–232.
(27) Jaspers, *Psychologie der Weltanschaungen*, S. 257.
(28) Jaspers, *Psychologie der Weltanschaungen*, S. 238.
(29) ヤスパースは『精神病理学総論』の中で、行為の動機をなす心的要素として、「欲動の活動（Triebregungen）」、「目標の表象（Zielvorstellungen）」、行為の「結果について知っていること（das Wissen von Folgen）」を挙げている。Vgl. *Allgemeine Psychopathologie*, Berlin 1913, S. 68.
(30) 『精神病理学総論』において、「欲動生活と感情生活、価値づけと志向、そして意志からなる全体」が「人格」と定義されている。Vgl. Jaspers, *Allgemeine Psychopathologie*, Berlin 1913, S. 233.
(31) Jaspers, *Psychologie der Weltanschaungen*, S. 238.
(32) Jaspers, *Psychologie der Weltanschaungen*, S. 238–239.
(33) Jaspers, *Psychologie der Weltanschaungen*, S. 242; S.258.
(34) 『精神病理学総論』において、人格の希求と無意識的なものの領域における欲動や感情の動きは大抵対立していることが指摘されている。ヤスパースによると、この内面的対立を御することができずに不安定で混乱した心的状態にある者が神経科医を訪れる。治療者は、無意識的なものの領域で活動している欲動（本能）や感情のあるがままに身を委ねるという態度と、意志によってそうした意識されていない心的生を制御するという態度の両方を育成するように、患者に助言や指導を行う。しかし、具体的な場面でどちらの態度を選択することが解決策であるのかということは、教条的に教えることはできないとされている。Jaspers, *Allgemeine Psychopathologie*, 1913, S. 324.
(35) 『精神病理学総論』の中でヤスパースは「欲動」を、人間の希求や願望のそれ以上還元不可能な源泉と定義している。Vgl. Jaspers, *Allgemeine Psychopathologie*, 1913, S. 157.
(36) Jaspers, *Psychologie der Weltanschaungen*, S. 334-335.
(37) Jaspers, *Psychologie der Weltanschaungen*, S. 229.

（38）『世界観の心理学』において、「究極的なあれかこれか（letzte Entweder-Oder）」が生起するのは、当人が選ばざるをえず、かつ、その当人が意志を以て介入することができる場合に限られる、と記されている。Jaspers, *Psychologie der Weltanschauungen*, S. 316.

（39）Jaspers, *Psychologie der Weltanschauungen*, S. 335.

（40）Jaspers, *Philosophie II, Existenzerhellung*, S. 158.

（41）山極寿一によると、動物行動学の発展に伴い、今や人間以外の動物の行動も、単純に本能に因るものとしては説明できなくなっているという。特に動物の攻撃行動に関して、「動物は環境からの解発刺激に応じて機械的に攻撃衝動を発露させているのではなく、状況や経験にしたがって葛藤への対処の仕方を変えることがわかってきた」と山極は書き記している。山極寿一『暴力はどこからきたか ―― 人間性の起源を探る』二〇〇七年、日本放送出版協会、二七頁を参照。

（42）多田富雄によると、個体の形成過程が遺伝的に決定されていることは間違いないが、しかしその過程には、遺伝的な決定の他にも偶然の要素が入り込むため、すべての過程が遺伝子に仕込まれている情報によって決定されているわけではないという。つまり、遺伝情報からは予測不可能な発生過程がたくさんあり、実際の発生過程には後天的な経験も大きく関与している。多田は、「すべての生命現象、発生から死に至るすべて、人間の知能や運命までもが、受精卵中の遺伝子によって決定されている」と考える、個体の発生過程に関する遺伝的決定論に反対して、「受精卵に含まれている遺伝子の総体、すなわち「ゲノム」は、個体の生命活動の設計図のすべてを含んでいるが、その設計が実現されてゆく過程には、環境からのはたらきかけや偶発的な事象、すなわち「後成的（エピジエネティック）」な現象が多く含まれるのである」と述べる。多田富雄『生命の意味論』一九九七年、新潮社、一一頁、二二頁。

（43）Jaspers, *Philosophie II, Existenzerhellung*, S. 207.

（44）Jaspers, *Philosophie II, Existenzerhellung*, S. 151.

（45）「創造的なもの（das Schöpferische）」とは、「価値ある質的に新たなもの（das qualitativ Neue, das wertvoll ist）」

を意味する。ヤスパースの定義によると、「価値」とは事柄に内在する性質ではなく「事柄の上に置かれている何らかの強調（ein Akzent, der auf die Sache gesetzt ist）」である。創造的なものは、「何らかの法則によって認識し構成することが可能な、化学的過程（der chemische Prozeß）」を経て出現するのではなく、「創造するはたらきにおいては、何か質的に新たなものが、連続する経過においてではなく、何らかの飛躍を通して発生する」とされる。Vgl. *Psychologie der Weltanschauungen*, S. 136. なお、異質なものの総合に関して「加算的総合」と「創造的総合」を区別する考え方を、冨田恭彦『科学哲学者柏木達彦の多忙な夏』二〇〇九年、角川ソフィア文庫、一七五－一七六頁において教えられた。
Jaspers, *Psychologie der Weltanschauungen*, S. 232.

（46）Jaspers, *Psychologie der Weltanschauungen*, S. 247.

（47）映画監督の宮崎駿は、今のアニメーションにマンガ映画と言えるほどの活力のあるものが少ないのは、経済的な制約のせいだけではなく、精神的に何か欠けているからだと指摘し、仕事をする人間が理想を持つことの重要性を次のように述べる。「スタッフが描いている絵を見ると、なんでこんなに下手くそになったんだろうって思う。なぜかと言ったら、理想がないからだ。自分がこういう世界がいいなと思う気分がどっかなくなっている。どうせこんなもんだっていう感じだ。あとは年金を数えようみたいなことに、自分たちの運命はきわまったと思っているからだ。それではアニメーションは作れない。」宮崎駿『続・風の帰る場所――映画監督・宮崎駿はいかに始まり、いかに幕を引いたのか』二〇一三年、ロッキング・オン、一六九頁を参照。

（48）Jaspers, *Philosophie II, Existenzerhellung*, S. 159; *Psychologie der Weltanschauungen*, S. 119; S. 190.

（49）Jaspers, *Psychologie der Weltanschauungen*, S. 232.

（50）Jaspers, *Psychologie der Weltanschauungen*, S. 241; S. 344.

（51）Jaspers, *Philosophie II, Existenzerhellung*, S. 159.

（52）Jaspers, *Philosophie II, Existenzerhellung*, S. 152.

（53）Jaspers, *Psychologie der Weltanschauungen*, S. 235.

（54）夏目漱石は、文明開化の推移は内発的でなければ嘘であるが、日本の開化はやむをえず外発的に進まなければならず、このような矛盾した国内状況下で日本人が急場を切り抜けるためには「ただ出来るだけ神経衰弱に罹らない程度において、内発的に変化して行くが好かろうと言うより外に仕方がない」と結論している。夏目漱石「現代日本の開化」、三好行雄［編］『漱石文明論集』所収、一九八六年第一刷、一九九五年（第二十刷）、岩波書店、三八頁を参照。

（55）Jaspers, *Philosophie I, Philosophische Weltorientierung*, S. 114.

（56）河合は友情論の中で、（厳密には「理念」というよりは）「理想」が、到達目標や目的地ではなく星に喩えられるものであると述べている。河合隼雄『大人の友情』二〇〇八年第一刷、二〇一三年第四刷、朝日新聞出版、四一頁を参照。

（57）Jaspers, *Psychologie der Weltanschauungen*, S. 262.

（58）Jaspers, *Psychologie der Weltanschauungen*, S. 262.

（59）Jaspers, *Psychologie der Weltanschauungen*, S. 305–306.

（60）Jaspers, *Psychologie der Weltanschauungen*, S. 317.

（61）Jaspers, *Psychologie der Weltanschauungen*, S. 315.

（62）ボーヴォワールは、伝統や慣習や主義など、世間によって整えられている価値に服従する態度を、子供じみた「くそ真面目な人間の態度（l'attitude de l'homme sérieux）」と呼んでいる。「くそ真面目な精神（l'esprit sérieux）」の目的は、絶対的であると思いなした既成の価値に従属することによって自己自身を価値づけることである。個人が価値ある対象をくそ真面目な態度で追求するはたらきは、実は恣意的であり、「主体性の最も徹底的な肯定（l'affirmation la plus radicale de la subjectivité）」であることを、ボーヴォワールは見抜いている。前掲書、一二九－一三一頁を参照。Simone de Beauvoir, *Pour une morale de l'ambiguïté*, Paris 1947, p. 65–69.

（63）Jaspers, *Psychologie der Weltanschauungen*, S. 74.

（64）Jaspers, *Psychologie der Weltanschauungen*, S. 234.

(65) Jaspers, *Psychologie der Weltanschauungen*, S. 74.

(66) 「問題を丸める」という表現は、養老が考えたものであり、科学的思考を徹底的には身につけていない普通の日本人が、話の食い違いや疑問点を追究せずにそのままにしたり忘れてしまったりすることを意味する。養老によると、「丸めてしまえば人生は楽だが、楽をすればその分はちゃんと返ってくる」ということである。養老孟司『小説を読みながら考えた』二〇〇七年、双葉社、一六八頁、三〇一頁を参照。

(67) Jaspers, *Psychologie der Weltanschauungen*, S. 387.

(68) Immanuel Kant, *Kritik der praktischen Vernunft*, Felix Meiner Verlag, Hamburg 1990, S. 36.

(69) Jaspers, *Psychologie der Weltanschauungen*, S. 25.

(70) Jaspers, *Philosophie II, Existenzerhellung*, S. 180.

(71) Jaspers, *Philosophie II, Existenzerhellung*, S. 238.

(72) エーリッヒ・フロムは、一つの文化の中で相対立する規範が供されている例として、「慈愛や愛他主義などといったキリスト教的規範と、無関心や利己性などといったブルジョワ的規範」の対立を挙げ、実際にはブルジョワ的規範が広く採用されていることを指摘する。エーリッヒ・フロム［著］小此木啓吾［監訳］堀江宗正［訳］『よりよく生きるということ』、第三文明社、二〇〇〇年、八七－八八頁を参照。

(73) Jaspers, *Psychologie der Weltanschauungen*, S. 314.

(74) Jaspers, *Philosophie II, Existenzerhellung*, S. 348.

(75) Jaspers, *Philosophie II, Existenzerhellung*, S. 347.

(76) ステンガーによると、物理学者のコンセンサスの中には、理論の基礎を作るうえで必要最小限とは言えない仮定までもが含まれているという。彼は、そのようなコンセンサスの一例として、ほとんどの物理学者のコンセンサスであり、量子力学を説明するときに使われるのが普通である、「コペンハーゲン解釈」を挙げている。この解釈には、量子力学は「完全」だという主張も付け加わっており、その主張は、「新しい理論はどんなものであれ、量子力学の基本ルールに反する要素を含んでいてはならない」ということを意味するという。また、この解釈は、実験でも数学的にも間違いを全く引き起こさないが、量子系と（測定装置が属する）古典系との間に人為的な区別を設ける、という概念上の問題を抱えていることが指摘されている。ステンガー『宇宙に心はあるか』、一七頁、二二一頁。

(77) Jaspers, *Philosophie II, Existenzerhellung*, S. 360.

(78) キルケゴールは、倫理的選択の決め手になるのは、「正しさ」ではなく、個人の内面における「エネルギー、真剣さ、パトス」であることを指摘している。『あれか、これか』の中で彼は次のように述べる。「自分の人生の職務を倫理的に決定しようとする者は、一般にそれほど大きな取捨選択の可能性をもってはいない。選択の際に肝要なのは、正しいものを選ぶということよりはむしろ、選択するときのエネルギー、真剣さ、パトスである。人格が内的無限さをもって現れるのはこの点であり、それによって人格はさらに強固となるのである。」キルケゴール［著］浅井真男［訳］『キルケゴール著作集第4巻　あれか、これか　第2部（下）』一九六五年、白水社、二七－二八頁。

(79) Jaspers, *Psychologie der Weltanschauungen*, S. 237.

(80) Jaspers, *Psychologie der Weltanschauungen*, S. 237.

(81) Jaspers, *Philosophie III, Metaphysik*（1932）, Vierte, unveränderte Auflage, Berlin u. a. 1973, S. 220–221.

(82) Jaspers, *Psychologie der Weltanschauungen*, S. 237.

(83) Jaspers, *Philosophie II*, S. 235.

(84) Jaspers, *Philosophie II*, S. 235.

(85) Jaspers, *Philosophie II*, S. 235–236.

(86) Jaspers, *Philosophie II*, S. 236.

(87) Jaspers, *Psychologie der Weltanschauungen*, S. 361–362.

(88) Jaspers, *Philosophie II, Existenzerhellung*, S. 249.

(89) Georg Lukács, *Die Zerstörung der Vernunft : der Weg des Irrationalismus von Schelling zu Hitler*, Berlin 1954, S. 389.

(90) Jaspers, *Psychologie der Weltanschauungen*, S. 286.
(91) Jaspers, *Psychologie der Weltanschauungen*, S. 220.
(92) Jaspers, *Psychologie der Weltanschauungen*, S. 237.
(93) Jaspers, *Psychologie der Weltanschauungen*, S. 274; Jaspers, *Philosophie II*, S. 248.
(94) マルセルは、ヤスパースの『哲学』における「責め（Schuld）」のうちに、キリスト教の「原罪（Sünde）」の痕跡を見出している。とはいえ、マルセルも認めている通り、ヤスパースは宗教的な意味での「原罪」に関しては明言していない。前掲書、二七一頁を参照。
(95) 黒田亘『行為と規範』一九九二年、勁草書房、七〇‐七三頁を参照。
(96) Jaspers, *Psychologie der Weltanschauungen*, S. 55.
(97) その非難とは、「実存主義においてはあらゆる解決の道がとざされているから、地上における行動は全面的に不可能と考えねばならず、それゆえに、実存主義は人々を絶望的静寂主義へと誘うものであり、究極においては一種の静観哲学に帰着する。しかも静観は一つの贅沢行為であるから、それは一種のブルジョア哲学へとみちびく」というものである。ジャン－ポール・サルトル［著］伊吹武彦［訳］『実存主義とは何か』、七頁を参照。
(98) Jaspers, *Psychologie der Weltanschauungen*, S. 53.
(99) Jaspers, *Philosophie II*, *Existenzerhellung*, S. 268.
(100) Jaspers, *Philosophie II*, *Existenzerhellung*, S. 269–270.
(101) Jaspers, *Philosophie II*, *Existenzerhellung*, S. 272.
(102) Jaspers, *Philosophie II*, *Existenzerhellung*, S. 250.
(103) Georg Lukács, *Die Zerstörung der Vernunft : der Weg des Irrationalismus von Schelling zu Hitler*, Berlin 1954, S. 412; S. 414.
(104) Lukács, *Die Zerstörung der Vernunft : der Weg des Irrationalismus von Schelling zu Hitler*, S. 412.
(105) Jaspers, *Psychologie der Weltanschauungen*, S. 361.

(106) Jaspers, *Psychologie der Weltanschauungen*, S. 282.
(107) Jaspers, *Psychologie der Weltanschauungen*, S. 281.
(108) 例えば大江健三郎（一九三五年－）は、『個人的な体験』（一九六四年）、『万延元年のフットボール』（一九六七年）、『同時代ゲーム』（一九七九年）はどれもみな、全く新しい手法や主題に挑戦しながら書かれたものであり、それらを執筆した時期が小説家としての三度の大きな転換点になった、と回想している。大江健三郎『大江健三郎　作家自身を語る』、二〇〇七年、新潮社、八九－一一八頁を参照。
(109) 大江によると、小説を書く仕事においても、軌道に乗って毎日少しずつ書き進めるという連続的な作業に、あるとき非連続的なものが介入して、いわば別の平面へ離陸するような瞬間が訪れるという。そうした瞬間を経て書き終えたときには、書く前の自分とは別の自分が経験されており、小説家は小説を書くことを通じて死生観を作り変えながら生き続けるという。大江健三郎『大江健三郎　作家自身を語る』、二三八－二四〇頁を参照。
(110) Jaspers, *Psychologie der Weltanschauungen*, S. 336-337.
(111) Jaspers, *Psychologie der Weltanschauungen*, S. 312.
(112) Jaspers, *Psychologie der Weltanschauungen*, S. 305.
(113) 大森荘蔵は、アリストテレスが生物を生物たらしめる魂の能力として、「栄養摂取・欲求・感覚・場所的移動・思考」の能力を挙げたことを受けて、「しかし何よりも現在ただいま「生きている」ためには「温かく」なければならない」と述べ、「温かい」つまり熱をもつことを、生物の第一の特性として挙げている。大森荘蔵『知の構築とその呪縛』一九九四年、ちくま学芸文庫、七七頁を参照。なお、アリストテレスの『魂について』においては、右記の栄養摂取の能力の観点から、魂をもつものは熱をもつとされている。「栄養の場合はすべて、消化されうるのでなければならないが、消化をおこなうのは熱である。それゆえ魂をもつものはすべて熱をもつのである」とされ、熱は栄養によって動かされている一方で、消化するためにその栄養にはたらきかけるのであり、熱と栄養の関係が、手と舵の関係に喩えられている。アリストテレス［著］中畑正志［訳］『魂について』、内山勝利ほか［編］『アリストテレス全集７　魂について　自然学小論集』所収、二〇一四年、岩波書店、八六－八七頁を参照。

（114） Jasper, *Psychologie der Weltanschauungen*, S. 74.
（115） Jaspers, *Psychologie der Weltanschauungen*, S. 76.
（116） Jaspers, *Psychologie der Weltanschauungen*, S. 413.
（117） Jaspers, *Psychologie der Weltanschauungen*, S. 254.
（118） 河合隼雄［ほか］著『河合隼雄その多様な世界：講演とシンポジウム』一九九二年、岩波書店
（119） Jaspers, *Psychologie der Weltanschauungen*, S. 242–243.
（120） Rickert, *Psychologie der Weltanschauungen und Philosophie der Werte*（1920）, in: *Karl Jaspers in der Diskussion*, S. 42.
（121） Rickert, *Psychologie der Weltanschauungen und Philosophie der Werte*（1920）, in: *Karl Jaspers in der Diskussion*, S. 41.
（122） Rickert, *Psychologie der Weltanschauungen und Philosophie der Werte*（1920）, in: *Karl Jaspers in der Diskussion*, S. 59.
（123） Rickert, *Psychologie der Weltanschauungen und Philosophie der Werte*（1920）, in: *Karl Jaspers in der Diskussion*, S. 58.
（124） Rickert, *Psychologie der Weltanschauungen und Philosophie der Werte*（1920）, in: *Karl Jaspers in der Diskussion*, S. 60.
（125） Jaspers, *Philosophie II, Existenzerhellung*, S. 205.
（126） Jaspers, *Psychologie der Weltanschauungen*, S. 229.
（127） 夏目漱石「中味と形式」、三好行雄［編］『漱石文明論集』所収、一九八六年第一刷、一九九五年第二十刷、岩波書店、五四－五五頁を参照。
（128） 夏目漱石「中味と形式」、三好行雄［編］『漱石文明論集』所収、六一－六二頁を参照。

(129) Jaspers, *Psychologie der Weltanschauungen*, S. 141–142.
(130) Jaspers, *Philosophie I, Philosophische Weltorientierung*, S. XVI.
(131) Jaspers, *Psychologie der Weltanschauungen*, S. 274.
(132) Jaspers, *Psychologie der Weltanschauungen*, S. 327–328.
(133) ヤスパースは、心的生の分化の在りようを系統樹に喩えている。Vgl. Jaspers, *Allgemeine Psychopathologie*, 1913, S. 88.
(134) S・M・スタンレー［著］養老孟司［訳］『進化　連続か断続か』岩波書店、一九九二年を参照。
(135) 河合隼雄『河合隼雄著作集第１巻　ユング心理学入門』一九九四年、岩波書店、一八二頁を参照。
(136) 養老孟司『養老孟司の大言論Ⅲ　大切なことは言葉にならない』二二二頁を参照。
(137) Jaspers, *Psychologie der Weltanschauungen*, S. 112.
(138) Jaspers, *Psychologie der Weltanschauungen*, S. 108.
(139) Heinrich Rickert, *Psychologie der Weltanschauungen und Philosophie der Werte*（1920）, in: *Karl Jaspers in der Diskussion*, S. 6
(140) Jaspers, *Psychologie der Weltanschauungen*, S. 28.
(141) Heinrich Rickert, *Psychologie der Weltanschauungen und Philosophie der Werte*（1920）, in: *Karl Jaspers in der Diskussion*, S. 61.
(142) Jaspers, *Psychologie der Weltanschauungen*, S. 313.
(143) クーンによると、生産的な科学者は、一方で通常研究に従事する伝統主義者であり、他方で科学革命を用意する刷新者である。個人の内部でも集団の内部でも、両方向の活動様式の注意深い統合が求められるという。トーマス・クーン「本質的緊張 ― 科学研究における伝統と革新」トーマス・クーン［著］安孫子誠也、佐野正博［訳］『科学革命における本質的緊張 ― トーマス・クーン論文集』所収、一九九八年、みすず書房、二九三－二九九頁を参照。

（144） Jaspers, *Psychologie der Weltanschauungen*, S. 353.

第3章　包越者存在論と主観主義

この章では、ヤスパースが従来の「存在論（Ontologie）」との違いを意識して「包越者存在論（Periechontologie）」[1]と名付けた独自の存在論について、主観主義の観点から考察する。ヤスパースの後期思想の指標とみなされている「包越者存在論」について、[2]初めて明確に叙述されるのは『理性と実存』（一九三五年）においてであり、[3]その後『実存哲学』（一九三七年）を経て、『真理について』（一九四七年）の中で最も詳しい体系的叙述がなされる。

まず、この「包越者存在論」はヤスパースの哲学全体に対してどのような位置を占めるのかという点について、これまで研究者たちの間でなされてきた議論を整理してみよう。ヨーロッパの研究者たちの間では、ヤスパースは、自らの前期哲学に備わる、主観主義や非合理主義として批判の対象になりやすい面を克服するために、後期哲学の中核をなす「包越者存在論」を展開する際、理性を重視した哲学へと転換したという見方が主流である。例えばシュナイダースによると、ヤスパースは「非合理主義として誤解される危険」ないしは「哲学を主観性の人間学へ還元される危険」を、自らの前期哲学の限界として自覚し、その限界を克服するために、包越者存在論を「存在論的（「包越者存在論的」）補完（ontologische（"periechontologische"）Ergänzung）」として展開したという。[4] また、ザラムンは、「ヤスパースは、自らの哲学の主観主義的な攻撃されやすい面（die subjektivistische Schlagseite seiner Philosophie）を後の発展段階で ―― その頃にはヤスパースは、自らの哲学をもはや実存哲学としてではなく理性の哲学や政治的思惟として理解されることを望んでいた ―― 著しい仕方で修正した」と述べ、続いてヤスパースの「包越者論（die Lehre vom Umgreifenden）について解説している。[5]

それに対して日本では、ヤスパースの哲学は前期の主著である『哲学』の頃から一貫して理性を根本態度としており、したがってヤスパースは実存思想の意義を疑問に付すような主観主義的傾向を克服しようとする思想を当初から醸成しつつあったとする見方が有力である。例えば、林田新二は、「（そのことの解明が本書の主要なテーマの一つであるが）理性そのものが、実は、理性概念の重視される以前の『哲学』をも貫く根本態度ないし思考態度とみられうるなら、彼の哲学は、全体として〈理性的実存〉の哲学ないし〈実存理性〉の哲学であることになり、したがってまた、全体として、実存思想のもつ非合理主義・個人主義という問題を超克せんとするものであるということができる」と述べ、『哲学』においてすでに理性と実存が相即する思想が展開されていることを明らかにしている。[6] さらに、福井一輝は、『ヤスパースにおける理性への道』において、ヤスパースの思想過程において理性がもつ役割を跡づけている。ヤスパースの前期思想において「理性」は重要な役割を担っていないという点では、福井はヨーロッパの代表的な研究者たちに同意している。福井の見解の独自性は、理性の問題を「交わり」・「歴史性」・「限界状況」との関連において捉える点にある。福井は、後期ヤスパース哲学の代表作である『理性と実存』と『真理について』において初めて、理性は「本来的理性」としてヤスパースの思想の前面に登場し、しかもその「本来的理性」の役割は、『哲学』における「交わり」・「歴史性」・「限界状況」に関する論述を既知の事柄として前提していることを論証している。(7)

筆者の立場も、右記で挙げた日本人研究者たちが切り開いた路線上にある。なぜなら、ヤスパースの思想の根底には、『世界観の心理学』に見られる萌芽的な哲学から成熟した後期哲学における「包越者存在論」に至るまで一貫して、合理性も反合理性も包み越えるものの存在を前提として、何か果てしなく大きな流れのようなものの一部として個人を捉えるコスモロジーがあったと思われるからである。(8)

『世界観の心理学』の中ですでにヤスパースは、「人間の精神構造（die menschliche Geistesstruktur）のあり方からして、絶対的なもの（das Absolute）とは、人間が不可避的にそこに何ものかを置かざるをえない、いわば場（ein Ort）のようなものである。［……］人間は、たとえ無であれ、いかなる絶対者も存在しないという命題であれ、その場に何ものかを置かざるをえない（心理学的に人間は別様にはできない）(9)」と述べている。河合隼雄が指摘するように、西洋の近代的自我が成立する背景には、キリスト教という宗教がある。そこでは、唯一の神という超越者との関係において、個人は支えや倫理をもち、また個々人の自我どうしは深いつながりをもつことができる。(10)しかし、ヤスパースの「包越者（das Umgreifende）」（ないし「超越者（die Transzendenz）」）は特定の人格神ではなく、その点は約7割の国民が無宗教を自認する日本人にとっても近づきやすい。「包越者」は主観性と客観性を統合する一者であると同時に全体であるが、日本人はその「包越者」が占める場所に何か他の神秘的象徴を置くことで、精神の安定を図っているとも考えられる。

本章の考察は、西田幾多郎（一八七〇－一九四五）がヤスパースの「包越者」について示した見解を参照する。西田は「デカルト哲学について（附録）」（一九四四年）の中で、デカルト以来の「近世の主観主義的哲学」を批判し、デカルトの自我に関するヤスパースの批評に同意を示しながらも、ヤスパースの実存哲学に対してもいまだ主観主義から脱しきれていないという点で異議を唱えている。本章はこの異議を手掛かりに、包越者存在論における主観の意義を考察する。

第1節　超越するはたらきの始点としての主観

ヤスパースは『哲学』において哲学の本来的方法を「超越するはたらき（Transzendieren）」と名づけた。この方法は、「主客分裂」によって制限されている対象的認識のあり方を超える「意識の態度（Bewußtseinshaltung）」もしくは「思惟の遂行（Vollzug des Denkens）」であり、[11] また、対象的認識の地平としての「自我存在と客観存在の存在圏」を突破（Durchbruch）して「即自存在（Ansichsein）」を志向する動きである。[12] 哲学がその創始以来常に関心事としてきた本来的存在を、ヤスパースは、「即自存在」、「超越者（Transzendenz）」、「存在自身（das Sein selber）」、「全体（das Ganze）」、「一者（das Eine）」、「根源（der Ursprung）」、「すべてを統括し、すべての根底にあり、存在するすべてのものの源にあるもの」[13] などと言い表し、「包越者（das Umgreifende）」という彼独自の術語を形成するに至った。それとともに、『真理について』において「超越するはたらき」は「哲学的根本操作」と名づけられ、方法の重要性がより際立つようになった。「哲学的根本操作」は、地平や主客分裂の内部で現象する存在者（「現実1」から「現実4」までのすべての世界）を超えて、すべての世界内部的存在者の根源である存在自体、すなわち、地平や主客分裂をも包み込む包越者の方へと、われわれの存在意識を向かわせる方法である。ヤスパースの包越者存在論は、この方法を用いることによって初めて、存在とは何かという哲学の根本的問いを純粋に問うことが可能になる、という考えに基づいている。「包越者」という概念には、ヤスパースがカントの超越論哲学から受け継いだ存在理解が反映している。[14] ヤスパースは、通常の意識の対象は、認識する主観にとっての客観にすぎず、物そのものが意識の内に現象したものにすぎない、という見解に立ち、対象性を超えて存在そのものすなわち包越者を目指すよう、われわれの存在意識を変革することを目指している。ヤスパースが自らの包越者存在論と対立させる「存在論（Ontologie）」とは、意識の内の現象ではない何らかの実在を想定しそれを認識することが可能であるとみなすような実在論的立場である。だが、彼から見れば、「存在論は、存在そのものについての知を認識に対して与えることができると思いなしている」[15] という点で、存在論の方法論的前提が誤っているのである。哲学が問うべき本来的存在である「包越者」とは、「現実1」から「現実4」までに属する（人間を含めた）あらゆる世界内存在を超越しているとともに、それらの現実性を根拠づける存在であるから、哲学的認識は探究する主題に関して、通常の学問的認識とは異なる接近方法を必要とするのである。

「超越するはたらき」・「哲学的根本操作」といった哲学的方法は、ヤスパース哲学の支柱をなすものであるが、[16] 西田のもとでは次のように批判されている。

近頃持〔て〕はやされるヤスペルスの実存哲学と云ふものでも、キェルケゴールの実存に基づいたものであつて、その超越は時間的世界の根柢に考へられるものである。やはり主観的自己の立場からと云ふを脱してゐない。主観から客観へである、内在から超越へである。かかる意味に於て実存と云つても、それは真の歴史的実在ではない。私は今や近世の主観主義的哲学が行詰まつて、その根抵から考へ直さねばならぬ時期にあると思ふものである。[……]私はデカルト的反省の立場から、デカルトの進んだ途よりも、尚一層根底的に進むべき途があつた、更に具体的な出立点があつたと思ふ。主観から客観へは行かれない。具体的実在の哲学は、主観客観の矛盾的自己同一の立場からでなければならない。それが真に疑うて疑ふことのできない、我々の自己に直接な立場である、我々の自己成立の立場である。主客の対立、相互関係も、此から考へられるのである。(17)

西田から見れば、ヤスパースの実存哲学もまた、「主観的自己の立場からの出立」という点で近世の主観主義的哲学の途を脱していない。なぜなら、意識が超越者を目指して進むはたらきは、「主観的自己」を「出立点」としており、それは主観から客観へ向かうはたらきである、と西田は解しているからである。そこで、以下では、ヤスパースのもとでの超越するはたらきの起点と方向性に争点を絞って、西田の批判の当否を検討する。

たしかに、超越するはたらきの「出立点」である「自我」は、「私は考える」を中心として成り立つ。第1章で確認したように、自我意識において「私」は過去・現在・未来を通じて同一の「私」であることを意識しており、そのような同一性を支えているのが「私は考える」である。しかし、ヤスパースは「考える私」だけから「自我」の存在を定立しているのではない。「自我は、自我ではない他のもの（das Andere）との、すなわち自我がその内に存在するところの世界との、関連においてのみ（nur *in bezug*）自らを把握する（*erfassen*）(18)」のであり、「他のもの」すなわち「非我（das Nichtich）」と対立することなしには、「自我」は生命体としても意識としても存在できないとされている。「非我」の総体が個人にとっての「世界」である。この意味での「世界」

は、感性的知覚や欲求や加工の対象である「素材（der Stoff）という疎遠な存在としての非我」と、自らと同様の自我をもつことを想定して社会的関係を結ぶ相手としての「他の自我（das andere Ich）という親近な存在としての非我」から成る。[19] われわれは環境との相互作用においてのみ生命をつなぐことができるし、他人や事物に相対している者としてのみ自分を意識することができる。個人は意識的な自我主体として自立しているのではなく、非我を知ることと自我を知ることは一体化している。第1章で見たように、意識の本性は「主客分裂」であるため対象意識なくして自我意識は機能しない。「意識として私は、他のものに向けられて、この他のものに対して私自身の意識に至る[20]」のであるから、個人の自我が自分自身を意識するのは、外界や他人と区別された存在としてであって、単なる点的存在としてではない。意識主体としての「自我」にとって「自我」と「非我」が「分裂」することはあっても、「自我と非我の不可分離性（die Untrennbarkeit[21]）」は現存在としても意識作用としても解消することはないのである。

それゆえ、西田が「超越するはたらき」の「出立点」とみなした「主観」は、ヤスパースから見れば、夥しい主観─客観関係が繋ぎとめられている場としての「主観」である。[22]「超越するはたらき」はあくまで個人の挑戦ではあるが、そこには他者や事物との間に張りめぐらしている複雑な関係網が投入されている。ヤスパースにおいて、「非我」の存在と「自我」の存在は同様の明証を伴って意識されるのであり、「非我」がなければ超越するはたらきの始点となる「自我」もない。それゆえ、単独の「自我」の実在から出発して、そこから「非我」の実在を論証するような問題の立て方をヤスパースは採っていないのである。[23]西田から見れば、「主観主義」の犯した誤りは、存在とは何かを問うはたらきの「出立点」としての「主観」をコギトとしての点的存在に還元したことにあるが、その批判はヤスパースには当たらないであろう。とはいえ、西田は、デカルトの点的自我とヤスパースの自我の違いは認めている。西田は次のように言う。

デカルトに於ては、実存的自己は単に自己自身を考へる空虚なる一点にまで狭められた。而して附加物によつて心理的存在と混同せられた。私はヤスペルスのデカルトに対する、此の如き批評に同意するものである。併しヤスペルスの実存照明 Existenzerhellung と云ふものは、何処までも抽象的意識面的自己の自己限定として、やはり超越的主観性の立場を越えたものではないと考へる。私が現象学的と云ふ所以である。[24]

デカルトのもとでは、実体は「拡がりのあるもの（res extensa）」と「思惟するもの（res cogitans）」すなわち「拡がりのないもの（res non extensa）」に二分される。こうしたいわゆる客観と主観の対置に関して、ヤスパースは「自我が、自我以外の拡がりのないものから区別されて、すなわち多様に現象している単なる意識の一切から区別されて、何であるのかという問いが、デカルトのもとでは不問に付される」ことを問題視する。[25]「拡がりのないもの」の範疇に含められる自我存在は、空虚な極小点に追い詰められるか、それとも自我存在に付随している心理的現象に移し替えられることになる。それゆえ、第三者にとっても思惟対象となる客観的な自我存在は「我」の範疇から排除される、というのがヤスパースの考えである。ここで注意しておくべきであるのは、両者のもとでは哲学するはたらきの出発点がそれぞれ異なるということである。デカルトにとっては「我思う、ゆえに我あり（ego cogito, ergo sum）」が、哲学する者が出会う最初の最も確実な認識であった。[26]これに対してヤスパースは、第1章で確認したように、意識は主観と客観に分裂しながら現象するという「主客分裂」を第一の真なる前提として置いて、そこから彼の心理学や哲学を構築している。意識の主体である「我（私）」が主観性と客観性に「分裂」しながらさまざまな自我様態として現象することは、裏を返せば、「分裂」が収斂していく「実存」の存在や、「分裂」の根源である「一者」すなわち「包越者」の存在があることを意味する。引き続いて次節では、我と包越者の関係について考察する。

第2節　我と包越者

西田がこの論文を発表したのは亡くなる一年前であり、その頃にはすでに、「純粋経験」を根本的事態とみなしていた彼の立場は、「自覚」へそしてさらに「場所」へと重点を移して展開していた[27]。西田は、ヤスパースの「包越者」を「包むもの」と訳して、自らの「場所」の主観面にすぎないとみなした。西田は次のように述べている。

我々の意識的存在はすべて時間的である。抽象的意識的自己とは個物的自己の極限なるが故に、抽象的意識的自己から出立する時、時間的なるものが直接的であり、内在的であると考へられる。併し時間的なるものは、矛盾的自己同一的に空間的でなければならない。我々の意識的自己の立場からは、一方向的に、即ち時間的・空間的に、内在的・超越的に自己自身を限定する世界が考へられるのである。ヤスペルスの世界と云ふのは、この如きものであらう。超越と云つても、真の超越ではない、主観的立場からの超越に過ぎない。世界と云つても、それは真の実在界ではない。「包むもの」と云ふのは私の「場所」に通ずるものがあるが、その主観面と云ふべきものに過ぎない[28]。

中村雄二郎によると、西田が意識的自我主体の存在根拠・基体とみなした「場所（トポス）」には、共同体、無意識、固有環境、身体的なもの、象徴的な空間、論点や議論の所在など、多様な意味合いがある。[29] 筆者には西田とヤスパースの比較をして個々の特性を論じることはできないが、「包越者」は存在根拠の単に主観的な側面にすぎない、という西田の主張を、本節では批判的に検討したいと思う。

「超越するはたらき」が目指す存在そのものとしての「包越者」は、科学的認識によっては到達できない次元にある。悟性は主観と客観に「分裂」しながら認識や思惟を遂行するが、「包越者」は主観と客観を包み込むものである。「包越者」と「個人」との間の包含・被包含関係は、いわばマクロコスモスとミクロコスモスの関係である。「包越者」の内部に存在する人間にとってその「包越者」を認識や思惟の対象にすることは不可能であり、可能であるのは「包越者」へ「思いをはせる（hindenken）」ことやそれを「開明する（erhellen）」ことへ意識様態を変化させることである。しかし、人間存在の「主客分裂」は科学的認識の拒否によって解消されるものではない。むしろ、科学的認識と超越するはたらきは、いわば助走と跳躍の関係にある。そして、科学的認識の限界を自覚してそれを乗り越えようとする経験すなわち「限界状況」の経験が、超越するはたらきの跳躍台になる。われわれにとって、世界や人間を合理的・論理的に認識し説明する努力を経てこそ、全体性の理念を表象することや、現象を超えた次元にある実存や超越者（ないし包越者）を予覚することが可能となる。ヤスパースの言葉で言えば、「ただ極めて制約のない研究的世界定位のみが、現存在の全体の被破砕性の中で（in der Zerbrochenheit des Daseinsganzen）実存するはたらきの媒体（Medium des Existierens）となり、超越者を感知する（spüren）ことを教える[30]」のである。

それゆえ、われわれが経験する順序としては、まず対象的領域の認識を推し進め、それが下地となって、包越者を感得する可能性が成り立つ。けれども、存在の順序としては、元始存在は包越者であったのであり[31]、原理上人類が滅びようとも包越者は存在する。ハンス・ザーナーは、意識の主観と客観への「分裂」という術語がすでに「包越者」を暗示していることを指摘する。彼は次のように述べる。

「関係《Beziehung》」という語は二つの分離されている物の間の結びつき（eine Verbindung zwischen zwei getrennten Dingen）を意味する。もし主観―客観―関係と言うのであれば、それはすでに次のことを間接的に言い表しているであろう。すなわち、主観と客観は根源的には分離されて存在すること、そしてしかしながら後になってその主観と客観の間に或る結びつきがもたらされることである。これに対して、分裂（*Spaltung*）は、根源的には一つのものが引き裂かれていること（ein Aufgerissensein eines ursprünglich Geeinten）である。主観―客観―分裂という術語を用いてヤスパースが指し示すのは、根源的には分裂していないものが存在するところの、一つの次元である[32]。

ヤスパースのもとでは、此岸において人間という意識存在が主観性と客観性に引き裂かれた存在様態をもつこと、主観と客観、意識と対象といった二元的区別を包括するものが彼岸に存在することは、表裏一体である。全一の存在である「包越者」に向かって「超越するはたらき」の準備作業として、「包越者」をその「様態」に分節することがなされる。ヤスパースは次のように言う。

全一の包越者は――私がそれをその内実において解明しようとするやいなや――包越者の諸々の様態（die Weisen des Umgreifenden）に分裂する（sich spalten）。唯一無二で言い表すことができないものが、われわれにとって規定されていないそして充実されていない限界にとどまる代わりに、包越者はいわば諸々の場（Räume）へ分節される。[33]

われわれは「包越者そのもの」について語ることはできないが、七つの様態[34]のそれぞれの内で包越者がわれわれに対して現前するのを感得することができる。「包越者」の様態は二つの観点に対置される。[35]まず、主観の側の観点として「包越者」の様態は「われわれがそれであるところの包越者（das Umgreifende, das wir sind）」であり、それはさらに「現存在」・「意識一般」・「精神」に分節される。これに対して客観の側の観点として、われわれが存在しなくてもそれ自体で存在する存在様態としての「存在そのものがそれであるところの包越者（das Umgreifende, das das Sein selbst ist）」があり、それは「世界」と「超越者」から成る。諸様態の相互連関の媒体になるのが、「包越者のすべての様態の紐帯（Band）」としての「理性（Vernunft）」である。「理性」がすべての様態の内に入り込みそれぞれに動きを促すことで、「現存在」・「意識一般」・「精神」が活性化しながら「世界」と相互交流をもち、それらの関係性を「理性」が主観的に総合するときに初めて、われわれは「実存」を生成し「超越者」（ないし「包越者」[36]）を感得することが可能になる。[37]「諸様態は互いに関わりをもつ。諸様態の緊張状態は、破壊意欲としてあるのではなく、活性化（Beseelung）と上昇（Steigerung）である」[38]と言われているように、本来は一者である包越者をその様態に分節して考察する意義は、七つの様態の「相互補完性（Zusammengehörigkeit）」を明確にすることにある。[39]ヤスパースの人間観は、「包越者の諸様態が根本的に連関しながら生起するとき、諸様態の総体（Gesamtheit）の内に初めて人間存在が実現される」[40]というものである。「超越するはたらき」は、実存を実現し、包越者を確信することを目指すはたらきであるが、そのはたらきは、包越者の個々の様態の絶対化によって完結するのではなく、個人が包越者の様態すべてに均衡を保ちつつ関与するときにのみ進展するのである。

この包越者存在論の見地に立つならば、個人は世界の中で三つの様態のつながりをもって生きていることがわかる。第一に、「現存在」の観点から、個人は一個の生命体として生き延びていくため、生存に関わる欲求を充足し、生命維持に役立つ知識や経験を他の人間たちと相互に伝達しあう。第二に、「意識一般」の形態をとる「悟性」として個人は、世界や人間の普遍的真理を探究し、一定の客観性を備えた知の体系を構築する。第三に、「精神」に導かれて活動を行う個人は、個人という視点を超えて、生命・人類・宇宙といった全体性の理念をイメージしながら、創造的なものを生み出す。これらの三重のつながりを自分の中に取り込み、それらを「理性」によって総合しながら生きることで初めて、個人は「実存」を現実化し「包越者」へ向かって超越することができる。この意味においても、意識作用の主体としての我は、「我思う」だけで成り立っているのではなく、主観と客観の重層的なつながりによって生かされているのである。

第3節　理性と精神

包越者存在論において初めて「理性」に重要な意義が付与されたことは明らかである。第一に、「理性」は存在の探求や自己実現の道程で静止することのないよう、人間を絶えず駆り立てる機能をもつため、それは「活力（Schwungkraft）[41]」や「牽引力（Zugkraft）[42]」としてはたらく。「現存在」の生命的衝動や物質的欲求、「意識一般」

による説得力を備えた知の追求、「精神」による全体性の理念の形成、これらの活動はどれも、「理性」によって自足や固着を阻まれる。「理性は、限りなく促進するはたらき（Vorantreiben）として、現存在の内に、意識一般の内に、精神の内に現前する」[43]と言われるように、「理性」は包越者の主観的な様態をそれぞれ活性化する役割を担っている。

第二に、「理性」は「結びつける力（die verbindende Kraft）[44]」として、包越者の各様態の循環を促し、それとともに、意識一般が獲得する体系的統一性や精神によって到達されうる理念的全体性を媒体として、すべてを包み込む全一なるものを目指す。「理性の結びつける力は、諸科学において、一つの学の限界を超える推進力として、すなわち矛盾・関係・補完を探し出すはたらきとして、すべての学の統一の理念として、すでに作用している」[45]と言われる。このような「理性」のはたらきは、現代において、諸科学の専門分化を超えて学際的な交流を推進し、複数の分野を統合して新しい学問分野を創設する気運を高めながら、知の総合化を推進する運動の内に見て取ることができる。このような意味で、「理性」は総合的な知へ向けて「悟性」にはたらきかけるのであり、「理性の根本的特徴は、統一への意志（der *Wille zur Einheit*）である」と言われる[46]。

包越者存在論において「理性」は、包越者の様態を活性化し、それを総合化する機能を担っているが、こうした機能の大部分はすでに『世界観の心理学』の中で、「精神」が受け持っていたものである。『世界観の心理学』によると、そもそも合理的認識を求める態度の発端に、存在に対する「驚嘆（タウマゼイン）」の経験があり、その際、主観と客観、人間と自然といった区別がなく、すべてがそこに存在する全体としての場が直観されている。そのような存在驚愕から発動する、本来の合理的認識について、ヤスパースは次のように述べる。

認識は全体性を目指し、すべてをすべてに結びつける関係を目指す。認識は直覚的に諸々の理念を把握し、合理的装置はこれらの理念の力のもとで、自主的に、純粋に、一つの全体として、果てしなく運動する。[47]

ヤスパースによると、合理的なもの自体は無力であって、合理的認識を駆動する力は、「直覚的全体観、理念（intuitive Gesamtanschauungen, die Ideen）のうちで示現する力[48]」である。そもそも『世界観の心理学』の中で、「主観―客観―対応（Verhältnisse）」を階層序列的に秩序づける試みがなされたのは、より低いものを切り捨てるためではなく、「階層序列の理念（die Idee einer hierarchischen Ordnung）」をイメージしながらすべての関係性の均衡を追求するためであった。「階層序列の理念」とは、「衝突の場合に破棄されるものは、何とか可能である限り、絶対的には破棄されないようになっている。すべてのものは自らの場所を得て、どの欲動も規律と節度のもとでどこかで充足されるはずである[49]」というものである。このような理想的な調和状態の実現は、理念の表象から発する情熱的な力によって推進されることになっていた。

けれども、包越者存在論において「理性」には「精神」にはない機能もまた託されている。第2章で見たように、『世界観の心理学』では、二律背反的状況を経験しながら精神の活動が生み出す「統一への意志」が「生きる力」として重視されていた[50]。包越者存在論において、「超越者」が「包越者」として捉えなおされたことと、主観的な力が精神と理性へ拡張されたことが相俟って、理性には精神が追求する理念的統一よりさらに深淵な統一を感知する力が付与された。ヤスパースは次のように述べている。

理性の推進力は、悟性によって把握可能な統一と精神によって完成される統一のすべてを超え出て、より深い統一（die tiefere Einheit）を目指すのであって、この統一にとっては悟性的統一や精神的統一はただ手段や象徴であるにすぎない(51)。

理性のはたらきは、個人の枠組みにとらわれず、人類・生命・宇宙の普遍的な流れと一体化することを目指す。包越者は、われわれにとっての現象としては、主観的様態と客観的様態に引き裂かれている。理性は、悟性や精神のはたらきを活性化・統合化しながら、包越者の多様な様態を互いに結びつけることによって、現象を包み込む包越者へ向かっていく。理性をもつ人間たちが、自分や他者を、自然や世界と同様に、全一の包越者の一様態とみなして相互交流をもつとき、存在するものはすべて、包越者を媒介としてつながっていく。このようにスケールの違いを超えて個々のものを結びつける親和力を希求する考え方は、突拍子もないものではない。自然科学的見地からも、われわれの身体を構成している粒子は、天体や動植物を構成しているものと同じであり、ただ粒子の組成や個体の置かれている環境がそれぞれ異なるために、幅広い個体差が生じていると考えられているからである。

理性のはたらきに注目するならば、包越者存在論には、実践的倫理に理論的基礎を与える可能性が認められる。逆に、もし自分と他人は皮膚によって完全に隔てられていて、しかも個人を動かす力は利欲や知識欲のみであると考えるなら、人間が他人に無関心になり利己主義に走るのは自然の理であって、ましてや他人の成功を喜ぶ理由など見出しがたいであろう。しかし、包越者存在論の基本的発想に従って、自分も他人も同様に何か無限大なものの一部であって、すべての存在者は理性の原基をもちながらどこかでつながっている、と考えるならば、自分と他者や自然との共生や、個と全体の調和が、切実な関心事になる。本章の考察から見えてきたのは、包越者存在論を一つの到達点とするヤスパースの思想は、「序」で挙げたどの意味においても主観主義ではなく、それどころか個人の自我中心の近代的価値観を大きく転換する発想に立脚していたということである。

注

（1）Periechontologie は、ヤスパースの造語である。ヤスパースは、ギリシア語の περιέχω（=umfassen, einschließen）の現在分詞・中性形（περιέχον）とドイツ語の Ontologie を組み合わせて、この語を作ったと思われる。ヤスパース研究者の中には、Periechontologie を、περιέχω と λόγος から成るとみて、「包越者論（Lehre vom Umgreifenden）」と訳す人々もいる。Vgl. Werner Schüßler, *Jaspers zur Einführung*, Hamburg 1995, S. 101; *GEMOLL, Griechisch-deutsches Schul- und Handwörterbuch* von W. Gemoll und K. Vretska, Zehnte, völlig neu bearbeitete Auflage, Oldenbourg 2006, S. 634.

（2）林田新二は、包越者存在論が明示される『理性と実存』をもってヤスパースの後期哲学が始まったとの見解を記している。前掲書、一五二頁を参照。

（3）包越者概念について、ヤスパース自身は次のように記している。「私の『哲学』が出版された後、一九三一／三二年冬学期の私の講義において、「包越者」という私の哲学的論理学にとって根本的な概念を発展させ、その包越者概念について公の場で初めて語ったのは、『理性と実存』と題する私のグローニンゲンでの諸講義（一九三五年）においてである。」Vgl. Karl Jaspers, *Philosophische Autobiographie*, in: *Philosophie und Welt*, München 1958, S. 367. ザラムンは、ヤスパースが包越者存在論の萌芽的思想を最初に提示したのは、『世界観の心理学』の中に補説（Anhang）として収められている「カントの理念論（Kants Ideenlehre）」においてであることを指摘している。Vgl. Kurt Salamun, *Karl Jaspers*（1985）, Zweite, verbesserte und erweiterte Auflage, Würzburg 2006, S. 67; Jaspers, *Psychologie der Weltanschauungen*, S. 465–486.

（4）Vgl. Werner Schneiders, *Deutsche Philosophie im 20. Jahrhundert*, München 1998, S. 95–96.
（5）Vgl. Kurt Salamun, *Karl Jaspers*, S. 67.
（6）林田新二『ヤスパースの実存哲学』弘文堂、一九七一年、一三－一五頁を参照。
（7）Vgl. Kazuteru Fukui, *Wege zur Vernunft bei Karl Jaspers*, Basel 1995, S. 10; S. 165–174.
（8）『運命と意志』の中で、ヤスパースは、幼年時代を過ごしたオルデンブルクの海辺での体験を振り返り、この「北海」が「超越者」の象徴である、と記している。「海との触れあいの中には、初めから哲学するはたらきの気分がある。私にとっては幼年時代からはっきりとは意識しないうちからそうであった。海は、自由と超越者の象徴である」と記されている。Vgl. Jaspers, *Schicksal und Wille*, München 1967, S. 16.
（9）Jaspers, *Psychologie der Weltanschauungen*, S. 184. 括弧の中の文言もヤスパースによる。
（10）河合隼雄『河合隼雄著作集第Ⅱ期第1巻　コンプレックスと人間』二〇〇一年、岩波書店、二三八－二三九頁を参照。
（11）Jaspers, *Philosophie I, Philosophische Weltorientierung*, S. 37.
（12）Jaspers, *Philosophie I, Philosophische Weltorientierung*, S. 15; *Philosophie II, Existenzerhellung*, S. 115.
（13）Jaspers, *Einführung in die Philosophie*（1953）, 4. Auflage, Zürich, 1979, S. 30.
（14）ヤスパースがカントの認識論の枠組みを踏襲していることは、すでに研究者たちによって指摘されている。Vgl. Thomas Läber, *Das Dasein in der «Philosophie» von Karl Jaspers*, Bern 1955, S. 16; Kurt Salamun, *Karl Jaspers*, Zweite, verbesserte und erweiterte Auflage, Würzburg 2006, S. 68 . ヤスパースの思想がカントに多くを負っていることは自他ともに認められていたことを、Wiel は次のように述べている。「ヤスパースは自らを常にカント研究者の一人（Kantianer）として理解していた、そしてジャンヌ・エルシュやレイモン・アロンのようなすぐれた弟子たちは、この自己理解が妥当であることを認めている。」Vgl. Reiner Wiehl, *Karl Jaspers: Einsamkeit, Kommunikation, Öffentlichkeit*, in: Anton Hügli, Dominic Kaegi und Reiner Wiehl（Hg.）, *Einsamkeit-Kommunikation-Öffentlichkeit*, Basel 2004, S. 15.

(15) Jaspers, *Von der Wahrheit*, S. 187.

(16) Eming は、「ヤスパースにとって哲学するはたらきは超越するはたらきにほかならない」と述べる。とはいえ、Eming の考えでは、ヤスパースの理論の中には良し悪しを比較できる代替方法が他に一つもないため、超越するはたらきは現代的な意味では「本来的な方法」とは呼べないという。Vgl. Knut Eming, *Transzendieren als philosophisches Erkennen*, in: Knut Eming, Thomas Fuchs (Hg.), *Karl Jaspers—Philosophie und Psychopathologie*, Heidelberg 2007, S. 161.

(17) 西田幾多郎「デカルト哲学について（附録）」（一九四四年）『西田幾多郎全集　第十巻』岩波書店、二〇〇四年所収、一四〇－一四一頁。

(18) Jaspers, *Philosophie II, Existenzerhellung*, S. 26.

(19) Jaspers, *Philosophie I, Philosophische Weltorientierung*, S. 61.

(20) Jaspers, *Philosophie I, Philosophische Weltorientierung*, S. 61.

(21) Jaspers, *Philosophie I, Philosophische Weltorientierung*, S. 62.

(22) 『世界観の心理学』の中で、主観と客観の関係の多様性は、「主観から客観への多数の線」や、「主観と客観というそれぞれ無限的なものにおいて点として集中する、分散する束」に喩えられている。Vgl. Jaspers, *Psychologie der Weltanschauungen*, S. 25.

(23) マルセルもまた、他我の実在性の問題に関してデカルトのような問題の立て方を批判して、「いったんデカルト流に、私の本質は自分自身を意識していることにあるとすることから始めるならば、もはやそこから外に出る方途はない」と述べている。ガブリエル・マルセル［著］山本信［責任編集］『存在と所有』『世界の名著七十五　ヤスパース　マルセル』所収、一九八〇年初版、一九九八年第七版、中央公論社、四七二頁を参照。

(24) 西田幾多郎「デカルト哲学について（附録）」、『西田幾多郎全集　第十巻』所収、一四四頁を参照。

(25) Jaspers, *Descartes und die Philosophie*, Vierte, unveränderte Auflage, Berlin 1966, S. 13.

(26) デカルト［著］井上庄七・森啓［訳］『哲学の原理』、野田又夫［責任編集］『世界の名著27　デカルト』一九七八

年初版、一九九七年第一二版、中央公論社、三三三頁を参照。

（27）上田閑照『西田幾多郎を読む』岩波書店、一九九一年、三〇二頁を参照。

（28）前掲書、一四五－一四六頁を参照。

（29）中村雄二郎『中村雄二郎著作集VII　西田哲学』岩波書店、一九九三年、五九頁を参照。

（30）Jaspers, *Philosophie I, Philosophische Weltorientierung*, S. 74.

（31）ザラムンによると、「包越者」には、そこでは人間が他の人間たちや世界と「統一（eine Einheit）」を形成しており、自我と世界の間に「分裂」が生じていないところの「原初状態（Urzustand）」の理念が投影されている。Vgl. Kurt Salamun, *Karl Jaspers*（1985）, Zweite, verbesserte und erweiterte Auflage, Würzburg 2006, S. 68.

（32）Hans Saner, *Karl Jaspers*（1970）, 10. Auflage, Reinbek bei Hamburg 1996, S. 85. Achella もまた、Saner による「分裂」の意味づけを重視している。Vgl. Stefania Achella, *Die Subjekt-Objekt-Spaltung*, in: Elisabeth Hybašek, Kurt Salamun and Harald Stelzer（Hg.）: *Jahrbuch der Österreichischen Karl - Jaspers - Gesellschaft*, Innsbruck, Band 24（2011）, S. 118.

（33）Jaspers, *Von der Wahrheit*, S. 47.

（34）Knauss は、包越者の七つの様態は西洋哲学の伝統に基づいているものではなく、また諸様態の連関には現実的体系性が欠けることから、七つの様態はヤスパースによって恣意的に取り上げられているという印象を抑えきれない、と批判している。Vgl. Gerhard Knauss, *Der Begriff des Umgreifenden in Jaspers' Philosophie*, in: Paul Arthur Schilpp（Hg.）, *Karl Jaspers*, Stuttgart 1957, S. 159–163. この Knauss の批判は、Lehnert によって教えられた。Lehnert は、脚注でこの批判を参照するように指示しているが、自らの賛否は明言していない。Vgl. Erik Lehnert, *Die Existenz als Grenze des Wissens*, Würzburg 2006, S. 215. けれども、私見によれば、「われわれがそれであるところの包越者」をなす「現存在」・「意識一般」・「精神」は、『精神病理学総論』における「欲動（Trieb）」の階層と大体において重なる。それゆえ、包越者の様態の分節は、ヤスパースによって単に思弁的になされたのではなく、精神医療の臨床の経験に基づいていると思われる。Vgl. Jaspers, *Allgemeine Psychopathologie*, Berlin 1913, S. 157.

(35) Jaspers, *Vernunft und Existenz* (1935), München 1973, S. 36; S. 41.

(36) 「超越者」は、「包越者」の一様態でありながら「包越者そのもの（das Umgreifende schlechthin）」でもある。Vgl. Jaspers, *Von der Wahrheit*, S. 109.

(37) Jaspers, *Vernunft und Existenz*, S. 46.

(38) Jaspers, *Vernunft und Existenz*, S. 56.

(39) Jaspers, *Von der Wahrheit*, S. 50–51.

(40) Jaspers, *Von der Wahrheit*, S. 140.

(41) Jaspers, *Existenzphilosophie* (1937), Vierte, unveränderte Auflage, Berlin u. a. 1974, S. 47; *Von der Wahrheit*, S. 118.

(42) Jaspers, *Existenzphilosophie*, S. 48; *Von der Wahrheit*, S. 118.

(43) Jaspers, *Vernunft und Existenz*, S. 88.

(44) Jaspers, *Existenzphilosophie*, S. 49.

(45) Jaspers, *Existenzphilosophie*, S. 49.

(46) Jaspers, *Existenzphilosophie*, S. 47; *Von der Wahrheit*, S. 119.

(47) Jaspers, *Psychologie der Weltanschauungen*, S. 74.

(48) Jaspers, *Psychologie der Weltanschauungen*, S. 73.

(49) Jaspers, *Psychologie der Weltanschauungen*, S. 225.

(50) Jaspers, *Psychologie der Weltanschauungen*, S. 241; S. 344.

(51) Jaspers, *Von der Wahrheit*, S. 118.

第4章　了解と実存

「主観主義」批判を招きやすいほどにヤスパースが主観を重視する傾向は、彼の実存哲学の思想的基盤である、精神病理学や心理学に関する思索のうちに胚胎している。ヤスパースの哲学の基調をなす主観重視の考え方には、根深い根拠がある。本章では、一貫してヤスパースの思想の中心概念であった「了解（Verstehen）」に焦点を当て、「了解」という方法によって初めて明らかになる主観的体験の性格と、「了解不可能なもの」としての「実存」の特性を際立たせることを目指す。

第1節　心理学的方法としての了解

ヤスパースを新進気鋭の精神病理学者として一躍有名にした仕事は、二十世紀初めのドイツ精神医学界で権威をもっていた「理論」に対抗し、心的生の現実に相応した認識方法を追求することによって生み出された。[1]この時期にヤスパースが遺した最大の功績は、心の病を心理学的に認識するための方法論を初めて体系的に叙述し[2]、その際特に、「了解」を心理学の自律的な認識方法として学問的に根拠づけたことにある。[3] 当時は、すべての心的疾患には身体的原因があると仮定する自然科学的・客観的心理学と、それをモデルにして、不合理な心的現象を無意識的なものに起因する現象として説明するフロイト学派の精神分析が主流であった。[4] そうした大勢に流されず、ヤスパースは、「甚だしく蔑視されている主観的心理学」(subjektive Psychologie)[5] の学問的価値を擁護する方針を打ち出した。本節では、ヤスパースの主観的心理学の中核をなす認識方法である「了解」が、客観的心理学の認識方法とどのように対置されているのか、ということに焦点を当てて「了解」の特徴を明らかにする。

1．主観的心理学の「静的了解」と客観的心理学の「感官知覚」

ヤスパースが提唱した「主観的心理学」は、フッサールが先駆的に提示した心理学における現象学的研究方向[6]とディルタイなどが築いた精神科学的伝統[7]とを独自に発展させた理論であり、「現象学(Phänomenologie)」と「了解心理学(verstehende Psychologie)」の二部門から構成される。現象学的方法としての「静的了解(statisches Verstehen)」は、「主観的症状(subjektive Symptome)」すなわち個々の心的現象の性質や状態――心的生のいわば「横断面」[8]――を把握し、その次の手続きとして、了解心理学の認識方法である「発生的了解(genetisches Verstehen)」が、「了解的連関」すなわち個々の心的現象間の連関――心的生のいわば「縦断面」[9]

――を見出そうとする。二つの「了解」に共通する特性は、「感官知覚や論理的思考とは逆に、まさに主観的とよく言われるもの」、すなわち「感情移入」を行いながら、[10]「何が患者の中で現実に起こっているのか、患者は一体何を体験しているのか、ある事柄がどのようにして患者の意識の内に与えられているのか、患者はどのような気持ちでいるのかなどを、ありありと思い描くこと」[11]にある。

まず、「静的了解」は、客観的心理学の「感官による知覚（sinnliche Wahrnehmung）」と対比される認識方法であり、その実質は、相手が現実に体験している個々の心的状態や心的なものの諸性質、例えば妄覚、心情の諸状態、欲動の動きなどを、[12]相手の言動（特に相手の自己描写）を手がかりにして、自分の心の中で再現すること――「心的なものをありありと思い描くこと（Vergegenwärtigung von Seelischem）」――にある。[13]そしてこの現象学的分析を総合するのが、個々の心的現象間の連関を感情移入しながら捉える「発生的了解」である。「発生的了解」は、客観的心理学の「因果的説明（kausales Erklären）」と対比される。ヤスパースは、われわれの心的生には様式の異なる諸々の連関が見出されるという心理学的考察に基づいて、そのような心的生の本性に従って、心理学における認識方法も明確に分化させるべきだと考えた。このような考え方は、自然科学において考案された方法を心的生の領域に転用するのではなく、心的生という対象に相応した精神科学独自の方法を規定することを精神科学の要求とみなす、ディルタイ以来の精神科学的伝統を継承している。[14]「静的了解」によって捉えられる心的要素を「発生的了解」によってつなぎ合わせたものが「主観的症状」と呼ばれる。ヤスパースは、「主観的症状は、感覚器官によって観察することができるものではなく、他者の心の中に自分の心を移し入れるはたらき（Hineinversetzen in die Seele des anderen）によってのみ、すなわち、感情移入によってのみ捉えることができるものである。主観的症状は思考によってではなく共体験（Miterleben）によってのみ内的直観へもたらすことができるものである」[15]と規定している。

これに対して、ヤスパースが「客観的心理学」と呼ぶ、当時主流であった心理学の方法論においては、記録できる動き、撮影することができる顔つき、言動や生活態度などといった、「客観的症状（objektive Symptome）」を「感官による知覚」によって認識し、そして、自然科学に倣った「因果的説明」の観点から、それらの客観的症状のうちの二つの要素を原因とその結果とみなして結びつける。「客観的心理学」という語でもってヤスパースが指しているのは、当時の「作業能力心理学」・「対症心理学」・「表現心理学」であり、これらの心理学は、「心的生のうちのそれが外へ表出した客観的現象」である「客観的症状」を認識の対象とする点で[16]、行動主義心理学の系譜に属すると言える。そもそも、ドイツの精神医学界で客観的・自然科学的精神病理学が支配的になったきっかけは、一九世紀半ばにドイツ人の精神科医グリーズィンガーが、著書『精神病の病理と治療（*Pathologie und Therapie der psychischen Krankheiten*）』（一八四五年）の中で、「精神病は脳の病気である（Geisteskrankheiten sind Gehirnkrankheiten）」というテーゼを打ち立てたことにあった。ヤスパースにとっては「ドグマ」であるグリーズィンガーのテーゼによって、精神医学は自然科学との連結点を獲得し、精神科医や心理学者の間では、心を学問的に論じるためには、心のはたらきを身体機能と考え、解剖学的に研究を行うべきだとする立場――ヤスパースにとっては「依然として広く行き渡っている「身体的先入見」（das noch immer verbreitete „*somatische Vorurteil*."）」――が優勢になっていった。このように「単に主観的でしかない（*bloß* subjektiv）」心的なものは、常に身体的なものに置き換えて考えなければならないとみなす「身体的先入見」が広く唱えられ、心的事象と身体的事象をつなぎ合わせて症状を説明する「解剖学的なでっちあげ（anatomische Konstruktionen）」（「脳神話（Hirnmythologien）」）が重視された結果、一方で脳の研究が促進されたが、他方で精神病理学本来の研究がおろそかにされ精神科学的心理学の伝統が顧みられなくなったという。それでは、心と身体の関係に関するヤスパースの立場はいかなるものかというと、彼はデカルト以来の心身二元論の構図のもとで相互作用説を採っていた。『精神病理学総論』において、ヤスパースは心と身体との間に「相互関係（gegenseitige Wechselbeziehung）」があることは認めているが、心の事象と身体の事象を一対一対応で直接に結びつける「並行論（Parallelismus）」の正当性を否認している。[17]

心理学とその一部をなす精神病理学に特有の難しさは、人間の心のはたらきという主観的体験を学問の対象にする点にある。[18]客観的心理学の成果が、それが誰にでも再現可能で論理的に正しい科学的手続きに従って導き出された認識である以上、一定の学問的妥当性をもつことは明らかである。ヤスパース自身も、「客観的心理学が、主観的心理学よりいっそう明白で確実な、誰にとっても容易に把握できる成果を生み出すことには疑う余地がない」[19]ことを認めている。それにもかかわらず、ヤスパースは、個人の心的生そのものに迫っていく主観的心理学の立場を堅持し、主観的心理学に固有の認識方法としての「静的了解」と「発生的了解」に、客観的心理学の認識方法――「感官知覚」と「説明」――と同等の学問性を付与すべく試みた。[20]その最大の理由は、「了解」によってしか接近することができない心の領域が見出されること、そして、その領域で生起する心的生が非常に重要なものであり、またそれは他の方法によっては解明不可能であることにある。そもそも、もし個人の心的生がすべて当人に独自の心理であるとするならば、われわれは他人の心に関してはその存在の有無もそのあり方も一切わからないことになり、心や意識を主題とする学問の存在意義が危うくなるだろう。ヤスパースは、他者の心的生への「感情移入」を試み、個人の「了解的連関の全体」としての「人格」を、情緒的かつ明証的直観によって具体的かつ総合的に把握する、すなわち「了解」することを目指した。このような了解心理学を構築するからには、心理をある程度共有できる個人同士が社会を構成しており、心的体験の「一人称的局面」にも人間全般に共通する普遍的体験が含まれている、という前提にヤスパースは立っていたと言える。

それでは、「主観的心理学」の立場によってのみ捉えられる心的生とは、どのようなものであり、また、なぜ「客観的心理学」の立場をとると認識できないのであろうか。まず、「静的了解」と「感官による知覚」を比較するため、「不安」を例にとって考えてみよう。『精神病理学総論』において、「静的了解」と「感官による知覚」がそれぞれ認識の対象にする、主観的症状と客観的症状の違いについて、ヤスパースは以下のように解説している。

客観的〔症状〕と呼ばれるのは、要するに、今しがた主観的であったものの一部、すなわち、感情表出の動きに直接的に感情移入することによって捉えられる心的なものの一部、例えば、患者が抱く不安のようなものの一部である。それに対して、主観的〔症状〕であるのは、例えば、客観的には不安そうでない患者が、自分は不安であると述べるときに、患者の判断を通してわれわれが間接的に聞き知るものである。われわれがこの不安を聞き知るのは、患者の自己観察および患者の自分自身の心的体験に関する判断という媒介を通して、すなわち、患者が行ういわゆる心理学的判断という媒介を通してである。[21]

「不安」のような感情が客観的症状として認められる場合、それは本人が実際に体験している心的作用の「一部」のみである。客観的心理学の「感官による知覚」の見地からは、相手を診察したり実験や検査を課したりしながら、与えられた課題を一定時間内に処理する作業能力、身体的現象、および身ぶりや発言などを査定する。そして、統計的に見て、それらの客観的データのうちに不安という心的事象と結びつけられるものを確認できる場合にのみ、相手が不安であることを認める。それに対して、本人の表現や自己判断を介して、治療者が感じ取る主観的症状としての「不安」こそが、実際に生起している心的現象の核心的な大部分である、というのがヤスパースの考えである。主観的心理学の認識の源泉である「静的了解」の見地からは、不安と結びつけられる作業能力の変化や、不安に随伴するとされる身体的症状や、あるいは明らかに不安そうに見える言動がたとえ確認されなくとも、相手が「自分は不安である」と述べるならば、その自己判断を蓋然的に正しいものとみなして、相手の主観的な心的体験にアプローチする。

とはいえ、「静的了解」は、患者の自己判断をすべて現実に合致するとみなすのではなく、「〔患者によって〕現実に体験されているもの」と「患者が、解釈し、推論し、考えて付け加えるもの」とを区別して、前者のみを認識材料として採用する。[22] 治療者が患者の意識の中に実際にあるものを見極めるにあたって第一に参照するのは、「患者の自己描写（*Selbstschilderungen*）」であって、この自己描写を作るのは患者と治療者の共同作業であり、「われわれが患者と個人的に話し合う中で、最も完全にかつ明確に作ることができる」とヤスパースは言う。[23] 患者が自分の主観的体験を言語化することによって、患者の側では、以前より距離を置いて、わずかでも客観的にその体験を見ることができるようになる。また治療者の側では、言語化された体験を手がかりとして追体験したり、言葉にならないものを感知したりすることがやりやすくなる。そのため、両者が体験をある程度共有することが可能になる。それと並行して、治療者は「家族や親類の既往歴、官庁とのもめ事に関する調書、身上書、知人たちや上司たちへの問い合わせなど」といった周囲の事情も調べながら、「患者の生活史（Biographie）」と呼ぶべき、個人の人生の軌跡を知ろうと努める。[24] ヤスパースの考えでは、「精神医学と他の医学との大きな相違は、精神科医は常に〔患者の〕個人的性質および社会的性質のあらゆる観点から見て、過去の生活全体に関心を持っているのに対して、身体医学の医師は多くの場合、一時的な病気のみを問題にして、〔患者の〕人格全体は問題にしないところにある[25]。客観的心理学の立場を採り、感覚的に知覚できるもののみを問題にするならば、実際に相手の意識の内に与えられている心的現象（例えば不安）の「三人称的局面」しか捉えることができない。「静的了解」を通じて初めて、「病める心のなかで生起している諸事象のうち、まさに最も本質的で最も生き生きとした諸事象の、大部分がわれわれに知らされる[26]」という。このように、「一人称的局面」の心的生は、検査や実験の結果に反映されないため既成の科学理論が網羅する症状からはこぼれ落ちてしまうことが多い。しかし、「静的了解」は、「一人称的局面」のうちでもとりわけ本人にとって肝心なところを、感情移入しながら直観的に掬い上げ、それを現象学的に記述しようとするのである。

2. 主観的心理学の「発生的了解」と客観的心理学の「因果的説明」

主観的心理学と客観的心理学の決定的な相違点は、いわゆる「無意識」の捉え方に顕著に表れる。「無意識」という用語を巡って、そもそも無意識は意識できないのにその存在を認めてよいのか、という趣旨の議論が起こることがある[27]。「無意識」とは元来「無意識的なもの」ないし「意識されていないもの」の略であるが、その「無意識的なもの」をヤスパースは二つに分けて考えている。「無意識的なもの」の用法についてヤスパースは次のように規定している。

［……］心理学者なら誰でも、自らの心的生が次第に明らかにされ、気づかれていなかったものが意識されること、そして、自分が〔心的生を意識化する過程の〕最後の限界に到達したかどうかを確実に知ることは決してないことを、体験している。現象学や了解心理学によって気づかれていないもの（*Unbemerktes*）から知られているもの（*Gewußtes*）にされる、この無意識的なもの（*dies* Unbewußte）と、真に無意識的なもの（das echte Unbewußte）、つまり、原理上意識外のもの（das prinzipiell *Außerbewußte*）、すなわち、気づかれる可能性が決してないもの（das nie Bemerkbare）を混同することは、徹頭徹尾誤りである。気づかれていないものとしての無意識的なものは、実際に体験されている。意識外のものとしての無意識的なものは実際に体験されてはいない。第一の意味の無意識的なものを通常は気づかれていないものとも呼び、第二の意味の無意識的なものを意識外のものと呼ぶと、われわれにとって具合がよい(28)。

無意識的なもの（意識されていないもの）には二つの種類があり、一つは意識生活の深層にある心的生であり、そこに胚胎している本能や感情は当人の人格に影響を及ぼしている。こうした無意識的現象は当人に気づかれていないが実際には体験されているのであり、これには「了解」という認識方法で接近するのが適している(29)。もう一つは、意識外のものという意味での無意識的なものであり、「実際にあるかどうかは証明できないし、証明すべきものではない」(30)とされる。この意味における無意識的なものの領域には、（フロイトの精神分析が仮定する）人間の行動や性格の「原因」となっているが抑圧されている体験や(31)、（客観的心理学が仮定する）記憶の蓄え・習慣・才能・性格といった意識外の基礎、および、意志の関与なしに心的生に影響を及ぼす身体的事象が含まれる。ヤスパースは、主観的心理学の発生的了解と客観的心理学の因果的説明の相違を、両者が追求する「無意識的なもの」の相違に即して、次のように言い表す。

すべての因果的探究の本質のうちに含まれているのは、探究は心的なものの諸々の意識外の基盤（*außerbewußte* Grundlagen des Seelischen）に迫るということである。すべての現象学と了解心理学は意識の内に（*im Bewußtsein*）とどまるように、さしあたっては思われる。この対立は、実際にも存続している。［…］現象学は、心的現存在の以前は全く気づかれていなかった様式（vorher gänzlich *unbemerkte* Weisen seelischen Daseins）を記述し、了解心理学は、ある種の道徳観を弱さや無力さやみじめさの意識に反応して形成されたものとして把握する場合のように、それまで気づかれていなかった心的連関（bis dahin *unbemerkte* seelische Zusammenhänge）を把握する。[32]

主観的心理学を客観的心理学から分かつ指標の一つは、前者が探究範囲を意識内に限るのに対して、後者は心的なものの意識外の基礎を追求するという、探究方向の相違である。主観的心理学の方法論においても、意識の内と外を分ける境界がどこにあるのかは明瞭ではないが、当人の自覚がない意識内の現象を自覚できるものにすること、それによって当人の意志の力が及ぶ範囲を広げることが重要なのである。「了解」とは、端的に言えば、当人の人格や行動に影響を及ぼしているにもかかわらず当人には意識されていないものを、意識化する作業である。ヤスパースは、意識されていない心的出来事に関して、「体験する者が自分で気づかなかったが実際は体験されている心的出来事と、本当に意識外で実際に体験されていない出来事」を峻別する必要性を強調している。[33] 前者の気づかれていないものとしての無意識的現象は、主観的心理学の「了解」によってアプローチすることができ、それがうまくいけば当人が気づいて実際にあるものだとわかる。これに対して、後者の意識外のものとしての無意識的現象は、当人の意識の下層から浮かび上がってくるものではなく第三者が理論の枠内で想定するものであり、それは「意識されている心的生に考えて付加されたものであり、原理上意識の外にあるが、それ自体としては証明することができず、常に理論上のもの」[34]である。

自然科学をモデルにした客観的心理学の「因果的説明」は、心的なものの原因を心的なものの外部に求め、「外からの因果性（Kausalität von außen）」と呼ばれる「因果的連関（kausale Zusammenhänge）」を見出そうとする[35]。それゆえ、客観的心理学は、心的生の基盤には意識外の身体的機構があると仮定して探究を進め[36]、例えば、ある気分の原因をアルコールの体内摂取のうちに見出し[37]、幻覚と眼の疾患との間に因果関係を想定する[38]。他方で、主観的心理学を構成する現象学と了解心理学の考察は、患者の意識の内に現実に与えられているもののみを問題にし、特に、意識のいわば下層をなす、当人に気づかれていない心的生、すなわち「気づかれていないものとしての無意識的なもの」に迫っていく。「現象学は心的現存在の以前は全く気づかれていなかった諸々の様式を記述し、了解心理学はそれまで気づかれていなかった諸々の心的連関を把握する」[39]という仕方で、「了解」は、当人が自覚していない、意識のいわば深層に与えられている、個々の内的体験やそれらの相互連関を解明することを目指す[40]。了解心理学に固有の認識方法である「発生的了解」（特に「感情移入的了解（einfühlendes Verstehen）」[41]）は、主観的症状のうちに「心的なものの了解的連関（die verständlichen Zusammenhänge des Seelischen）」——「いかにして心的なものが心的なものから出て来るのか、いかにして行為が動機から生じるのか、いかにして気分や情動が状況や体験から出て来るのか[42]」——を、感情移入しながら捉える。「発生的・感情移入的了解」が追求する「心的なものの了解的連関」は、「因果的説明」が認識の目標にする真の因果的連関（「外からの因果性」）とは全く別のものであり、「ただ比喩的にのみ因果的と呼ぶことができる」[43]ような「内からの因果性（Kausalität von innen）」である。

さて、主観的心理学の中核をなす認識方法である「了解」は、主に了解者の「感情移入」に依拠する認識方法である。この方法には、了解者に起因する限界があることは明らかである。第一に、了解者は、相手の身になって考えようとしても、自分が直接的にあるいは体験談や書物などを通じて間接的に体験したことがある意識過程からの類推によってしか、相手の心的体験の内容を捉えられない。自分が直接的にも間接的にも体験したことがないような心的事象をありありと思い浮かべることは極めて困難である。客観的心理学の「感官知覚」と「説明」は、感覚器官と論理的思考能力が発達している人であれば、原理上誰でも遂行できる認識方法であるのに対して[44]、「了解」の成否は了解者の経験や感受性などの主観的な要素に左右される。第二に、了解者が捉える了解内容と了解される者の心的体験とが完全に一致することはない。大森荘蔵が指摘するように、自分に似た心の動きをする者として、つまり「私に擬して」、他人を理解しようとしても、他人が感じる不安や苦悩は自分のものではない[45]。

他者の心の「一人称的側面」は、自然科学の認識方法によっても「感情移入」という主観的な認識方法によっても、接近するのに限界があることは、多くの学者が気づいている。茂木健一郎は、そもそも他者の心を把握することは一つの「不良設定問題」であり、「物理的に独立した脳髄を持つ人間の内面を読み取るということは、神ならぬ私たちにはそもそも叶うことではない」と記している[46]。また、フッサールは、「感情移入」によって他人の心的体験を見て取ることの限界について、「われわれ自身およびわれわれの意識状態に関しては、われわれはいわゆる内的知覚あるいは自己知覚（die sog. innere oder Selbstwahrnehmung）において原本的経験（originäre Erfahrung）をもつが、他者たちおよび彼らの諸体験に関しては、「感情移入（"Einführung")」において原本的経験をもつことはない。われわれが他者たちを見て彼らの諸体験がわかる（den anderen ihre Erlebnisse ansehen）のは、彼らの身体的表出の知覚に基づいて（auf Grund der Wahrnehmung ihrer leiblichen Äußerungen）である[47]」と記している。「感情移入」によって作用する直観は、知覚のように理論的認識の正当性を保証する経験でもなければ、本質の認識の正当性を根拠づける本質直観でもない。それゆえ、「感情移入」という意識の働かせ方で直観できる他人の心的生は、原本的所与のままの実在的なものではない、というのがフッサールの考えである。

やはり、心の一人称的局面に関しては、「体が別なら、心も別[48]」という他者理解の限界を完全に克服することはできない。どんなに親しい間柄でも二者の間に「一心同体」の関係は実在しない。このような限界が明らかになると、いくら努力しても結局、自分の内面生活を相手の側に投影しているにすぎず、客観的な形では「わかる」と言えないことが自明であるのに、他者の一人称の心的生に接近する試みには意義があるのだろうか、という疑問が生じる。そこで立場は大きく二つに分かれる。一つは、どこまで行っても他者の心はわからないのだからわかろうとする必要はない、要するに、相手の身になって考えるという方法はナンセンスである、五感で捉えられるものや行動に現れるもので判断するべきだと考える立場である。もう一つの立場は、客観的な形で証明できる結果ではなく、わかろうとする試みや姿勢が大事である、そして、相手の状況に身を置くような意識の働かせ方によって初めて見えてくる現実がある、という考え方である。ヤスパースは後者の立場を採った。

ヤスパース自身も、感情移入的了解という認識方法そのものに備わる理論上の限界を認めていた。そのうえでなお彼が企図していたのは、患者の心的症状の緩和や治癒を目的とする精神医療の実践の場で、患者に個人的に心的影響を及ぼす「心理療法（Psychotherapie）」として、「了解」を実践に移すことであった。彼は、患者の症状の了解的分析・総合といった解釈や記述の次元のみに「了解」を限定するのではなく、それを「患者の診察と治療」としての「実践上の事柄」[49]に応用することを目指していた。『精神病理学総論』の第一版の附録の中で彼は、心理療法を三つのグループ（暗示機構を用いる療法、フロイト学派の精神分析的治療、了解に基づく療法）に分類し、その中でも特に、「了解」に基づいて患者の人格に「訴えかける（appellieren）」仕方で行う心理療法について、最も詳しく語っている。[50]この箇所で明示されているように、「了解」が適用されるべき心的生とは、意識された心的生のいわば下層をなす、「意識下の、気づかれていない心的生（das unterbewußte, unbemerkte Seelenleben）」[51]である。了解可能な心的連関をたどっていって、いわば心の奥深いところまで掘り下げていくと、その意識下の領域では本人がはっきりとは気づいていない欲動や感情や本能などが活動していて、それらが心的生の上層にも何らかの影響を及ぼしていることが明らかになる。「ほとんど常に、人間は、自分自身（sich selbst）に、つまり自分自身の無意識的なもの（das eigene Unbewußte）に対立している」[52]ため、治療者が「了解」に基づいて患者に語りかけることが、患者が意識下の気づかれていない心的生を自覚してありのままの自分を深く知るための助けになるという。明白な器質性疾患の場合は別として、意識下に潜んでいる欲動や感情や本能について、それらを言葉によって表現することによって意識化し、一方でそれらを意志の力で抑制させたり、他方で意志による過剰な抑制を解除させたりすることが、心的生の健全な展開のために必要とされるのである。

　このような「了解」が心理療法として実践されるとき、治療者の「了解」は治療者自身の「人格」や「世界観」が反映された主観的なものであることを、ヤスパースは認めている。「人間に心的影響を与える際、学問的な知識は価値のある補助手段でもあるが、それはやはり補助手段にすぎず、本質的なことは、一面で神経科医の人格から出る技法（die *Kunst der nervenärztlichen Persönlichkeit*）に、他面で神経科医の世界観に、それぞれかかっている[53]」と言われている。たしかに、ヤスパースは、「了解」を主要な認識方法とする主観的心理学の理論が、自然科学に理論と同等の学問性をもつことを強調する。しかし、「了解」の実践に関しては、それはマニュアル通りに手続きを進めれば誰でもいつでも成果を得られる科学技術と同様のテクノロジーではなく、人格の修養を積むとともに何らかの理論を消化している者が個別の場合に応じて行える「技法」であることが指摘されている。「了解」を基軸とする心理療法は、一定の水準以上の学問的知識やある程度安定している世界観に加えて、「人柄の根本的な温かさと善良さ（eine ursprüngliche Wärme und Güte des Wesens）」を備えている者のみが、「自分といわば合っている、限られた範囲の人々に対してのみ」実践可能な技法である[54]。相性の問題が立ちはだかる場合は、他の適任者を探して患者に紹介することが誠実な治療者の対応であろう。手術や薬物投与を原則として行わずに「了解」によって患者の苦悩を緩和しようとする心理療法において、治療者に求められる「温かさと善良さ」とは、患者が抱えている一見異常な苦しみを、他人事と割り切るのではなく、人間である以上誰にでも降りかかりうる心理的課題の現れとみなして、真剣にかつ希望をもって取り組む心構えである。ヤスパースの考えを敷衍すれば、「温かさと善良さ」に基づく心構えがない者には、極私的な情報の宝庫である他者の心の内に立ち入る資格がないとさえ言える。

「了解」的態度に備わる「温かさと善良さ」が重要である理由の一つとして考えられるのは、器質的要因が不明で論理的説明が困難な心の病のために来院する者は、病気そのものの苦しみの他にも、周囲の人々の無理解や非難による派生的な苦しみも抱え込んでおり、苦しみが制御不能な仕方で増えていくような悪循環に陥っている場合が多いことである。相手が訴える主観的な感覚や感情を現実のものだと信じる、相手の内面に寄り添って理解しようと試みる、相手が陥っている苦境の内に希望を見出そうとする、治療者がそのような姿勢で接するだけでも、患者の内面では孤独感によっていや増す派生的な苦しみが和らげられ、気力が湧いてくることがある。たしかに、誰かが苦しんでいるとき、それを他人が正確に思い描いたり代わって引き受けたりすることは不可能である。われわれの主観的体験のうちには、結局は自分にしかわからない部分がどうしても残るけれども、逆に、自分にとっては盲点であり、他人の言動によって初めて気づかされたり風穴を明けられたりする部分もある。臨床の場では、治療者が冷然とした態度で、実体のない個人的苦しみに病名をつけて一般化したり、家庭環境や社会的地位に症状の要因を着せたりしても、そうした合理的説明によって本人の気持ちが納まるとは限らない。治療者は、普遍性を目指して構築された理論を参照しながらも、人間の個別的多様性に対処しなければならない。修練を積んだ腕利きの治療者は、有効な対処法をそのつど体得して蓄積しており、対応の勘所を心得ているであろう。実際には、治療者の器量や、治療者と患者の相性が、心理療法の成否を大きく左右するが、どちらの要因も数量化したり客観的に査定したりすることはできない。確実な成果に導く手順を示すマニュアルなどなく、ときには科学的に正しいとは言えなくとも何らかの処置を施して、患者の役に立たなければ治療者の存在意義はない以上、「了解」を基軸とする心理療法は科学的治療法であるとは言えない。そして、医学は自然科学であるという前提に基づくならば、「了解」を実践する心理療法は医学の一部であるかどうかも疑わしい。「了解」がその後ヤスパースの哲学でも重要な概念として彫琢されていくことから明らかなように、精神科医であった頃からヤスパースの思想は、医学の科学的枠組みにはまらない要素を含んでいたのである。

実際の症例に鑑みても、ヤスパースが理論上も実践上も、相手の主観的な心的生に接近する「了解」の重要性を強調したことには、大いに意義があると言える。柳澤桂子は、遺伝学の分野で国際的に認められる研究業績を遺し、病床に就いてからもサイエンスライターとして多くの出版賞を受賞している学者である。柳澤は、原因不明の難病に三十年余りも苦しみ、後にそれが脳の神経伝達物質の不足に起因する「腹部てんかん」という病気であることが判明した経験から、日本の医療に内在する問題点を鋭く指摘している。柳澤が特に問題視しているのは、何の検査データもなく、本人の納得も得ようとせずに、心因性の診断を一方的に下した、多くの医師の態度である。[55] 周期的に襲う激しい腹痛や嘔吐のため病院を訪れても、本人の心がけや性格に由来する心身症と診断されることが多かったという。たとえ心身症だとしても精神科や心療内科によるケアが必要な病気であり、そこで心因性ではないと診断されれば身体の異常を調べる治療方針が立つはずなのだが、或る神経科医は、「論理に合わない神経の病気は、みんなヒステリーです」と決めつけ、精神科や心療内科への紹介状も書いてくれずにいい加減にあしらったという。[56] さらに、複数の医師たちが、仕事に行きたくないと思っているから腹痛を起こすのだとか、手術で子宮を摘出した後の女性喪失感が引き金になっているなどと、本人の身に覚えがない物語を、本人のいないところで家族に話していた。[57] このような似非精神分析が、徹底的に身体的原因を追究する治療を遅らせることにつながってしまったのであろう。柳澤は、痛みや不調を訴えても病気と認めてくれる医師になかなか出会えなかったこと、それどころか「気のせいだ」「自分で病気を作っている」などという診断をつける医師がたくさんいたこと、そのため本人の意志ではどうにもならない病気に罹っているとは家族でさえも信じてくれなかったことが、一番つらかったと回想している。[58] このとき、測定できない痛みでさえも本人が訴えている限りは本当にあるのだと信じ、心的要因が見つからない場合は自然科学的対処法に引き継いで身体的要因の究明を優先させる「了解」的態度を、多くの医師がもっていたなら――結局そのような医師たちが柳澤を救うのだが――柳澤の病名はもっと早くわかっていたかもしれないのである。

ヤスパースの考えでは、治療者が自然科学式の因果律的思考によって患者の症状に既存の理論を適用しようとするかわりに、患者の心的生の非因果律的連関を読み取ろうとする「了解」的態度で接することによって、患者は自分自身をより理解するようになり自主的に変わっていくことがある。自然科学における観察者と対象の関係では、観察者は仮説の検証などの限定された目的を持って臨み、一方的に操作を行い、自分にとって都合のよい情報を引き出そうとする。このように自らの利益を図って他の個体を操作するようなはたらきかけは、ときには通常の人間関係においても行われる。けれども、「了解」は自分の価値の体系に従って相手を評価したり暗示にかけたりするのではなく、相手が大切にしていることや必要としていることをできるだけ理論的先入見なしにありのままに知ろうとするので、治療者が患者に同調するような仕方で話し合いが進められる。たしかに、治療者と患者の間にも、他の人間関係の場合と同様に適切な距離が必要である。現実のある層においては、治療者と患者は、健常者と病者、専門家と素人、診療費を受け取る者と払う者、というように画然と分けられた社会的関係に立っている。しかし、現実の別の層においては、治療者も患者もともに、「根本状況」の中で生きる全人類の一人にすぎず、苦しみと不可分の人間の在り方を共有している。現実の多層性を捉えた世界観に基づいて、治療者が自分のことを考えるときにするようなやり方で患者のことも考える、そのような臨床の場が成り立つことによって、二人を取り巻く状況が進展することがある。なぜなら、人間の心のはたらきには、近代自然科学の手法が通用しない領域があるからである。そのような心的領域（「現実3」）を、ヤスパースは「心的現実（die seelische Wirklichkeit）」（ないし「直接的な体験的現実」）と呼ぶ。次節以降では、主観的認識方法である「了解」の意義を明確にするため、「了解」によって初めて接近することができる「心的現実」の特性を明らかにしていく。

第2節　心的現実と欲望の実現

患者の心的生に感情移入しながら行う「了解」は、主に「言語」を媒体としてなされる。患者は、治療者との対話や文書において、過去の体験や思考や感情などに関する「自己描写」を作成し、またそれらの心的状態に「主観的判断」を下して伝えることもある。治療者は、患者が語った内容や第三者からの情報をもとに、患者の既往歴や生活史を作成する。そして治療者は、自分の感じたことや考えについて患者と適宜話し合っていく。このような流れで主観的心理学の「了解」は進められるが、客観的心理学の「説明」と著しく異なるのは、了解者が患者の自己描写や自己判断に重きを置くという点である。精神病の患者が自分自身の体験や判断を語るとき、語られる内容には実状に合っていることも含まれるが多くの妄想や幻覚も混在している。了解者は、患者が語る内容をそのまま「客観的事実」と受け取るのではなく、その内容を患者の内的体験が反映している「心的現実」と捉える。治療者が患者の「心的現実」を大事にするのは、「心的現実」のどのような特性ゆえであろうか、以下ではそれを具体的症例に即して見ていく。

「早発性痴呆（精神分裂病）の事例の運命と精神病との間の因果的連関および「了解的」連関」において、ヤスパースは精神分裂病（統合失調症）の事例研究を行っている。その際彼は、「了解」の観点からは、患者の人生の巡り合わせとそれに対する患者の反応との間の連関が重視されるのに対して、「説明」の観点からは、精神病の物質的原因が問題とされることを具体的に示している。[59] そこで取り上げられている2つの症例は、知的欠陥や身体的素質に起因する器質性精神病ではなく、ヒステリーのような典型的神経症でもなく、過酷な運命の経験に対する個人的反応としての「反応性精神病（eine *reaktive Psychose*）[60]」である。もしわれわれが予期せぬ不幸な出来事に遭遇したなら、それがもたらす外的・内的刺激によって、ストレスを含む心身のさまざまな反応が引き起こされるであろう。ヤスパースが取り上げた二つの事例は、客観的には異常に見える言動が、病的な症状であるのみならず、経験に対する当人なりの主観的反応であるというケースである。

第一の事例は、三十代前半の頑健な肉体労働者であった男性が、妻が家出をして数週間後急性の精神分裂症状を呈し、入院治療を経て完全に治癒したというものである。彼の答弁や「自己描写」の中には、妄想や幻覚の体験が数多く認められた。こうした患者にとっての「心的現実」をヤスパースは、虚妄の話であるとか夢の中の出来事であるなどと割り切らずに「彼が体験したことはすべてあまりに現実的（zu wirklich）であり、かつ彼ははっきりと目覚めていた[61]」と受けとめている。この男性には外的事実に関する的確な把握が相当程度可能であったのだが、彼がとりわけ妻や妻の情夫に関する体験を語るときそこにはさまざまな妄想や幻覚の体験が入り込んでいた。ヤスパースは、患者が語る「心的現実」の中でも特に第三者の証言が得られないような一人称的局面に、患者の根強い願望が実現されている傾向があることを指摘する。

具体的には、この男性の話によれば、家出をした妻は、足を骨折し、重病に罹り、彼に赦しを請い求め、何者かによって虐待され、さらに命を奪われてからは霊魂として彼につきまとい、結局彼に見捨てられたことになっていた。けれども実際には、彼女は健康で別の男性と生活を共にしており、しかも彼女は病院に見舞いに来たときに彼からの和解の申し出を断って別れを告げたのであった。妻を巡る彼の心的現実と外的事実を対照させることによって、ヤスパースは「精神病は、多くのあれこれの後で結局、妻に関連する患者の願望をかなり完全に叶えている」[62]と判断している。別言すれば、男性の心的生の深部では、不実な妻に対する復讐願望と、それと矛盾するかのような和解願望が錯綜していたのだが、そうした極度の緊張状態に対する彼なりの対処が精神病という形をとって現われたと考えられる。

患者の一人称の「心的現実」には、当人の願望が実現されるという特性は、第二の事例においても見出された。優秀と目されていた二十代後半の男子学生が、官吏の国家試験に落第してからまもなく急性の精神分裂病（統合失調症）に罹り、入院治療を経て、帰郷時に軽い再発が起こったものの正常な状態まで回復した。彼にも内容豊富な妄想や幻覚が生じた。特に受験の失敗に関連して、試験を実施した法務省の役人が不正にも彼の成績を低く採点した、そして法務省や国家試験を廃止する革命が起こりつつある、といった妄想内容が語られた。こうした「心的現実」は、自分を正当化したい、いっそのこと自分が落第した試験制度やそれを管轄する法務省をなくしてしまいたいという、内奥に隠匿された願望の表現であることが「了解」される[63]。

このように、「心的現実」は客観的事実とは必ずしも対応していないリアリティであるが、それを真剣にとる治療者の態度があってこそ、患者が抱え込んでいる切実な願望や感情を感情移入しながら汲みとることが可能になる。とはいえ、治療者は感得された願望や感情をむやみに患者に伝えることはなく、治療者がそうした了解内容を踏まえながら患者が自分自身について語るのを助けることが有効な治療になる。治療者としては「われわれは了解しうる心的連関をできるだけ深いところまで知って、患者が自分自身を正直に知るのを助ける」[64]のであって、大事なのは、患者が自分の内面生活について自分なりに納得し、自我意識の内容に再びまとまりをつけられるようになることである。診断・治療の過程で患者の願望や感情を無意識的なものの領域から引き上げる必要があるのは、それらが精神病の内的直接因すなわち「動機」として作用しているからである。続いて次節では、「心的現実」に内在する「動機」について考察する。

第3節　心的現実に内在する複数の動機

「了解」によって見えてくる「心的現実」の特性として、さらに、そこでは「複数の動機」が絡みあっているという性格がある。実際、よく反省してみればわかるように、われわれがただ一つの動機から何かをする場合などほとんどない。例えば人が「ただ○○したい一心で」何かをしたと言うときも、善し悪しは別にして、実際には別の下心もいくつも働いているものである。夏目漱石が、人々の心の奥には「自分たちさえ気の付かない、継続中のものがいくらでも潜んでいるのではなかろうか」と指摘したように、われわれの心の中は言わば立体式の劇場であり、複数の舞台上でも舞台裏でもさまざまな活動が同時に進行している。[65] しかしながら、自然科学の基礎にある物理学は、或る出来事とその物的原因を一対一で対応づけることをよしとし、過剰決定を否定する。[66] さらに、「因果的閉包性（causal closure）」の原則という、浅野が「近代科学・哲学の隅石とも言うべき原則」と呼ぶものに従えば、すべての出来事は物的世界の内部にその物的原因をもつはずであるため、そもそも心的なもの（状態・出来事・過程）が物的世界に因果的な力を及ぼすことは不可能とされる。[67] つまり、近代以降の自然科学の立場は、物的世界（「現実1」）の内部に、一つの原因と一つの結果から成る単線的な因果関係を追求する。それゆえ、自然科学に倣った客観的心理学の立場からは、特定の異常な言動の原因は、特定の身体的な出来事・過程・状態に求められ、原因が二つ以上あることは認められない。不幸な経験に対する反応として沸き起こった願望や感情は、客観的心理学の科学的手続きの中では検出にかからないが、それらは「了解」を主要な認識方法とする主観的心理学においては「心的現実」（「現実3」）として捉えられる。厳密に言えば、われわれの内には、さまざまな信念や欲求（心的状態）、知覚や感情（心的出来事）、思考（心的過程）などが去来しているが、そうした心的なものすべてが「心的現実」であるのではない。意識的にしろ無意識的にしろ何らかの形で外に表れざるをえないような心的なもののみが、「心的現実」とみなされる。このことをヤスパースは『世界観の心理学』の中で、「心的世界の現実性は、空間時間的な外部へ効果を現し（sich in raumzeitliches Außen auswirken）、自らを表現し、結果を伴う。いかなる仕方でも外部へ表れないものは、心理学者たちにとっては現実的ではない[68]」と述べている。「心的現実」の中でもとりわけ、例えば常識外れの言動を惹起するように、個人のエネルギーの出力に直接的影響を与えるものは、「動機」として重視される。「動機」は、行動に先行する因果的な意味での原因ではなく、何らかの行動によって実現される目的という意味での内的原因である。

　前節で挙げた第一の事例において、客観的心理学の見方からはアルコールの大量摂取という観察的事実をもとにアルコール性精神病が疑われたが、患者の持続的気質はアルコール中毒とは言えず、またアルコール中毒に特有の身体的徴候も見られなかったため、この見解は放棄された[69]。患者自身の判断も飲酒と精神病の因果関係を否定するものであり、患者は自己描写の中で「私の病気の原因は飲み過ぎではなく、肝心なことは私が妻や子供たちについて思い煩ったということです[70]」、あるいはまた「私の妻が軽蔑や憎しみや辛辣さによって男を破滅させるやり方は、酒飲みであろうとなかろうと、良識ある者には耐えられません！[71]」と記している。他方で、主観的心理学の観点からは、客観的症状の内奥にある心的生、すなわち「単なる外面的徴候の主観的根源[72]」に到達することが試みられ、そこでは複数の「動機」が複雑に作用しあっていることが観取された。そして複数の「動機」の中から精神病体験全体を通じて一貫して作用しているものが「根本動機（Grundmotive）」として規定された。すなわち、不実な妻との復縁を（傍目には頑迷に）望む願望と妻に対する制裁を求める願望、妻の情夫から実際に暴力をふるわれ強い恐怖を味わった体験、力や防衛や安全の希求、これらの心的要因が「根本動機」として、患者に激しい不安感や迫害妄想ひいては無関心の感情をもたらしたことが明らかになった[73]。

第二の事例から「了解」された重要な心的連関は、就職試験に失敗して現実逃避の願望が強くなったこと、哲学的懐疑論に熱中しており懐疑癖を身につけていたこと、一人の女性に執心していたこと、これら三つの要因が「根本動機」となって、妄想体験、異常な感情体験、現実の世界と仮現の世界の「二重見当識（die doppelte Orientierung）」などが発症したという脈絡である[74]。この事例では精神病の反応性が、第一の事例ほど明確ではない。なぜなら、数年前から、勤勉さの減退、専攻していた法学に対する嫌悪の念、憂鬱、仲間との絶交などの異変が起こっており、自生的に進行する精神分裂病の病的過程が跡づけられるからである。

二つの事例を照らし合わせると、同様に精神分裂病（統合失調症）と診断される症状であっても、症状の「反応性」が明確であればあるほど、より明確な「動機」を見出しやすく、したがってより「了解」しやすいことがわかる。第一の事例に関してヤスパースは、もし妻の家出という出来事を経験しなかったなら患者が精神病を発症することはなかったであろうと判断している。これに対して第二の事例では、受験の失敗体験はたしかに精神病の引き金となったので、もしその失敗がなければその時点では急性精神病は突発しなかったであろう。

しかし、いずれ同じ性質の精神病が発症した可能性が大きいとヤスパースは推測している。彼の見方によると、青年の心的生の内では精神分裂病の病的過程が数年前から進行しており、その病的過程が受験の失敗という痛恨事の経験をきっかけにして表面化したのである。この事例においても複数の「動機」が捉えられてはいるが、それらと病的な心的内容とのつながりは第一の事例ほどには明瞭でない。なぜなら、「動機」とみなされる内因の他にもあれこれの遠因や近因が重なって、青年の心的生は統合性を失ってしまったからである。精神分裂病の発症は、傍目には奇矯で不可解な言動として現れたけれども、青年の心的生の内に分け入って見れば、それなりにもっともな情状があったことがわかる。ヤスパースは、優秀な法学生で通っていた青年が、哲学への熱中と哲学的探究の挫折を経験し、法学や就職に無関心になっていった内的過程を跡づけ、「彼を無能にさせたのは、知的欠陥（*intellektuelle* Defekte）ではなく、意志生活と価値づけの変化であった」[75]と所見を述べる。つまり、この症例では、知能は健全に発達している個人において、主観が重きを置く現実が外界の現実との接点を失うほどに極端な内向的状態や、主観がいかなるものにも現実感を付与できない麻痺状態が生じた。そのため、当の個人の内で入出力の流れが滞り、心的生の活性が著しく低下した、と考えられるのである。器質的要因がない病的過程は、物理的法則の進行のように千篇一律な因果関係に従うのではなく、幅広い偶有性を孕んで移り行くので、それは個人の外的および内的環境次第では、いつのまにか消失していたり病気とは違う形で表面化したりする可能性もあった。実際、フロイトはノイローゼに、ユングは精神分裂病に近似した精神的危機に、それぞれ陥りながらも外面的には平常に生活し、彼らは自分の症状を克服していく過程で深層心理学の理論を考案した[76]。彼らは、主観的体験を出発点にして研究を深めていき、危機の所産である独自の発見や研究成果を、ある程度の客観性や普遍性をもつ理論へと言語化することができた[77]。しかしこの青年の場合、病的過程は日常生活を妨げる程の精神分裂病の症状へと進行した。このように、一回性をもつ心的生の文脈を、もつれをほぐすように読み解く作業は、因果律にとらわれない主観的心理学の立場から、個別的な「心的現実」に感情移入することによってこそ可能になるのである。

第4節　心的現実の明証性

主観的心理学が重視する「心的現実」には、当事者の「願望の実現」と「複数の動機の相互作用」があることが見えてきた。「了解」（特に「発生的了解」）という方法によって、そうした「動機」と、「願望の実現」としての病的症状との間に、何らかの脈絡が見出される。このようにして「心的現実」のうちに観取された心的連関を、客観的手法で検証することは不可能である。ある個人の不幸な体験と精神病との間に、因果関係の法則を認めることはできず、例えば〈就職試験に失敗した人は誰でも皆、異常な精神状態に陥る〉という法則は成り立たない。けれども、そのような失敗体験と病気のつながりが実際にあることは、腑に落ちる。「心的現実」が「了解」によって捉えられるとき、それは直接的確実性すなわち「明証（Evidenz）」を常に伴っている。ヤスパースによると、「われわれがその存在に同意している了解的連関とその存在を否定している了解的連関との間の相違は、収集された多くの資料に基づいて可能になった心理学的感情移入にあり、（合理的な熟慮ではなく）この感情移入によって心理学的連関の程度の差こそあれ著しい明証（eine mehr oder minder große Evidenz des psychologischen Zusammenhangs）が、否応なしにわれわれの念頭に浮かぶ[78]」のである。この「明証」が了解に説得力を与えるのだが、それがいかにして個々の了解者の念頭に浮かぶのかという、「明証」の発生問題は方法論的観点からは度外視されるという。どのような理論を構築するにせよ、われわれは一定の前提から始めるほかない。心的事象の間の脈絡に関して、説明はできないけれども〈これは本当のことだとわかる〉明証体験を承認することは、了解心理学の前提である。それは、「知覚によって与えられる対象の実在性と因果性を承認すること（die Anerkennung der Wahrnehmungsrealität und Kausalität）」が、自然科学の前提であるのと同等なのである[79]。

主観的心理学の認識対象である「心的現実」（「現実3」）には、「了解」以外の心理学的方法で接近することはできないのであろうか。それは、ヤスパースによれば、全く不可能というわけではないが、やはり「了解」が最適な方法である。なぜなら、フロイト学派は患者によって内的に体験されていないことまで「心的現実」に含めて考えるし、客観的心理学の見地からは自然科学的手法によって検証しうる心的連関のみが「客観的事実」として認められるからである。

周知のように、ヤスパースは『精神病理学総論』や「早発性痴呆（精神分裂病）の事例の運命と精神病との間の因果的諸連関と「了解的」諸連関」、「精神分析の批判について」[80]などにおいて、フロイト学派の精神分析に対して批判的な立場を明言している。フロイト学派の人々もまた「心的現実」を問題にするが、ヤスパースから見れば、彼らは、理論的装置によって「心的現実」を変形し、その範囲を無制限に広げるとともに、理論に適合しないものは度外視する。フロイトの精神分析は自然科学の手法を応用して「心的現実」に原因と結果の連鎖を見出そうとする。そうすると、理論上多くの因果関係を容易に見つけ出すことが可能になり、例えば、或る人の不可解な行動や性癖の原因は、その人が抑圧している幼児期の記憶に求められる。第一の事例に関して、フロイト学派ならば、「患者の幼児期の記憶が妻に対する患者独特の性的関係の背後にあった」という心的連関を提示するであろうと、ヤスパースは予想している。しかし、そのようなつながりは、ヤスパースから見れば、「以前のあるいは現在の何らかの印象からなる、どうでもよい観念連合（*gleichgültige* Assoziationen）」であって、十分な説得力をもたない[81]。ヤスパースがしばしばフロイト学派を批判する背景には、両者の方法論上の相違がある。ヤスパースは、無意識的なものの領域を含む非合理な「心的現実」を非合理のままで直観的に捉えようとする。それに対して、自然科学に範を求めて無意識的なものを概念化しようとするフロイトは、「心的現実」を心的外傷や性の理論を用いて合理的に解釈しようとする[82]。「フロイト学派の判断は、広範な心理学的感情移入に基づく代わりに、連想的関係についての合理的熟慮にしばしば基づいている[83]」とヤスパースが否定的に評するのはそのためである。

もしフロイトのように、「心的現実」に対して「客観的事実」に対するのと同様に接近するのであれば、「心的現実」は「客観的事実」と同様のリアリティを備えているべきだが、それは不可能である。そのことを自覚せずにフロイトは、自分の仕事を考古学者の仕事になぞらえているが、ヤスパースは両者の著しい相違を強調している。その相違は、考古学者は、地面を掘って物的証拠を探し、過去に実際に起こったことを再構成するのに対して、フロイトが取り出す抑圧されたコンプレックスは、実際にあったことなのか虚構によるものなのか未決定のままである、という点に存する[84]。ヤスパースから見れば、証拠もなしに過去の体験と現在の症状を因果関係で結びつけるやり方は学問として誤っており、フロイトが提示する心的連関の多くはつくりごとであるが、いくつかの有意義な心的連関は（フロイトが自負する）因果的連関ではなく（ヤスパースの用語で厳密に言うならば）了解的連関である。たしかに、ヤスパースが患者の意識下の心的生から引き上げる欲動や感情も、それらが実際に体験されているのかどうか実証することはできない。しかし、ヤスパースには考古学者のまねをする必要はない。なぜなら、主観的心理学は自然科学ではないのであり、それぞれの研究対象が異なる次元の現実である以上、両者は異なる方法論をもたざるをえないからである。そして、主観的心理学において重要であるのは、個別事例から理論を導出したり、逆に理論を個々の症状に適用したりすることではなく、患者自身の言葉をもとにして患者が自らの唯一無二の人格をより深く知るのを助けることであるからである。ヤスパースにとって「心的現実」は「客観的事実」とは異質のリアリティ、言うなれば一人称の真実であり、それに関する個別的知識を体系的に理論化することは問題外である。このように、フロイト学派が合理的に説明しようとする「心的現実」とヤスパースが感情移入しながら了解しようとする「心的現実」は、結果的に重なり合う部分はあるがやはり別のものである。

さらに、ヤスパースが問題にする「心的現実」は、自然科学が扱う「統計的事実」とも性格を異にする。自然科学をモデルにした客観的心理学は、人間の心的現象全般に関する統計的事実を普遍的真理とみなす。これに対して、主観的心理学が承認する「心的連関の明証」は多数の症例から帰納的に導出されるものではなく「理想型という意味での普遍的明証[85]」であり、それは同様の症例数が増大したからといってより確かになるわけでは決してない。主観的心理学は原理上、この地球上で一回きりしか起こらなかった心的出来事の観取にも明証を認めることがある。それどころか、「作家がまだ一度もこの世に現れていなかった了解的連関を説得力をもって描き出すことは、原理上十分に考えうることである[86]」とされる。つまり、名作に表現されている詩的真実のような、たとえ絵空事であっても個人個人の奥深いところで共鳴される真実と、主観的心理学が追求する理想型としての明証を伴う「心的現実」は、本質的に同型なのである。

自然科学的心理学の諸分野では、たくさんの被験者からサンプルデータを収集してその平均をとり、人間全般に共通する傾向や法則を見出すことによって統計的事実が得られる。しかし、統計的な平均をとって心のはたらきを知るという接近方法では、一人称の心的生の核心部分をつかみ損なってしまう場合がある。たとえ〈就職試験に失敗した人が異常な精神状態に陥る確率は10パーセント未満である〉ということが「統計的事実」であったとしても、それは当事者の「心的現実」とは直結しない。現代の自然科学では不確実な事象に関しては確率として記述するほかなく、自然科学的手法で扱える事象は一定の条件下でくり返し可能な現象である。そのため、〈就職試験に失敗する〉、〈異常な精神状態に陥る〉という出来事からその個別性や具体性が捨象され、いつどこで誰が経験するのかは度外視される。たしかに、統計的事実に基づく一般的傾向を目安として知っておくことは、治療者にとって必要であろう。それでもなお、臨床の場では、一般的傾向からずれている症状を異常なこととして括るのではなく、患者が自分自身にとっての真実を発見するのを助ける試みが、治療者にとって不可欠であろう。実際には、どんな出来事も、ひとりひとりの人生の軌跡の中ではくり返し不可能であり、一回限りしか起こらない。統計的には起こる確率が低いことでも、ともかく自分が体験したことは、自分の「心的現実」において百パーセント真である。膨大なデータに基づいて導出される統計的事実は、個人の人生においてもある程度信頼できる指標ではあるが、決定的な意義をもたない。なぜなら、統計数値は設定された条件下で算出されるが、実際の現象は個々別々に変化する環境条件の下で生起するからである。個人が体験する具体的な現象はすべて、（数量化不可能な一人称的心的生を含む）内部環境や外部環境の影響を多少なりとも受けながら進行するが、その影響の具合を科学的に算定することはできない。例えば、もし自分や自分の大切な人が病気に罹って、五年後生存率が低いことを宣告されたなら、われわれはそのような統計的事実に簡単には納得せず、生きるという確率の低い未来に賭けてありとあらゆる手を尽くすだろう。統計的事実は他人事としては成り立つが、それが自分や自分の大切な人に関する一大事として第三者から提示されると、〈私の場合は別だ〉、〈この人の場合は奇跡もありうる〉という思いが湧き上がってくるはずである。主観的心理学は再現不可能な心的生の具体的内容を個別的に見ることによって、そこに或る種の普遍性を見出そうとする。自然科学の普遍性が研究者の主観を可能な限り排除しながら現象を認識することによって得られるのとは対照的に、主観的心理学の普遍性は了解者の主観が被了解者の主観に共鳴することによって感得されるのである。

第5節　心的現実と物語

これまでの考察で、「了解」が探求する「心的現実」には、「願望の実現」・「複数の動機の相互作用」・「明証性」といった性格があることを見てきた。本節では、このような「心的現実」を言語で表現すると、それは「物語」になることを確認する。哲学者としてのヤスパースは、「了解」を心理学的了解とより高次の了解とに分化させる必要性を意識し、「了解」概念を心理学的了解より広い意味で用いるようになる。ヤスパースの後期思想において展開される哲学史論の中では、「了解」によって哲学者の「精神」すなわち「人格」に迫ることが、哲学書の読書経験に不可欠の過程とされる[87]。ヤスパースによれば、偉大な思想はつねに思想家と切り離しては考えられないため[88]、彼らの「人格」を「了解」する思考作業を通して初めて、彼らの思想の核心に迫ることができるという[89]。以下の考察では、なぜソクラテスは死刑を免れようとしなかったのかという哲学史上のテーマに関して、ヤスパースが「了解」によっていかにソクラテスの「心的現実」に接近するのか、そしてソクラテスの「心的現実」はどのような「物語」になるのかを見ていく。

紀元前三九九年アテナイにてソクラテスが国法の名のもとに死刑に処せられた出来事は、ヨーロッパの精神史においてつねに主題のひとつであり続けている。[90] ヤスパースも、『大哲学者たち』（一九五七年）の中で、ソクラテスの死を、ギリシア哲学を始動させた出来事として位置づけ、その死の意義について主題的に論じている。ヤスパースは、ソクラテス伝の中ではプラトンの書物を最も高く評価し、特にプラトンと同時期の歴史家クセノフォンを比較して、「プラトンはソクラテスの本質の中核に迫る」、他方で、「クセノフォンは前景の諸現象を見る」と述べ、プラトンのソクラテス像をより重視する。[91] プラトンとクセノフォンの見解の相違が際立つのは、ソクラテスの死を自殺とみなすか否かという点においてである。クセノフォンは、ソクラテスの死を一種の自殺に含める見方を標榜していた。そうした自殺説を、ヤスパースは「説明」という認識方法によるものであり、ソクラテスの真意を捉え損なっていることを指摘する。ヤスパースは次のように言う。

殺人者ではなく殺害された者に罪があると説明する（erklären）ところの、そのような［ソクラテスは自殺したのだとみなすような］見方は、真摯に活動すべしという神命を、ソクラテスが人並みの不誠実さに順応することによって空にすることはなかったことを、正しく認識していない（verkennen）。[92]（傍点と［　］内の補足は筆者による。）

自殺説が根拠にしていると思われるのは、第一に、ソクラテスは当時すでに七十歳という高齢であったことや、彼は死刑を免れる機会をあえて利用しなかったように見える、といった外面的事実である。第二に、一般的通念——〈人間は老いることを恐れるものである〉あるいは〈人間は老年に達するとある種の諦念を抱くものである〉——や、当時古代ギリシア人の一部に広まっていた厭世観も挙げられよう。つまり、ヤスパースの考えを敷衍すると、死刑から逃れようとしなかったソクラテスの行動をある種の自殺として「説明」することは、ソクラテスの行動を一般的な人間の行動類型のうちに包摂することである。しかし、このような見方のもとでは、独創的な哲学の営みを死ぬまで貫いた、ソクラテスという「深大な感動を与える極限的人物[93]」ないし「哲学の殉教者[94]」の真意を捉えられないことになる。

ここでは、ある行動の動機を「一人称的局面」としての意識のはたらきに、特に意志のはたらきに求めるのか、あるいは、その行動を引き起こした原因を意識の外に、すなわち意志の統御を受けていない身体的な事象や外的状況のうちに求めるのか、という問題が争点になっている。換言すれば、ソクラテスが刑死を免れなかったのは、彼が思想に殉じて刑死を選択・決断したからなのか、それとも、物質的条件に行動を制約されて行き掛かり上やむを得なかったからなのか、という点で、プラトンとクセノフォンの見解は分かれる。主観的心理学の立場は二者択一を要するものではない。とはいえ、物理学が原因の過剰決定を排除するのに対し、そのような原理から取りこぼされる「一人称的局面」にこそ、主観的心理学は光を当てる。

ヤスパース自身は、資料によって伝えられるソクラテスの言動を手掛かりにしてソクラテスの「人格」へ迫り、「敬虔さ（Frömmigkeit）」という「それに基づいてソクラテスが生きる芯（Substanz）」を見出している。ソクラテスの敬虔さは、第一に、問答を交わすことにおいて真理が見えてくるであろうという信念に、第二に、神々やポリスの神性への信仰、第三にダイモニオンの声への信仰に、それぞれ発現している[95]。従容として死に就くソクラテスの心の状態を、ヤスパースは、「誠実な人間に対しては、いかなる災いもなく、神々はそのような人間の面倒を見ることを放棄しないことを、ソクラテスは確信している」[96]と見ている。つまり、敬虔な生活信条を貫いて生きたという自信こそが、ソクラテスが死を目前に控えてもなお怒りや悲しみではなく平静さや希望を抱いていることの理由なのである。

ヤスパースの「了解」は、自殺説を斥け、ソクラテスの行動原理である「敬虔さ」に到達したが、そのような捉え方は、尊敬する師の心中に迫るプラトンの態度と方向を同じくすることは、プラトンが紡いだソクラテスの言葉からも裏づけられる。『パイドン』に描かれているソクラテスは、自分が逃亡せずに牢獄の中に座っていることの原因として、「自然学」の見地から骨や腱などの身体の仕組み――「それがなければ原因となるものが原因となるものでありえないであろうもの[97]」――を持ち出して終わりにするのではなく、真の原因を追究することを求めている。彼は、牢獄に集まってきた弟子たちや知り合いの者たちに、次のように述べる。

〔……〕真の原因を語ること（τὰς ὡς ἀληθῶς αἰτίας λέγειν）とは、こうである。アテナイ人たちには、私に有罪の判決を下すことがより善いと思われた。それゆえ、私にもまた、ここに座っていることがより善く思われ、踏み止まって彼らが命じた刑罰を受けることがより正しいと思われたのである[98]。

この場合、黒田亘が指摘するように、真の原因（理由）と自然学的原因（物質的条件）を区別する必要がある[99]。それは、刑死を選択・決断したソクラテスの心のはたらきを、その「一人称的局面」と「三人称的局面」の、どちらに焦点を当てて語るかという語り方の違いでもある[100]。どちらの語り方をするかによって、ソクラテスの刑死の真相は異なる様相を呈する。たしかに、自然科学の見地から「三人称的局面」を見れば、ソクラテスの身体的条件は、ソクラテスの心のはたらきを可能にするとともに拘束するものとして、彼の選択・決断に何らかの影響を及ぼしたことであろう。特に脳神経系のはたらきは、彼の意志行為の「必要条件（conditio sine qua non）」）であり「副原因（synaitia）」であると言える。けれども、意志のような高次元の心のはたらきを、低次元の事象に還元していって、骨や腱のような物質的条件によって説明して終わりにするのは、自然科学の観察者の見方、すなわち局外者の冷然とした見方である。ソクラテスと親交があった者は、「ソクラテスの心の一人称的局面」にある、国外へ逃亡して生き延びるという一般的な選択肢を退けてまでも守りたかった信念、すなわち「ソクラテスにとっての真実」を知りたいと願うであろう。「一人称的局面」から見れば、ソクラテスは「より善い」・「より正しい」と判断したことを選択し決断するという、意志が主導する内面的過程を経て、自らの行為を選び取ったという点が重要なのである。それゆえ、プラトンが師への鎮魂の思いを込めて描き出したソクラテスの心のはたらきは、客観的認識方法によっては到達されえないのみならず、プラトンにしか発見できなかったものである。『パイドン』・『ソクラテスの弁明』・『クリトン』においてプラトンは、客観的事実を記述するのではなく、ソクラテスにとっての「心的現実」を、本人さえも明確に意識していなかったような魂の気高さを際立たせながら、思い入れ豊かに代弁している。プラトンがソクラテスにとっての「心的現実」を再現した記述によれば、ソクラテスが牢獄から逃亡しないという選択・決断をした理由は、右記引用に見られるような、〈国法に従って下された判決には、たとえそれがどれほど不当であろうとも、背くより従うほうがよりよい〉という信念や、『クリトン』で述べられているような、〈一番大切にしなければならないのは、ただ生きるということではなくて、善く生きるということだ〉[101]という信念の連関にある。これらの信念は、ヤスパースがソクラテスの人格のうちに見出した「敬虔さ」と根を同じくしている。このように「物語」を描くことによって、プラトンはソクラテスの人格の核心部分を生き生きと表現しているのである。

ヤスパースの「了解」は、もともとは、自然科学的方法としての「説明」と対置される形で、心理学の自律的な認識方法として考案された。「了解」を基軸とするヤスパースの「主観的心理学」は、何らかの身体的基盤という条件なしにはそもそも心的事象は存在しないという、唯物論の基本をなすテーゼは認めながらも、[102] 因果法則に従う被決定性を免れた心のはたらき（「心的なものの了解的連関」）があることを認める立場である。ヤスパースの心理学的立場は、心的なものの原因を身体的なもののうちに求めることによって現象を「説明」する「客観的心理学」とは、研究方向を異にする。ヤスパースによれば、「心的なものとわれわれがアプローチできる身体的現象は、両者の間にあるわれわれの知らない無限の領域の現象によって隔てられている」[103] ため、客観的心理学によって解明できるのは、「ある心的事象の原因そのもの」ではなく、心的なものの「身体的条件（körperliche Bedingungen）」や「部分的な原因（Teilursachen）」にすぎないのである。[104]

ヤスパースの専門分野が心理学から哲学へ移行するに従って、治療者から患者へ一方的に行われる心理学的了解だけではなく、対等な二者間で了解しあいながら了解不可能な実存を呼び覚ましあう「交わり」の必要性が、ヤスパースによって意識されるようになる。しかし、「了解」を重視するヤスパースの根本態度は一貫している。「了解」には、ヤスパースの後期思想に含まれる哲学史論の中でも中心的な役割を与えられる。ヤスパースがソクラテスの「人格」を「了解」しながらソクラテスの生活信条としての「敬虔さ」を見出す姿勢は、ソクラテスが生死に関わる行動を選択・決断する理由を、自然科学的な方法で身体的原因（「それがなければ原因となるものが原因となるものでありえないであろうもの」）に求めるのではなく、心のあり方（「真の原因」）のうちに求める、[105] プラトンの語り方と重なるものである。この意味で、ヤスパースの「了解」は心理学の一分野で有効な方法であるだけではなく、それは人間の生き方の問題を扱う哲学の実践的・倫理的分野へ応用可能な素地をそもその始めから備えていたといえる。

本節までの考察から明らかになったことは、人間の心には主観的「了解」によってしか到達できない領域があるということである。それは、心のはたらきの「一人称的局面」の内の「心的現実」、つまり「その人にとっての真実」である。このような真実には、当人は自覚していないが、了解者の関与によって初めて浮かびあがってくるような脈絡がある。また、プラトンは、敬愛していた師ソクラテスと自分との間の「関係性」を基にして、ソクラテスの死という一回限りの事象を見ている。そのため、ソクラテスにまつわる対話篇は、客観的に記述された歴史的事実ではなく、「物語」という手法によって筋道をつけられた心的現実、すなわち、物語るプラトンによって初めて明かされた真実である。このように、観察者と被観察者とを明確に区別する近代科学の方法が通じない心の領域が、「了解」によってこそ接近可能となるのである。

第6節　了解不可能なものとしての実存

ヤスパースは『精神病理学総論』の第二版（一九二〇年）において、了解に基づいて患者の人格に訴えかける仕方で行う独自の心理療法について、一転してその実行の困難さを表明するようになる[106]。当初はこの心理療法において「われわれは患者の人格に訴えかけ、患者を啓蒙し、理にかなった影響を及ぼすことを試み、意志の緊張を保持させ、あるいは逆に、誤った自制によって抑圧現象が生じるのをやめさせる[107]」ことができると想定されていた。しかし、実際にはこの心理療法は困難に行き当たる。ヤスパースは第二版の附録の中で次のように記している。

ある場合には意志に訴えかけて、意志力の緊張を促し、あるいは反対に、誤った箇所の自制を解除することを求め、もしくは自己暗示を通して意志に間接的に作用を及ぼす方途を示す。どの場合に意志が介入できるのかあるいは介入するべきなのか、他方でどの場合にまさに成り行きに任せることが必要なのかということは、個別事例において意識的に心理療法を行う際には非常に重要な問題である。しかしながら、その問題に関しては、良心的な観察者および療法士にとって、多くの場合どうしたらいいかわからない（ratlos）[108]。

引用した箇所でヤスパースが「どうしたらいいかわからない」と率直に述べているのは、個別事例において、器質的要因のない心の病には、〈絶対に正しい処方箋〉がないという事情によるところが大きい。つまり、臨床の場では一つとして同じケースはなく、治療者が患者にどのような助言や指導をどのタイミングで与えるかという問題には、〈正しい答え〉がない。心理療法の目的は、患者が病的症状を自らの力で治す過程を歩むことにあり、治療者の役割はそれを援助することにある。患者は（鎮痛剤など薬物投与を受けることもあるが）基本的には本人の意志と努力によって潜在的な自己治癒力を発揮して治っていく。その治癒の過程に治療者がどのような仕方でどの程度まで具体的に関与するかというのは難しい問題である。たしかに、〈教科書通りの正しい〉対応や〈常識的に正しい〉受け答えをしていれば落ち度のない手続きを踏むことができるので、治療者の社会的立場は安泰であり非を咎められる隙を与えないで済む。しかし、引用文中に登場する「良心的な観察者および療法士」のように、患者の身になって真剣に考える治療者ほど、定石通りの短絡な対処で満足せず、むしろ個別の場合ごとに新たな対応策に心を砕き、有意義な関与の仕方を捻出するのである。

例えば、第2節で考察した事例に出てくる、妻の家出の後入院した男性は、治療の経過中「精神錯乱から解放されて私はうれしかった。これは誰もが経験してみるべきだ。休養できたことが私はうれしかった」[109]という発言をしている。一般的通念に従って事態に〈正しい〉判断を下し、男性に〈正しい〉助言をするならば、〈出て行った妻のことをくよくよと考えるのはよして、病気を治すことに専念し、できるだけ早く社会に復帰して新しい人生を歩み始めたほうがよい〉といったものになるだろう。ところが、これも絶対に正しいとはいえない。なぜなら、男性の発言から窺われる、〈休みたい〉、〈ゆっくり考える時間が欲しい〉といった切実な願望が、病気という形をとって成就したとも考えられるからである。さらに、ヤスパースは、「人には結婚生活は一度しかない」という発言から推測される、結婚制度を重視するこの男性の価値観や、犠牲を厭わず復縁に尽力しようとする彼の態度に注目して、「彼にとっては彼の妻が非常に重要であることが、彼のふるまいから読み取れる」と記録している[110]。こうした個々の具体的事情を考慮に入れるなら、一日も早く病状を緩和することが、すべての人にとってどんな時でもよいことだ、という常識的に正しい判断でさえも、短絡的には是認できない。さりとて、患者の願望をそのまま尊重することが適切な治療であるとも限らず、治療者が患者を社会復帰へ向けて叱咤激励して、後になって患者がそのことに感謝するようなケースもありうるだろう。大事なのは、患者の「治癒の過程」が本人の「自己実現の過程」に組み入れられて進行することである。「自己実現」まで射程に入れるなら、治療者は、患者の身体や心のはたらきを見越して、それらの根源にある魂を望見しながら、深い次元での交感を試みる必要がある。しかし、実際には治療者と患者の間の関係性には相互性や対等性が欠けている場合が多く、了解心理学の理論上も治療の枠内に「自己実現」までは入っていない。「世界観的態度、世界像、志向、思想に関して人間の頭の中に生じたすべてのこと」は「人間の魂に対する表現と欲求（Ausdruck und Bedürfnis für Menschenseelen)」であり、当人の力として現にあったもの・くりかえし再現されうるものでもあるのだが、了解心理学が問題にする「心的現実」に帰属するのは、こうした魂に関連する主観的な力そのものではなく、それらの力が及ぼす「作用（die Wirkung）の心的現実」である[111]。心因性の病の治療が成功したと言えるのは、患者自身が、心的生に負った傷に対処し、心に収めがたい個人的経験を――たとえ外面上はつまずきや挫折に見えようとも――自分の生活史の中に位置づけ、自分の人生の文脈の中で意味づけることによって、自我意識のまとまりや安定性を取り戻したときである。実際は、患者という名をつけられていなくとも人は誰しも、自分の「自己実現」まで視野に入れて自分と関係を築いてくれる他者を必要としている。だが、主観的心理学を実践する治療者の仕事は、患者の「心的現実」を「了解」すること、そしてそれに基づく話し合いを通じて患者の「治癒の過程」に寄り添うことまでである。その過程では「了解不可能なもの（das Unverstehbare）」としての「自己」すなわち「実存」は、直接には問題にされない。

精神病理学に関する著作の中ですでに、ヤスパースは、原理上「説明」には限界がないのに対して、「了解」はいつでも「了解不可能なもの」としての限界に突き当たることを認めている[112]。そして、『哲学』や『精神病理学総論』の第五版（一九四八年）において、「了解不可能なもの」は二種に分けて語られる。一つは、「身体としてわれわれを担う意識外のもの[113]」ないし「単に現存在するもの、ただ自然的現実としてのみ探究可能なもの[114]」であり、この場合には「了解」から「説明」へ方法を切り替えることが必要とされる。もう一つの「了解不可能なもの」が「実存」であり、この「実存」を問題にするとき、「了解」は「交わり」によって取って代わられ、主観的心理学は実存哲学へ昇華される[115]。

ヤスパースの関心が心理学とその一部をなす精神病理学から哲学へと移行するにつれて、ヤスパースは、人間の主観性に四つの「段階」を区別し、その上で、それらが互いに補完しあって調和を保っている状態を、人間の心的生の理想的あり方とみなすようになる。『哲学』においてヤスパースは、「私」という主観性を、「自我」と「私自身」（すなわち「自己」）へ区別する。「自我」とは、「現存在する主観（das daseiende Subjekt）」であり、さらに、「単なる現存在（bloßes Dasein）」・「意識一般（Bewußtsein überhaupt）」・「精神（Geist）」という三段階に分かれる。最下層の「単なる現存在」は、生命体のレヴェルにおける個人の意識様態であり、本能や衝動によって駆り立てられて個体の生命力の保持・促進を欲する。二番目に低い段階にある「意識一般」は、すべての人間において同一の意識様態として想定される悟性であり、諸科学における普遍妥当的知識を追求する。「自我」の中では最高位の「精神」は、「創造的に産出を行う主観性」であり、それは内面的には「人格」として形成され、外面的には歴史に残る作品や仕事に顕現しているとされる。[116] 単なる現存在・意識一般・精神はいずれも、諸科学の認識対象になりうる人間の内在的存在様態であり、現象という意味でのより広義の「現存在」と呼ばれる。最も広義における「現存在」とは、世界内に現出していて、人間の経験や思惟の対象になりうるものすべてを意味する。このように、ヤスパースのもとでは、「現存在」は少なくとも三つの階層が積み上げられて成っている。[117] 下位概念の「現存在」はわれわれが日常的に感覚したり考えたりする〈現にそこにあるもの〉といったほどの幅広い意味を持ち、上位に行くほど「現存在」という概念が適用されるものの範囲は狭くなり、最上位の「現存在」は個人の意識の素朴で原初的なあり方に限定される。これらの「現存在」とは存在次元を異にする超越的次元のうちに、「私自身」としての「実存」、すなわち、「――現存在という現象においては――存在しないが、存在しうる、また存在すべきである、存在[118]」が位置づけられる。

このように、ヤスパースが主観性のうちに多元的な深みを見出したのに応じて、心理学的認識方法としての

「了解」だけでは、人間の主観の問題を十全に捉えられないという事態が明らかになり、「交わり」という関係性が要請される。その「交わり」について、ヤスパースは次のように言う。

交わりにおいて、私は他者とともに私にとって明らかになる（offenbar werden）。この明らかになることは、しかしながら、同時に、自我が自己として初めて現実的になること（erst Wirklichwerden des Ich als Selbst）である。明らかになることは生来の性格の開明であるとでも考えるならば、そのような考えとともに、私は実存の可能性から離れ去る。実存は、明らかになる過程のなかで、自らにとって明瞭になりながら、自らを創造する。もちろん、以前から存在するものだけは、対象的思惟にとって明らかになることが可能である。しかし、明らかになるはたらきは、この「になる（Werden）」と同時に「存在をもたらす（das Sein bringen）」のであるから、無からの出現のようなものであり、それゆえ単なる現存在の感覚のうちでは起こらない[119]。

ここで「対象的思惟」と呼ばれているものは、右記の引用箇所に続く文中で、「心理学的考察の態度」と言い換えられる。われわれが「了解」を含む「心理学的考察の態度」で他者に接するとき、その他者に関して理解できるのは「以前から存在するもの」としての所与の「自我」である。これに対して、「自己」ないし「実存」は「交わり」と呼ばれる他者との関係性の中であたかも「無からの出現」のように生成し、そこで初めて「実存」は現実的になる。別の箇所で「意識一般において私は他者をただ了解することができるだけであり、実存として私は真の交わりに入る[120]」と言われていることからも、「意識一般」（悟性）が担う学問的認識に属する様式の「了解」だけでは、他者と本来的な関係を結ぶことはできないという考えが窺われる。ヤスパースが提唱した心理学的認識方法としての「了解」は、相手の感情や欲望などを自らの感受性や直観を通して掬することや、感得した心的現象を学問的に記述することはできた。しかし、その心理学的「了解」はやはり了解者の「悟性」を主導として行われるのであって、了解者と被了解者の間に成立する人間関係は、「愛」や「実存的意識」に依拠して自分と相手の「自己」を発見しあい生成しあうような、誰もが本来必要とするコミュニケーションではなかった。実際、症状を分析的に解釈したり、反省過程に寄り添ってくれたりする、医師や心理療法士の存在よりも、一緒に泥をかぶることも辞さず連帯して現実に対峙してくれるパートナーの存在のほうがいっそう、われわれの人生において貴重であろう。われわれには、現にあるがままの状態を認識し認識されることを主眼とする人間関係だけでなく、いまだ実現していない互いの自己存在（「実存」）を呼び覚ましあう、「交わり」としてのコミュニケーションもまた必要である。続く第5章では、この「交わり」を考察の主題にする。

注

（1）『哲学的自伝』の中で、ヤスパースが闘った「理論」として挙げられているのは、グリーズィンガーの「心の疾患は脳の疾患である」というテーゼに基づくヴェルニッケの精神機能脳局在説と、フロイトの精神分析である。Karl Jaspers, *Philosophische Autobiograhie*, erweiterte Neuausgabe (1977), 2. Auflage, München 1984, S. 24–25. ボーヴォワールによると、サルトルはポール・ニザン（一九〇五－一九四〇）とともに、ヤスパースの『精神病理学』（一九一三年）の仏訳（一九二七年）の校正をした。当時の精神分析学に反発していたサルトルは、「個人の具体的、総合的理解」を打ち立てたいと思っており、それをヤスパースの「了解」概念に見出して、自分の思想に応用しようとしたという。シモーヌ・ド・ボーヴォワール［著］朝吹登水子・二宮フサ［訳］『女ざかり 上 ―― ある女の回想2』一九六三年第一刷、二〇〇四年（第二十六刷）、紀伊國屋書店、三七－三八頁。

（2） ヤスパースが精神医学の基礎領域である精神病理学の発展に大きく寄与したことには，定着した評価がある。例えばブランケンブルクは、「精神病理学に方法に関する方向づけがあるのはカール・ヤスパースのおかげである。これには議論の余地がない」として、ヤスパースの方法的意識の鋭さと独創性を高く評価している。Vgl. Wolfgang Blankenburg, *Unausgeschöpftes in der Psychopathologie von Karl Jaspers*, in: Jeanne Hersch, Jan MiličLochman und Reiner Wiehl, *Karl Jaspers - Philosoph, Arzt, politischer Denker*, München 1986, S. 129–132.

（3） ヤスパースが了解心理学の創始者の一人であるという見方は、すでに研究者たちによって示されている。Vgl. Hans Saner, *Karl Jaspers*（1970）, 10. Auflage, Reinbek bei Hamburg 1996, S. 72–73. Kurt Salamun, *Karl Jaspers*（1985）, Zweite, verbesserte und erweiterte Auflage, Würzburg 2006, S. 129–130. Erik Lehnert, *Die Existenz als Grenze des Wissens*, Würzburg 2006, S. 9. Rolf Peter Warsitz, *Zwischen Verstehen und Erklären*, Würzburg 1990, S. 17–18.

（4） Erik Lehnert, *Die Existenz als Grenze des Wissens*, S. 9.

（5） Jaspers, *Die phänomenologische Forschungsrichtung in der Psychopathologie*（1912）, in: *Gesammelte Schriften zur Psychopathologie*, Berlin 1963, S. 315.

（6） Vgl. Jaspers, *Philosophische Autobiographie*, S. 23.

（7） ヤスパース自身は、「了解」が「古来方法的に意識されている精神科学的根本態度」であり、自らの了解についての方法的意識もその伝統を継承し、特にマックス・ヴェーバー、ディルタイ、ジンメルの影響下で形成されたとみなしている。ただ、「了解心理学」という名称に関しては、自らが用いた名称が市民権を得たのだと自負している。Vgl. Jaspers, *Allgemeine Psychopathologie*（1913）, 9. Auflage, Berlin 1973, S. 250.

（8） Jaspers, *Allgemeine Psychopathologie*, Berlin 1913, S. 13.

（9） Jaspers, *Allgemeine Psychopathologie*, 1913, S. 13.

（10） Jaspers, *Die phänomenologische Forschungsrichtung in der Psychopathologie*（1912）, S. 314.

（11） Jaspers, *Die phänomenologische Forschungsrichtung in der Psychopathologie*（1912）, S. 317.

（12） Jaspers, *Allgemeine Psychopathologie*, 1913, S. 25.

（13） 静的了解は、原理的には感官知覚と同じ仕方で比較・反復・追試が可能な「感情移入体験（Einfühlungserlebnisse）」であり、その一連の手続きは、次の三段階に定式化できる。第一に、感官知覚がある対象の表示によって喚起されるのと同様に、静的了解は、患者の振る舞い・挙動・身ぶりに「沈潜すること（Versenkung）」、患者に質問したり患者の回答を導いたりしながら「診査すること（Exploration）」、そして患者の「自己描写（Selbstschilderungen）」を形成することを通して、現象学的分析の手掛かりとなる情報や資料を得る。このとき、感官知覚によって捉えられる客観的症状は、本来の探究対象ではなく、主観的症状に接近するための「ただの通過点」や「ただの手段」であり、相手が自分の心的体験について行う自己観察や独自の判断こそが、相手の主観的な心的状態を自分の心に思い描くための有力な材料になる。第二に、そのようにして間接的に近づくことができた無限に多様な心的現象の中から、ある特定の心的現象を他の諸現象から区別して限定し、その問題とする心的現象について、記述し特徴づけることによって明瞭に思い描く。このとき、「あらゆる伝統的理論、すなわち［フロイト学派の］心理学的構成や脳過程の唯物論的神話」を度外視し、先入見を克服することによって獲得される現象学的態度のもとで、「何が患者の中で現実に起こっているのか、患者が本当に体験しているのは何か、或る事柄がどのように患者の意識の内に与えられているのか、患者はどのような気持ちでいるのかなどを、ありありと思い描くこと」が行われなければならない。第三に、その思い描かれた心的現象を第三者に伝達可能なように概念を用いて言い表し、その心的現象について議論することができるようにしなければならない。Vgl. Jaspers, *Die phänomenologische Forschungsrichtung in der Psychopathologie*, S. 317–321.

（14） ディルタイは端的にこう述べる。「われわれは、自然を説明し、心的生を了解する。」Vgl. Wilhelm Dilthey, *Ideen über eine beschreibende und zergliedernde Psychologie*, Berlin 1894, S. 5–6.

（15） Jaspers, *Die phänomenologische Forschungsrichtung in der Psychopathologie*, S. 314.

（16） Jaspers, *Allgemeine Psychopathologie*, 1913, S. 97.

（17） Vgl. Kurt Kolle, *Karl Jaspers als Psychopathologe*, in: Paul Arthur Schilpp（Hg.）, *Karl Jaspers*, Stuttgart 1957, S. 439;

Jaspers, *Allgemeine Psychopathologie*, 1913, S. 5–9, S. 191–194. ヤスパースは、心的現象の研究者と身体的現象の研究者を、未知の大陸を二つの側から探検する者に喩え、両者の間には人間が入り込めない広い土地がいつまでも残っているため、両者が直接出会うことはないと述べる。「脳神話」に根拠を認めない理由として彼は、「脳の病気と特定の心的変化とは相対応しているのではなく、脳の病気のときにはあらゆる心的変化が生起する可能性があり、たとえ（例えば麻痺の場合のように）〔心的変化が生起する〕頻度の点では違いがあるとしてもそうである」こと、そして「特定の心的出来事に直接並行する現象として分類されるような、特定の脳内出来事は一つも認められていない」ことを挙げる。Vgl. Jaspers, *Allgemeine Psychopathologie*, 1913, S. 5; S. 9.

（18） 認知脳科学者である酒井邦嘉によれば、現代の脳科学においては、デカルト以来の物心二元論を反映した脳と心の二元論の立場とともに、脳のはたらきのすべてが心に対応すると考える（一元論の一部をなす）心脳同一説の立場がある。なお、酒井の立場は、これら二つの説とは異なり、心は脳のはたらきの一部分であると考える一元論である。酒井邦嘉『心にいどむ認知脳科学』岩波書店、一九九七年第一刷、二〇〇四年第十二刷、一四－一五頁を参照。

（19） Jaspers, *Die phänomenologische Forschungsrichtung in der Psychopathologie*, in: *Gesammelte Schriften zur Psychopathologie*, Berlin 1963, S. 392.

（20） 静的了解は、その学問的把握作業の起点に関しては、「心的なものをありありと思い描くこと（Vergegenwärtigung von Seelischem）」と客観的認識が依拠する「感官による知覚（sinnliche Wahrnehmung）」は精神病理学における「二つの対置された認識の源泉（zwei koordinierte Erkenntnisquellen）」であると位置づけられ、またその目標は、ただ主観的にすぎない成果ではなく、心的現象に関して「伝達可能な、追試可能な、議論する価値のある知識」に到達することにある。Vgl. Karl Jaspers, *Allgemeine Psychopathologie*, Berlin 1913, S. 17; Karl Jaspers, *Die phänomenologische Forschungsrichtung in der Psychopathologie*（1912）, in: *Gesammelte Schriften zur Psychopathologie*, Berlin 1963, S. 317. また、発生的了解については、ある心的なものが他の心的なものから、なるほどそうであると確信させるような仕方で出て来ることをわれわれが発生的に了解するとき、われわれは「直接的明証（unmittelbare Evidenz）」を体験している。この明証の体験は了解的連関の正しさの指標である。直接的明証を承認することは了解心理学の前提であり、それは、知覚によって与えられる対象の実在性と因果性を承認することが自然科学の前提であるのと同等であるとされる。Vgl. Jaspers, *Kausale und „verständliche" Zusammenhänge zwischen Schicksal und Psychose bei der Dementia praecox*（*Schizophrenie*）（1913）, in: *Gesammelte Schriften zur Psychopathologie*, Berlin 1963, S. 331.

（21） Jaspers, *Allgemeine Psychopathologie*, S. 18.

（22） Jaspers, *Allgemeine Psychopathologie*, S. 21.

（23） Jaspers, *Allgemeine Psychopathologie*, S. 24.

（24） Jaspers, *Allgemeine Psychopathologie*, S. 21.

（25） Jaspers, *Allgemeine Psychopathologie*, S. 21.

（26） Jaspers, *Allgemeine Psychopathologie*, S. 18.

（27） 河合隼雄『河合隼雄　全対話Ⅰ　ユング心理学と日本人』一九八九年、第三文明社、一五一頁を参照。中村雄二郎はこのような議論にはあまり意味がないと述べ、河合もそれに同意している。

（28） Jaspers, *Kausale und "verständliche„ Zusammenhänge zwischen Schicksal und Psychose bei der Dementia praecox*（*Schizophrenie*）, S. 334–335.

（29） *Allgemeine Psychopathologie*, S. 323–324.

（30） *Allgemeine Psychopathologie*, S. 17.

（31） ヤスパースから見れば、フロイトが取り出した患者の過去の体験は、実際にあったことかどうかは全く未決定のままであるばかりか、その大部分がつくりごとである。Vgl. *Kausale und „verständliche" Zusammenhänge zwischen Schicksal und Psychose bei der Dementia praecox*（*Schizophrenie*）（1913）, in: *Gesammelte Schriften zur Psychopathologie*, Berlin 1963, S. 335; *Allgemeine Psychopathologie*, S. 150.

（32） Jaspers, *Die phänomenologische Forschungsrichtung in der Psychopathologie*（1912）, in: *Gesammelte Schriften zur*

Psychopathologie, Berlin 1963, S. 334.

(33) Jaspers, *Allgemeine Psychopathologie*, S. 16–17; Jaspers, *Kausale und „verständliche" Zusammenhänge zwischen Schicksal und Psychose bei der Dementia praecox* (*Schizophrenie*), S. 334–335.

(34) Jaspers, *Allgemeine Psychopathologie*, S. 150.

(35) Jaspers, *Kausale und „verständliche" Zusammenhänge zwischen Schicksal und Psychose bei der Dementia praecox* (*Schizophrenie*), S. 329.

(36) Jaspers, *Allgemeine Psychopathologie*, S. 191–192.

(37) Jaspers, *Kausale und „verständliche" Zusammenhänge zwischen Schicksal und Psychose bei der Dementia praecox* (*Schizophrenie*), S. 331–332.

(38) Jaspers, *Allgemeine Psychopathologie*, S. 146.

(39) Jaspers, *Allgemeine Psychopathologie*, S. 150.

(40) Jaspers, *Allgemeine Psychopathologie*, 9. Auflage, S. 250.

(41) ヤスパースは、「発生的了解」を心的なもの相互の諸連関を論理的に洞察する「合理的了解」と心的諸連関を感情移入しながら捉える「感情移入的了解」とにさらに分かつが、ヤスパースが本来の心理学的了解とみなし因果的説明と対置しているのは後者である。Vgl. *Allgemeine Psychopathologie*, S. 147.

(42) Jaspers, *Kausale und „verständliche" Zusammenhänge zwischen Schicksal und Psychose bei der Dementia praecox* (*Schizophrenie*), S. 330.

(43) Jaspers, *Kausale und „verständliche" Zusammenhänge zwischen Schicksal und Psychose bei der Dementia praecox* (*Schizophrenie*), S. 329.

(44) Jaspers, *Die phänomenologische Forschungsrichtung in der Psychopathologie*, S. 314.

(45) 大森荘蔵『知の構築とその呪縛』一九九四年、ちくま学芸文庫、二四頁を参照。

(46) 社会的動物である人間は、物理的には不可能であるにもかかわらず、他者の心中を推定する「心の理論（a

theory of mind)」の能力を進化の過程で発達させてきたことを、茂木は重視している。茂木健一郎『疾走する精神』二〇〇九年、中公新書、一七六－一七七頁を参照。

(47) Edmund Husserl, *Ideen zu einer reinen Phänomenologie und phänomenologischen Philosophie*, Erstes Buch, *Husserliana* Bd. III/1, neu herausgegeben von Karl Schuhmann, Den Haag 1976, S. 11.

(48) ボーヴォワールは、実存主義の「ミゼラビリスム」を糾弾する批判、すなわち「友情も博愛も、どんな愛情も一切否定する主義だ、人を利己的な孤独に閉じ込める、人を現実の世界から切り離して純粋な主観に押し込めてしまう主義だ」という批判を見当違いだとみなしている。彼女に言わせれば、友情や恋愛に関する常識的見解のうちにこそ「暗いペシミスム」が見出される。常識的な人間観によれば、「ひとりの人間が他の人と喜びを共にすることは決してなく、理解することもないのだ、「体が別なら、心も別」というわけである」のであって、一般に人間はそれぞれ孤独や利害の圏域に閉じ込められている。このような常識は「人間に希望を残さないけれども何事も要求しないペシミスム」であるのに対して、実存主義は人間に自由の荷を課し、「人々の意識相互の分裂ということは形而上学的事実ではあっても、人間はそれを越えることができる、人間は世界のなかで他人と結び合うことができる」と主張する。「実存主義は、愛や友情や同胞感を否定するどころか、人はそのような人間関係によらなければ自分の存在の基礎を見出すことも完全な存在になることもできないとみているが、それらの感情がはじめから与えられているとは考えない。それは獲得しなければならないのだ」と言われている。シモーヌ・ド・ボーヴォワール「実存主義と常識」、シモーヌ・ド・ボーヴォワール［著］青柳瑞穂ほか［訳］『ボーヴォワール著作集第2巻　人生について』一九六七年、人文書院、二一七－二三八頁を参照。

(49) Jaspers, *Allgemeine Psychopathologie*, 1913, S. 319.

(50) Jaspers, *Allgemeine Psychopathologie*, 1913, S. 323–324.

(51) Jaspers, *Allgemeine Psychopathologie*, 1913, S. 323.

(52) Jaspers, *Allgemeine Psychopathologie*, 1913, S. 323. ここで言及されているのは、「気づかれていないものとしての無意識的なもの」である。

(53) Jaspers, *Allgemeine Psychopathologie*, 1913, S. 324.
(54) Jaspers, *Allgemeine Psychopathologie*, 1913, S. 326.
(55) 柳澤桂子『やがて幸福の糧になる』二〇〇二年、ポプラ社、四一頁を参照。
(56) 前掲書、五四頁を参照。
(57) 前掲書、六四－六六頁を参照。
(58) 前掲書、六三－六九頁を参照。柳澤は、精神科で患者の精神状態を知るために行うペーパーテストの結果を、他科のおおかたの医師たちは、患者が好きなように何とでも書けるから信用できないとみなしていたことを報告し、「医師がはじめから疑いの目で患者を見るということはあってはならないと思います。それでは、正しい診断はできません」と批判している。前掲書、六四頁を参照。
(59) Jaspers, *Kausale und “verständliche„ Zusammenhänge zwischen Schicksal und Psychose bei der Dementia praecox* (*Schizophrenie*), in: *Gesammelte Schriften zur Psychopathologie*, S. 363–370; S. 394–412.
(60) Jaspers, *Kausale und “verständliche„ Zusammenhänge zwischen Schicksal und Psychose bei der Dementia praecox* (*Schizophrenie*), S. 403.
(61) Jaspers, *Kausale und “verständliche„ Zusammenhänge zwischen Schicksal und Psychose bei der Dementia praecox* (*Schizophrenie*), S. 361.
(62) Jaspers, *Kausale und “verständliche„ Zusammenhänge zwischen Schicksal und Psychose bei der Dementia praecox* (*Schizophrenie*), S. 370.
(63) Jaspers, *Kausale und “verständliche„ Zusammenhänge zwischen Schicksal und Psychose bei der Dementia praecox* (*Schizophrenie*), S. 409.
(64) Jaspers, *Allgemeine Psychopathologie*, Berlin 1913, S. 323.
(65) 夏目漱石は、自分の病気や欧州の戦争が何かの「継続」であると考えた。漱石によると、外面的には急変したように見える事象も内面では以前から進行中であったのであり、現在出現している危機は、いつからか人間の心や体内に宿ったものが何らかの曲折を経て表面化したものである。漱石は、個人の内に潜在しているいろいろな「継続中のもの」が一挙に破裂するようなことになったら、当人は「何と自分を解釈して見る気だろう」と、無頓着に放置されている「継続中のもの」が暴発することの危険性を指摘した。夏目漱石「硝子戸の中」、三好行雄［編］『漱石文明論集』所収、一九八六年（第一刷）、一九九五年（第二十刷）、岩波書店、二七四－二七五頁。

（66）金杉武司「心から脳へ――心的因果は本当に成り立つのか？」村田純一ほか『岩波講座　哲学05　心／脳の哲学』所収、二〇〇八年、岩波書店、六六－六七頁。

（67）浅野光紀「汎心論と心的因果――心身問題の解決に向けて」、『思想』二〇一六年第二号、一一頁を参照。

（68）Jaspers, *Psychologie der Weltanschauungen*, S. 186.

（69）Jaspers, *Kausale und „verständliche“ Zusammenhänge zwischen Schicksal und Psychose bei der Dementia praecox (Schizophrenie)*, in: *Gesammelte Schriften zur Psychopathologie*, S. 365–366.

（70）Jaspers, *Kausale und „verständliche“ Zusammenhänge zwischen Schicksal und Psychose bei der Dementia praecox (Schizophrenie)*, S. 351. 文言は患者自身が記述したものであるが、その一部分を強調したのはヤスパースである。

（71）Jaspers, *Kausale und „verständliche“ Zusammenhänge zwischen Schicksal und Psychose bei der Dementia praecox (Schizophrenie)*, S. 353. 強調はヤスパースによる。

（72）Jaspers, *Kausale und „verständliche“ Zusammenhänge zwischen Schicksal und Psychose bei der Dementia praecox (Schizophrenie)*, S. 404.

（73）Jaspers, *Kausale und „verständliche“ Zusammenhänge zwischen Schicksal und Psychose bei der Dementia praecox (Schizophrenie)*, S. 369.

（74）Jaspers, *Kausale und „verständliche“ Zusammenhänge zwischen Schicksal und Psychose bei der Dementia praecox (Schizophrenie)*, S. 409–410.

（75）Jaspers, *Kausale und „verständliche“ Zusammenhänge zwischen Schicksal und Psychose bei der Dementia praecox (Schizophrenie)*, S. 408.

（76） 河合隼雄『河合隼雄著作集第1巻　ユング心理学入門』一九九四年、岩波書店、二七六－二七七頁を参照。河合隼雄『河合隼雄著作集第2巻　ユング心理学の展開』一九九四年第一刷、一九九八年第二刷、二三〇頁を参照。

（77） 河合隼雄「〝曖昧さ〟の中に新しい原理を探る」（講座『心理療法』第四巻「心理療法と身体」二〇〇〇年、岩波書店に初出）、多田富雄『懐かしい日々の対話』二〇〇六年、大和書房所収、一八頁を参照。なお、河合は、このようにして到達される「客観性」は近代医学が備えている「客観性」とは異なることを指摘している。

（78） Jaspers, *Kausale und "verständliche" Zusammenhänge zwischen Schicksal und Psychose bei der Dementia praecox* (*Schizophrenie*), in: *Gesammelte Schriften zur Psychopathologie*, S. 368.

（79） Jaspers, *Kausale und "verständliche" Zusammenhänge zwischen Schicksal und Psychose bei der Dementia praecox* (*Schizophrenie*), S. 331.

（80） Jaspers, *Zur Kritik der Psychoanalyse* (1950), in: Karl Jaspers, *Rechenschaft und Ausblick: Reden und Aufsätze*, München 1951, S. 221–230.

（81） Jaspers, *Kausale und "verständliche" Zusammenhänge zwischen Schicksal und Psychose bei der Dementia praecox* (*Schizophrenie*), in: *Gesammelte Schriften zur Psychopathologie*, S. 367.

（82） Warsitz によると、ヤスパースがフロイトを批判した理由の一つは、フロイトが「説明」と「了解」の区別を止揚した、あるいは両者を混同したことにある。Vgl. Rolf Peter Warsitz, *Zwischen Verstehen und Erklären*, Würzburg 1990, S. 33.

（83） Jaspers, *Kausale und "verständliche" Zusammenhänge zwischen Schicksal und Psychose bei der Dementia praecox* (*Schizophrenie*), S. 368.

（84） Jaspers, *Die phänomenologische Forschungsrichtung in der Psychopathologie*, S. 335.

（85） Jaspers, *Kausale und "verständliche" Zusammenhänge zwischen Schicksal und Psychose bei der Dementia praecox* (*Schizophrenie*), S. 332.

（86） Jaspers, *Kausale und "verständliche" Zusammenhänge zwischen Schicksal und Psychose bei der Dementia praecox*

(*Schizophrenie*), S. 332.

(87) ザーナーは「了解へのヤスパースの集中が強められたのは、とりわけ哲学史との新たな交際の観点からである」と述べる。Vgl. Hans Saner, *Karl Jaspers* , S. 80.

(88) Jaspers, *Die grossen Philosophen*, München 1957, S. 62.

(89) Jaspers, *Die grossen Philosophen*, S. 59.

(90) Vgl. Romano Guardini, *Der Tod des Sokrates*, Hamburg 1956, S. 7.

(91) Jaspers, *Die grossen Philosophen*, S. 119–120.

(92) Jaspers, *Die grossen Philosophen*, S. 115.

(93) Jaspers, *Existenzphilosophie* (1938), 4. Auflage, Berlin u. a. 1974, S. 39.

(94) Jaspers, *Die grossen Philosophen*, S. 114.

(95) Jaspers, *Die grossen Philosophen*, S. 108–112.

(96) Jaspers, *Die grossen Philosophen*, S. 115.

(97) Platon, *Phaidon*: griechisch-deutsch, übers. und hrsg. von Barbara Zehnpfennig, Hamburg 1991, S. 120 (99b).

(98) Platon, *Phaidon*, S. 118–119 (98d–99a). 訳出に際して、プラトン［著］岩田靖男［訳］『パイドン――魂の不死について』岩波書店、一九九八年（第一刷）、二〇〇七年（第十刷）、一二七頁を参考にさせていただいた。

(99) 黒田亘『行為と規範』一九九二年、勁草書房、五一–五三頁を参照。

(100) 冨田恭彦「全体論・語彙・創造性――科学／そのしなやかなるがゆえに強靭な」、石黒武彦［編著］『科学と人文系文化のクロスロード』所収、二〇〇八年、萌書房、五四–五五頁を参照。

(101) プラトン［著］田中美知太郎［訳］『クリトン』、『プラトン全集1』所収、一九七五年、岩波書店、一三三頁、48B。

(102) Jaspers, *Allgemeine Psychopathologie*, S. 193.

(103) Jaspers, *Allgemeine Psychopathologie*, S. 9.

(104) Jaspers, *Allgemeine Psychopathologie*, S. 4.
(105) Vgl. Platon, *Phaidon*, S.118–121.
(106) この点に関しては、Bonanni の論文によって教えられた。Vgl. Giandomenico Bonanni, *„Kommunikation“ – Die Genese eines Jaspers'schen Grundbegriffs*, in: *Jahrbuch der Österreichischen Karl – Jaspers - Gesellschaft*, Innsbruck 2008（vol. 21）, S. 68–69.
(107) Karl Jaspers, *Allgemeine Psychopathologie*, Berlin 1913, S. 323.
(108) Karl Jaspers, *Allgemeine Psychopathologie*（1913）, Zweite neubearbeitete Auflage, Berlin 1920, S. 398.
(109) Jaspers, *Kausale und „verständliche“ Zusammenhänge zwischen Schicksal und Psychose bei der Dementia praecox*（*Schizophrenie*）, S. 362. 強調はヤスパースによる。
(110) Jaspers, *Kausale und „verständliche“ Zusammenhänge zwischen Schicksal und Psychose bei der Dementia praecox*（*Schizophrenie*）, S. 347. 強調はヤスパースによる。
(111) Jaspers, *Psychologie der Weltanschauungen*, S. 4.
(112) Jaspers, *Allgemeine Psychopathologie*, 1913, S. 147; Jaspers, *Kausale und „verständliche“ Zusammenhänge zwischen Schicksal und Psychose bei der Dementia praecox*（*Schizophrenie*）, S. 332.
(113) Karl Jaspers, *Allgemeine Psychopathologie*（1913）, fünfte unveränderte Auflage, Berlin u. a. 1948, S. 256.
(114) Jaspers, *Philosophie I* , S. 189.
(115) Jaspers, *Allgemeine Psychopathologie*, fünfte unveränderte Auflage, S. 256; Jaspers, *Philosophie I*, S. 189.
(116) Jaspers, *Philosophie II*, S. 339–342.
(117) ザラムンによると、「現存在」概念には、包越者論の観点から、三つより多くの意味を区別するべきかもしれないが、よりきめ細かな概念分析はまだ発表されていないという。Kurt Salamun, *Karl Jaspers*, S. 44–45, S. 138.
(118) Jaspers, *Philosophie II*, S. 1.
(119) Jaspers, *Philosophie II*, S. 64.

(120) Jaspers, *Philosophie II*, S. 432.

第5章　交わりと実存

周知のように、ヤスパースを主観主義者として非難する論者たちに共通していることの一つは、ヤスパースの思想の基軸概念である「交わり」を度外視していることである[1]。例えば、ルカーチは『理性の破壊』の中で、ヤスパースの認識論を、生の哲学やキルケゴールの独我論を徹底化した「極端な主観主義」とみなすだけにとどまらず、さらに、実践的な問題領域におけるヤスパースの思想のうちにも、独善的な個人主義的傾向を批判的に見出すが、この際明らかにヤスパースの「交わり」の思想を考慮に入れずに批判を展開している[2]。

ヤスパース自身も、実存哲学全般が「主観主義」という批判を受け続けていることを真摯に受け止めており、『哲学』第二巻の「交わり」の章には、そうした「主観主義」批判に対する見解を表明している箇所がある。まず、彼は批判の内容を次のようにパラフレーズしている。

次のようなことが言われている。実存哲学のうちには自制も根拠もない主観主義（ein haltungs-und haltloser

Subjektivismus）が蔓延っている。実存哲学は、当人の人格（die eigene Person）を不遜に重視すること、すなわち誤った方向に推し進められた個人主義（ein verrannter Individualismus）である。慰めのない孤立に陥った流浪の人間が、実際には全く存在しない空想的―幻想的な交わりを、自らに都合のいいように作りあげる。その人間は、一切を混同しながら、自らを神にする、ということである(3)。

ヤスパースによると、「主観主義」批判の趣意は、実存哲学は、個人が自分自身の「人格」に執着することを正当化し、個人を「慰めのない孤立」へ誘導しながら、人間関係に関する空理空論をでっちあげている、というものである。このような批判に対して、ヤスパースは次のように弁明する。

> このような批判は、実際、諸々の可能的な逸脱（*Ableitungen*）に的中している。その批判のうちには可能的実存と経験的人格との混同（die Verwechslung von möglicher Existenz und empirischer Person）があるが、この混同は私が例えば実存哲学の思想でもって私の現存在のうちの何ものかを正当化しようとする場合にも生じる。実存は自己確信的な交わりとしてのみ存在し、この交わりにおいてのみ、私は私の孤立を止揚し、もはや根拠づけることのできない根源を獲得する。
>
> しかし、各自の可能的実存から〔他者を〕出迎えない者はそのような批判的言辞がもっともであると認めなければならない。そのような批判的言辞は、実存哲学にとってその根底を危うくする疑問符である。たしかに、実存哲学が現実的である場合には、そのような言辞は、実存哲学には無縁なものであるから全く的外れであるが、しかし実存哲学が、訴えかけの可能性としてではなく、知としての客観的諸定式と解される場合には、おそらくその批判は危険なものになるだろう(4)。

ヤスパースから見れば、実存哲学に「主観主義」というレッテルを貼る考え方には、「可能的実存と経験的人格との混同」という不明が含まれており、「主観主義」的であるのは、むしろ、「交わり」がその本来の目的を実現する道程から外れて「逸脱」している事態である。他者との「交わり」を「実存」の生成に不可欠な条件とみなす、ヤスパースの実存哲学の基本的性格が理解されるならば、「主観主義」批判は「全く的外れである」ものとして斥けられるはずなのである。ヤスパースの言意を敷衍して、批判を招来する要因を突き詰めていくならば、それは、主観とその不可分な相関者である客観に階層を区別し、主観と客観の関係の多元性を認める、「交わり」論の基盤にある基本構図が、批判者たちには見えていないことにある。

この章では、ヤスパースの実存哲学の要である「交わり」の思想について、「主観主義」という観点から再考する。ヤスパースの思想の基底をなす主観を重視する立場には、個人の恣意を増長させ、議論やコミュニケーションの意義を軽視するといった、実践倫理を欠く個人主義的・相対主義的性格ではなく、むしろ、優れた実践性・倫理性が備わっていることを示すことが、本章の目的である。以下の本論では、まず、「現存在の交わり」と「実存的交わり」について、それらに「主観主義」批判が当てはまるかどうかという観点から論じる（第1節・第2節）。そのうえで、「現存在の交わり」と「実存的交わり」に一貫する「交わり」の原理を見出すことを試みる（第3節）。

第1節　現存在の交わり

『精神病理学総論』の中ですでに、ヤスパースは、心的生が分化することの現れとして、「自我意識」と「対象意識」のそれぞれの変化が相即して起こる、という考え方を示していた。そのように主観と客観の多様な関係を認める考え方は、ヤスパースの根本思想となって、後期の「包越者存在論（Periechontologie）」の基盤を形成している。『哲学』において、ヤスパースは、主観性を三つの「段階（Stufen）」――「個別的現存在」・「意識一般」・「人格」――に区分し、それぞれの段階に特有の客観性――「対象性（外面性）」・「普遍妥当性」・「理念」――が対応しているという説を展開した。(5) ここで重要であるのは、主観性と客観性の相関関係が階層性をなしているということは、より高い段階の関係はより低い段階の関係を前提として実現され、より低いものはより高いものによって統御されるということである。このように主観性と客観性に分裂している意識の階層構造に基づいて、「交わり」の様態間にも階層性が成り立つことになる。

『哲学』では、「交わり」の様態が「現存在の交わり」と「実存的交わり」に二分して特徴づけられる。そのうちの「現存在の交わり」は、後に包越者存在論の枠組みの中で「（単なる）現存在の交わり」・「意識一般の交わり」・「精神の交わり」へと明確に分節される、三つの様態の交わりを内包している。たしかに、ヤスパースが〈あるべきコミュニケーションの様態〉として追求するのは、「そのうちで私が他者と共に私の存在を生み出すことによって初めて本来的に私の存在を知るところの、真の交わり」(6) としての「実存的交わり」である。けれども、「実存的交わり」の「逸脱」した様態が「現存在の交わり」であるのではない。むしろ、「実存的交わり」は「諸々の共同体の関係」[7]としての（広義の）「現存在の交わり」を前提として実現するものである。「現存在の交わり」は、『哲学』において、心理学や社会学の観点から「客観的に生成する交わりの三様態」[8]に分節される。そして、この三つの様態を分節する基準は、当事者たちの主観がどの次元の価値を志向しているのか、つまり彼らが意識のどの段階で交わりに臨んでいるのかという点である。ヤスパースは「社会学的諸関係は、それらが諸々の主観のうちに係留されている側面に従って（nach ihrer in den Subjekten verankerten Seite）、重層的に積み上げられている三方向（drei aufeinander aufgebauten Richtungen）において、すなわち、原初的共同性、事柄に即した目的性と合理性、理念によって規定されている内容の精神性において、追究される」[9]と述べる。職業組合、教師と弟子の関係、医師と患者の関係など、社会生活に含まれる諸々の人間関係は、三つの側面に分節して考えることができ、心理学の観点から見れば、当事者たちの心的生では、三次元の主観―客観―関係が階層序列的に重なって作用している。

現存在の交わりのすべての様態に共通する行為は、ある目的のために何らかの「情報」を「伝達」し「了解」することであるが、交わりの様態が異なれば、どのような情報が主要な関心事とされるのかも異なる。交わりの最下層には、「生命的現存在」が「不明瞭さの中で、欲動に結びつけられている（triebgebunden）個々人の自我中心的な関心」に基づいて織りなす人間関係があり、その上層には、「悟性という単に形式的な自我」が遂行する「事柄の内容の共通の了解」や「他者の動機の心理学的了解」があり、そして、これらを基層にして初めて、「一つの全体の ―― 例えば、この国家、この社会、この家族、この職業といった全体の ―― 理念のうちにある共同体」において「内容に満ちた交わり」が生起する。[10] したがって、三様の階層から成る「現存在の交わり」を機能させるためには、すべての様態の階層的連関を常に意識しておくことが、当事者たちに要請される。つまり、この場合人間には、「主観主義」的に、単に個人的な関心に基づいて振る舞ったり我を張ったりすることが許されるどころか、むしろ、自らの主観の在り方を克己的に調節することが求められるのである。

もし、「現存在の交わり」が「主観主義」的であると誤解される恐れがあるとすれば、それは、各様態が相互連関を失って個別的に切り離された状態で遂行され、いずれも「非人格的」な「自我」どうしの関係になる場合である。そのような人間関係とは、例えば、現存在の保持と促進のみが追求されるような「単に生命的な少年団、世界内での活動を伴わない単なる集まり、目標と理念のない仲間、遊戯やスポーツにおける共通の現存在的悦楽(11)」、あるいは、詭弁がまかり通るほどに論理的妥当性のみが関心事とされる議論、さらに、抽象的理念のみを掲げる共同体の在り方である。これらにおいては、共同体を構成する個人の自我意識の中で、「人格」が機能していない。現存在の交わりが、当事者の「人格」から切り離されて、情報交換に終始する場合、当事者は皆「代替可能」な存在である。そうした「非人格的」な人間関係においては、自分が欲しい情報を引き出すために他人を操作したり、自分の目的のために他人を手段や邪魔者として扱ったりする者が、法の網をくぐって利益を得る、という危険がある。そのように人を人とも思わない手口の裏には、「現実1」(物質)や、「現実1」に還元されうる限りでの「現実2」(生命)のみを、現実とみなす世界観がある。共同体の中で営まれる諸々の人間関係が、「現実3」(心的体験)や「現実4」(精神)までも組み込んだ多層的な「人格的関係(12)」であるか否かが、それらの人間関係が「実存的交わりの身体(13)」としての「現存在の交わり」であるか否かの分水嶺である。

「現存在の交わり」、すなわち、われわれが共同体に属して結ぶ人間関係や社交は、その本質から見れば、安寧な相互扶助ではなく、それどころか「現存在をめぐる力ずくの闘い(Kampf mit Gewalt um Dasein)(14)」としての「限界状況」(ないし「根本状況」)である。ヤスパースの洞察によれば、〈人間の現存在はその本性上社会的であるがゆえに「すべての現存在は助け合いに依拠している」〉などとみなす楽観的な見方は、物事の表層のみを捉えるものであり、「究極的なものは、援助や平和や全体の調和ではなく、闘いであり、また闘いのそのつどの勝者による搾取である」[15]。こうした究極的なものが明らかになる「極端な象徴的事態」として、「二人の難破者の状況」が『哲学』と『真理について』の中で引き合いに出されている[16]。

それは、難破船から海に投げ出された二人の人間にとって、つかまることのできる木材は一本しかなく、しかもそれは一人だけしか支えられないという状況である。ほとんどの場合、「―― おそらくその実行においてもなお覆い隠されている ―― 闘い[17]」の結果どちらか一人が勝つことになる。二者が運命を共にするべく連帯し、その結果、双方が生き残るあるいはどちらも命を落とすことになるのは、極めて稀な場合であるとされる。この「二人の難破者の状況」は、一見、非日常的事例に思われるが、実は、われわれの人間関係の多くの局面に潜んでいる本質的事態であり、ただ「与える者と贈られる者の両者に都合のよい事態にあっては、霧のような友情によって隠蔽されている[18]」だけであるという。なぜなら、「現存在をめぐる力ずくの闘い」としての「限界状況」（ないし「根本状況」）は、生きている限り人間にとって不可避であるからである。

そうした状況を引き起こす要因の一つは、近代的自我の概念に基づく人間の個別化の原理と、民主主義的な平等の原理が、両立しがたいことにあると考えられる。人間は一人一人別個に存在するという意識を明確化する近代的自我の考え方は、個々の人間の間に緊張関係を生み出す。ヤスパースによると、人間の心的生には、他者の現存在を犠牲にしてでも「自らの現存在を維持しようとする事実的な衝動（die faktischen Antriebe）[19]」が潜んでいる。もし人間同士が別々に切り離された存在者であるなら、人間の現存在を可能にする物質的条件が有限である以上、生存競争が起こるのは自然の理である。有限の資源の争奪戦は、国家間のみならず個人間でも繰り広げられる。他方で、個人が生き延びるためには遺伝的・文化的情報を他者から受け取ることが必要であるが、情報を相互交換する平等性がなければ一般に人間関係は成り立たない。だが、この平等性を当事者の間で相互に持続的に確保することは決して容易いことではない。保持する情報の質や量に大きな違いがある個人間では、情報交換は成り立ちにくい。また、表向きはフェアなやり取りの中にも、偽りの情報を開示して私的利益を図ったり、他人に利益を与える情報を隠匿したり、他人の秘密や弱みをこっそり握って利用したりして、当事者が権謀をめぐらす余地はある。さらに、単なる「現存在の交わり」をあたかも「実存的交わり」であるかのように相手に思い込ませ、親密な間柄を捏造して個人財産や極秘の情報を騙し取る、悪賢い輩もいる。物質と情報を巡る争奪戦は、人間たちの間で日常的に繰り広げられている。ヤスパースの明察に従って、誰もが自分が与えるよりも他人から多くをもらうことを心のどこかで欲し、誰もが自分の生命を他人の生命より優先する本能的欲求を備えている限り、こうした我欲が表出してのさばる危険は常にある。「ただごまかしによってしか二人の難破者の状況と区別されないような状況がくり返し発生するという事実」すなわち「相互扶助は例外的なものにすぎない」という事実は[20]、人間にとっての本質的事態(「根本状況」)である。それは非常事態に露呈しやすいが、包括的視点から見ればわれわれが日常的に経験せざるをえないものである。われわれにとって重要であるのは、一方で物質のレヴェルでは、「二人の難破者の状況」のような極限状況をできるだけ回避して互恵関係を生み出す技術を発達させつつ、他方で意識のレヴェルでは、「闘い」という本質的事態を銘記して他者と関わることであろう。

第２節　実存的交わり

現存在の交わりは、実際的な相互利益を基盤として成り立つ、心理学的・社会学的に考察可能な人間関係であるのに対して、実存的交わりの道程は、一回限りの再現不可能なものであるため、一般的な形では呈示することができない(21)。プラトン以来、人間たちが無償の行為として形而上学的な話をすることは、愛することの一形態とみなされている。ヤスパースもまた、人間たち――とりわけ本音の友情で結びついている二人の人間――が哲学的議論を交わすことが愛するはたらきに属する、と考えていた。実存的交わりは、「まさにただこの二つの自己（das Selbst）(22)であり、代表者たちではないゆえに代替されえない、二つの自己の間に存する(23)」とされるが、その実存的交わりの典型的現象形態は、「真の哲学的議論」を通して生起する「共に哲学する営み」である。ヤスパースは次のように言う。

真の哲学的議論は、それによって実存たちが事柄に関する内容を媒体に、関わりあい打ち明けあう（sich berühren und aufschließen）ところの、共に哲学する営み（ein Symphilosophieren）である。しかし、われわれは人間として、現在する愛や思慮深い理性によるよりも、情欲や空疎な悟性によってよりいっそう動かされているので、哲学者たちは、古くから正当にも、哲学的了解〔の成否〕は（例えば特殊な才能や個別的技能ではなく）個々人の根源的に倫理的な本質（ein ursprünglich ethisches Wesen des Einzelnen）にかかっているとみなした。哲学的形態をとった真理は各人にとって容易には接近できないことを、哲学者たちは確信していた。

彼らにとって哲学的議論は、「諸々の逸脱」から抜け出て開示性へ向かう、自らを獲得する営み（ein *Sicherringen*）である。[24]

本章の冒頭で見たように、「主観主義」批判を甘受せねばならないのは、「各自の可能的実存から〔他者を〕出迎えない者」であるが、それは例えば、上記の「情欲や空疎な悟性によってよりいっそう動かされて」他者と相対している者であり、哲学的議論において重要な議題を「経験的個体性に関連づけて、自我中心的な関心によって、欲動のままに人格的に解する」[25]者である。こうした態度に共通するのは、「欲動」に関するヤスパースの精神病理学的見解を踏まえるなら、欲動を統制する意志の力が発揮されておらず、また、真理という価値を志向する高次元の精神的欲動が発動していないことであり、それはつまり、自我意識の活動次元の低さである。その意味では、「主観主義」的な行為が引き起こされる原因は、当事者の「人格」が十分に機能していないことにあると言える。

これに対して、「実存的交わり」に含まれる哲学的議論では、二者は連帯して互いの「自己」、すなわち「実存」を創造することを目的として「哲学的了解」を行う。この場合、「関わりあい打ち明けあう」といわれるように、「伝達」と「了解」が現存在的交わりとは異なる次元で行われる。そこで関心事となるのは、情報というよりはむしろ生成変化する内的システムとしての「人格」であり、それはつまり、各自がもっている欲動や価値の体系的序列が、現にどのようなものであり、かつ、どのように発展していく可能性をもっているのかということである。この際重要であるのは、相手の「人格」を社会的通念や客観的基準に従って評価することではなく、相手自身の価値観や物の見方を理解することである。「実存的交わり」が「愛しながらの闘い」という限界状況であるのは、二者は互いの「人格」を無批判に受け入れ承認しあうのではなく、そのさらなる発展に向けて吟味しあいはたらきかけあうからである。「人格」を相互に「了解」しながら、いまだ認識の対象とはならない「了解不可能なもの」としての「実存」を呼び覚ましあうことが、「実存的交わり」の目的である。

ヤスパースは、「交わり」の「逸脱」した諸相を「了解心理学」の観点から分析し、それらに共通している本質的特徴として「愛しながら闘うはたらきを排除する、水準の不平等性（die Niveauungleichheit）」、「相互性の欠如（der Mangel an Gegenseitigkeit）」、「自己隠匿という欺瞞（die Täuschung des Sichselbstversteckens）」を挙げる。[26] それらのうち一つでも、交わりをその本来の在り方から逸れさせるのに十分なのである。以下では、特に「水準の同等性（die Niveaugleichheit）」という条件が「実存的交わり」の成立にとっていかに必要であるのかという点に着目し、先の引用箇所に出てきた「個々人の根源的に倫理的な本質」が「交わり」において果たす役割を確認する。

各人は他者と共に自分自身へ向かって突き進む。それは、二人の実存間で交えられる闘いではなく、自分自身と他者に対する共同の闘いであり、ひたすらに真理のための闘いである。この闘うはたらきは、「全く同等の水準の上でのみ（nur auf völlig gleichem Niveau）」生起することができる。二人は、技術的な闘いの手段（知っていること、知性、記憶力、疲れやすさ）に差異があっても、すべての力を相互に前もって与えあうことによって「水準の同等性」を作り出す。［……］諸々の心的器官のもっと大きな力が勝る場合や、ましてや詭弁が可能になる場合には、交わりは止まる。[27]

双方のうちどちらか一方でも、自らの精神的優越をあらかじめ承認していたり、自分の優位性を示すことを目的としていたり、あるいは心理学的欲動に翻弄されていたりする場合、両者が「互いを同等に置くこと」は困難になり、その結果「実存的交わり」は中断し、後に残るのはその「逸脱」態なのである。通常の闘いでは参加者は勝者と敗者に分かれる結果に終わるが、「実存的交わり」という闘いの当事者は闘いの成否を共有する。

ヤスパースは、「可能的実存としての人間は哲学者である」と述べ、職業人としてではなく自己に成ろうと欲する可能的実存としての哲学者には、次のような三つの「哲学者の主観性における前提条件（die Vorbedingungen）」が要請されるとする[28]。つまり、第一に「自らを他者に対して準備し開示する人間性（eine *Humanitas*）」を備えること、第二に「節度（Haltung）」によって「現存在を絶えず抑制してそれに気品を与え、盲目的な心情の動きをせきとめてそれを陶冶された活力に転化する」こと、そして第三に「恣意的な欲動性」としての「激情（eine Leidenschaft）」に対しては警戒を怠らないことが、可能的実存から他者を出迎えるために必要な主観のあり方である[29]。

「実存的交わり」に入る準備として、自らを開示する心構えをもち、意志の力で様々な欲動を統制し、相手との相互性・対等性を確保するよう、主観のあり方を整えておくことが、われわれには必要である。その意味で、利欲のみに動かされるのではなく、超越者の存在を感得しながら「根源的に倫理的な本質」を発揮することがわれわれには求められる。したがって、「実存的交わり」の制約とは、一人一人が独善的な言動や利己的な振舞いといった――序で提示した実践や倫理の領域における――「主観主義」的な行為を慎み、各自の「人格」を最大限に発揮して倫理的に行動することであると言える。

第3節　交わりに一貫するもの

第1節と第2節の考察によって、「現存在の交わり」も「実存的交わり」も決して「主観主義」を具現するものではないことが明らかになった。しかしながら、「主観主義」と「交わり」の問題はこれで解決されたとは言えないであろう。ヤスパースは、「現存在の交わり」としてのさまざまな共同体の中での人間関係を、われわれの生命を保持し拡張する上で不可欠とみなしている。しかし、共同体に所属し人間関係を結ぶこと自体が目的なのではなく、「現存在の交わり」を基盤として掛け替えのない他者と「実存的交わり」に入り、自己と他者の自己生成を行うことが本来の目的とされている。真の交わりである「実存的交わり」が、あくまで互いに選ばれた二者間での交流であり、自己実現が目標とされている点は、ルカーチに批判されたように「知識人的」・「独り善がり」であると誤解される危険がある。(30) また、林田新二が指摘するように、「実存的交わり」は二者間で生ずる瞬間的な魂の呼応であるため、その交流範囲の狭さ・時間的な意味での狭さは問題点として残るであろう。(31) 筆者にはこれらの問題点を解決することはできないが、問題点を補うものとして、ヤスパースの「交わり」論の積極的意義を提示したいと思う。私見では、「交わり」に関する彼の理論の真骨頂は、人間と人間との関係が人間存在の基盤を成していることを明示したうえで、二種のコミュニケーション――「現存在の交わり」と「実存的交わり」――の相違を際立たせながらも、両者に一貫するものを追求したところにある。この点について考察することで本章の締め括りとしたい。

ヤスパースによる「現存在の交わり」と「実存的交わり」の区別は決して恣意的なものではない。アリストテレスが『ニコマコス倫理学』の中で、有用性や快に基づく付帯的な友愛と、善き人々同士の間で成立する完全な友愛を区別したように、[32]一般に人間の一生における人間関係は二つの部類に分けられる。社会学においても観念的に形成された公共生活としてのゲゼルシャフトと、家族のような有機的結合体としてのゲマインシャフトは区別されている。[33]一方には、共通の環境で生活し、利害関心を共にする者同士の関係があり、これは環境の変化や利害の不一致に伴って解消する。他方には、互いの「人格」に対する真摯な関心があって寄り合い、腹蔵なく語り合う、互いに友として選び選ばれた者同士の関係がある。人間関係をめぐる思想史の流れにヤスパースの交わり論が新たなものを付け加えたとすれば、それは、二種の交わりの区別よりもむしろ、両者の総合を追求したところにある。ヤスパースは、「実存的交わり」と「現存在の交わり」との関係を魂と身体との関係に喩えている。この比喩が示唆するのは、第一に、魂は身体に宿るように、純然たる「実存的交わり」というものは理念であって、それが現象するためには媒体として、「現存在の交わり」の形態を必要とするということである。実際に生起している「交わり」から、「実存的交わり」のみを単離することは不可能である。人間同士のコミュニケーションはどんなものであれ、いつもすでに、実利を目的とした情報交換として生起している。個人と個人が何らかの関係をもつためには、実質的な相互利益という接点が不可欠なのである。結局、「現存在の交わり」の中にしか「実存的交わり」はないのである。そうすると、真の交わりである「実存的交わり」に先立つものは、人間たちの間に互恵関係という接触面を作って、もともとは職業上の義理や社交上の必要から生じる「現存在の交わり」を実質的に充実させる努力であると言える。

第二に、「現存在の交わり」はそれだけでは無意味であって、「実存的交わり」の媒体になりうる限りにおいて本来の意味を有するということである。実践の場ではこのことに、多くの人間は何となく気づいている。たとえ社会生活上の人間関係であっても、当事者どうしがときには利害を別にして無償の行為を与えあう可能性があるか否かによって、関係の質が大きく異なってくる。死期が近い人々の心理過程の臨床的研究で大きな功績を遺した精神科医、エリザベス・キューブラー＝ロスによると、すべての人間の人生で最も重要であるのは、賞与や学歴やお金では決してなく、どれぐらい愛を与え、そして受けることができたかということであるという。[34]この場合の「愛」は「無条件の愛」・「無償の愛」であって、条件や見返りとは無関係に相手を大事にすることである。人間が求めている究極のものとは、このような「愛」を他者と相互にやり取りする経験である、という考えは、死に瀕した多くの人々の話を直接に聞きながらターミナルケアに従事したロスによって表明されると、大きな説得力をもつ。ヤスパースの理論においても、「愛」や「連帯」を徴表とする「実存的交わり」は、本来はすべての人間にとって必要なものである。「実存的交わり」は、ルカーチが批判するようにいわゆるエリートたちの間で成立するのではなく、それは、すべての人間たちの間に成立しうるのであり、万人にとって近づきうる。ヤスパースは次のように述べる。

私に属する者たちと、弱さや欲動性や不実さのうちにある大衆とを区別することは、一時的な手立てにすぎない。〔……〕いかなる人間現存在でも、理性的存在および可能的実存として変化することが可能であり、私と〔現状とは〕別の関係に入ること、それどころか友人になることも可能である、という要求は常に存続している。[35]

この引用箇所では、あたかも自分は不動不変の理性的存在および可能的実存であるかのように書かれているが、ヤスパースの理論の原則として、「人格」は不断に生成する自己関係のシステムである。人間は誰しも「包越者」

の一部である点で対等の存在者であるとはいえやはり、一人一人は唯一無二の個人でもあり、また、どんなに些細な人間関係であろうともそれは当事者に何らかの影響を与えずには済まない以上、実存的交わりの相手を選ぶ重要性をヤスパースが説くのは道理にかなっている。彼によれば、誰に対しても常に誠実に接する人間は、物質的に安寧な一時的状態を除いては、例外なく他の人々によって破滅させられてしまうのであり、「私が誠実に向かっていく他者が、同じ心構え（Gesinnung）を持って同等の水準上の交わりにおいて私に応答するか、それとも、その者が「自然」のごとく決定的に疎遠なものとして私に対立するか、ということは重大な相違である」[36]。ただし、現状では「現存在の交わり」止まりであっても、将来「実存的交わり」も加味する可能性を保持するような関わり方を、多くの人間に対して心がけることは重要なのである。

さて、「実存的交わり」が「現存在の交わり」を媒体として現象する以上、両者は同じ過程の延長上にあり、両者に通底する「交わり」の同一原理があるはずである。筆者の見解では、両者に共通する「交わり」の普遍的原理は「愛」である。愛が「実存的交わり」の本質的要素であることは自明であるが、「現存在の交わり」にも何らかの「愛」が関与していると考えられるのである。

「現存在の交わり」の記述に用いられる「交際する（umgehen）」には、何か物を「扱う、あしらう」という意味もあり、「現存在の交わり」には実益を目的として個人が手段として利用されたり操作されたりする危険がつきまとう。もし当事者たちがこの危険に陥るなら、そのときすでに当事者たちは「現存在の交わり」から逸脱している。しかるに、われわれが損得勘定や利欲のみではなく、無償の奉仕とも呼べる何らかの「愛」を抱いていて初めて、「現存在の交わり」を維持し、「実存的交わり」が生起する環境を整えることができるのではないだろうか。本書の序で言及したように、近代科学の――もしくはその背後にある物質主義的世界観の――

繁栄に伴う物や人との相互関係の欠如が、現代人が直面している問題の一つである。こうした双方向的関係性の喪失によって多くの現代人が幸福感や心の健康を失っている背景には、ロスが指摘しているように、大部分の現代人は、目に見える有用性や実質的利益ばかりを追い求めて、無償の愛を知らないことがある。たしかに、筆者も含めて多くの人間には、無償の愛の授受が圧倒的に不足しているのであろう。しかしながら、愛は他人に要求できるものではないし、聖人ではない普通の人間にとって、無償の奉仕をし続けることは極めて困難である。仮に無償の奉仕を実践できたとしても、本人が内奥の利己的動機もしっかりと自覚して、それをコントロールすることが、本人のみならず周囲の人間にとっても必要である。実際、生身の個人が他者への無償の愛を完遂することは、この世では不可能である。他者に対する真の愛情を証明することは、往々にして、自分の生命の危険を冒すことになる。ヤスパースの理論の枠組みに依拠して考えると、やはり無償の奉仕に直接赴くよりも、まずは報酬や実質的利益を伴う仕事をする中で、接する人々との間に互恵的な「現存在の交わり」を持ち続け、その「現存在の交わり」の要所要所で他人の成長や成功を助ける無償の行為をできる範囲で差し挟む、というのが多くの人間にとって無理のないやり方であろう。「現存在の交わり」を逸脱させず、他者との交際や互恵関係を断ち切らないためだけにでも、われわれは相当の努力や配慮を必要とする。そうした努力や配慮はすでに、自分や他者を根本的には肯定するという意味での、或る種の愛するはたらきを内包している。「現存在の交わり」の中で愛することの修練を積みながら、「実存的交わり」へ飛躍する足場を作ることが、愛し愛される経験に渇いている現代人にとって、実際的な解決策の一つであろう。

「実存的交わり」は、「実存をめぐる愛における闘い（Kampf in der Liebe um Existenz）」[37]であり、これが成り立つ瞬間には当事者たちの精神が現状より高い次元に引きあげられる。ここでの「愛」は恋愛関係で作用するような狭義の愛ではなく、情熱的な愛である。ヤスパースは「情熱的態度は愛である」と述べ、プラトンのエロースに相当する情熱的態度を愛とみなす。[38]『世界観の心理学』の中で、ヤスパースは愛の対象について次のように記している。

愛されている者は――情熱的態度の対象に関してすでにいわれたように――絶対者と結ばれている。愛されている者は全体の中にはめ込まれて見られている、もしくは、その者は個別的なものとしてではなく、全体的なものとして考えられている。愛されている者は、無限者の中の有限者として見られている。[39]

「愛されている者は絶対者と結ばれている」と言われているように、愛の対象となる存在者は、有限の存在でありながら無限のイメージを具現しており、愛する者の情熱を湧き立てる。愛しあう者同士は、自分たちの存在の根っこにもっと大きな存在を感得し、各自が何らかの使命を担うエージェントであることに気づく。愛する相手を通じて「絶対者」と自分がつながっていることが経験され、この交わりの瞬間的高揚の中で二人は、ともに一者のもとに居合わせるような一心同体の確信――「我と汝は、現存在においては分離しているが超越者の内では一つである」[40]――を得る。しかしながら、このように自と他が融合するような自我を超えた意識に至る瞬間は、時間の中で伸長することはない。「実存的交わり」の実質は、愛し合う二者同士が互いの人格を仮借なく吟味しあい、それぞれの「実存」と現実との接点を獲得する試みである。このような「交わり」が医師と患者の間で成立する「了解」と異なる点の一つは、二者が「運命共同体」を結成し、互いの選択・決断の結果に対する共同責任を負う覚悟を持って「交わり」に臨んでいる点である。「〔実存的〕交わりにおいて人々は互いにすべてのことに責めを負うようになる。真の愛は解消されえないゆえ、運命の共同体（die

Schicksalsgemeinschaft）が存続し、単に現存在と自己存在における危険と損失が経験されるのみならず、現象における徹底的な挫折も経験される」[41]とヤスパースは言う。

これまでの考察から明らかになったように、ヤスパースの哲学の中核をなす「交わり」の思想は、あらゆる人間の本来的自己存在の生成基盤として、コミュニケーションの階層構造を提示した。そして、「交わり」の下層である「現存在の交わり」も上層である「実存的交わり」も実践的・倫理的性格を備えている点から見ても、ヤスパースの実存哲学は、人々を「主観主義」へ導くのではなく、他者や世界へ開かれた個人の存在様態を説き明かしていると言える。

注

（1） Vgl. Kazuteru Fukui, *Wege zur Vernunft bei Karl Jaspers*, Basel 1995, S. 102. ルカーチがヤスパースの立場を「内面性のうちにのみ実在的なものを見出す」と規定して批判する際、ルカーチがヤスパースの交わり論を見落としていることは、シュナイダースも指摘している。Vgl. Werner Schneiders, *Karl Jaspers in der Kritik*, Bonn 1965, S. 47.

（2） Vgl. Georg Lukács, *Die Zerstörung der Vernunft*, Bd. II, *Irrationalismus und Imperialismus*（1962）, Darmstadt 1974, S. 192.

（3） Jaspers, *Philosophie II*, *Existenzerhellung*, S. 108.

（4） Jaspers, *Philosophie II*, S. 108.

（5） Jaspers, *Philosophie II*, S. 338-339.

（6） Jaspers, *Philosophie II*, S. 51.

（7） Jaspers, *Philosophie II*, S. 51.

（8）Jaspers, *Philosophie II*, S. 54.
（9）Jaspers, *Philosophie II*, S. 54.
（10）Jaspers, *Philosophie II*, S. 53.
（11）Jaspers, *Philosophie II*, S. 68.
（12）Jaspers, *Philosophie II*, S. 52.
（13）Jaspers, *Philosophie II*, S. 51.
（14）Jaspers, *Philosophie II*, S. 235.
（15）Jaspers, *Philosophie II*, S. 235.
（16）Jaspers, *Philosophie II*, S. 236; *Von der Wahrheit*, S. 667.
（17）Jaspers, *Von der Wahrheit*, S. 667.
（18）Jaspers, *Von der Wahrheit*, S. 667.
（19）Jaspers, *Von der Wahrheit*, S. 667.
（20）Jaspers, *Philosophie II*, S. 236.
（21）Jaspers, *Philosophie II*, S. 246.
（22）トイニッセンによると、他者を主題とする哲学は、他者の根源的存在を「見知らぬ我（Fremdich）」のうちに追求する「超越論哲学」と、「汝（Du）」においてのみ他者が根源的に出会われると考える「対話の哲学」に二分されるが、ヤスパースの哲学は、「他の自己（anderes Selbst）」としての他者に照準を当てることから、どちらにも含まれないという。Vgl. Michael Theunissen, *Der Andere—Studien zur Sozialontologie der Gegenwart*, Berlin 1965, S. 2, S. 476–482; *Philosophie II*, S. 53, S. 67.
（23）Jaspers, *Philosophie II*, S. 58.
（24）Jaspers, *Philosophie II*, S. 113.
（25）Jaspers, *Philosophie II*, S. 112.

(26) Jaspers, *Philosophie II*, S. 245–246.
(27) Jaspers, *Philosophie II*, S. 66.
(28) Jaspers, *Philosophie II*, S. 411.
(29) Jaspers, *Philosophie II*, S. 412–413.
(30) 「ヤスパースは、彼のキルケゴール流の独在論を基礎として、一つの広大な、実質的な、詳細な、具体的哲学、文化批判などを提供することを意図している。それゆえ、彼の素人的—知識人的、偽善的言葉遣い、エリート的で俗物的な独り善がりは、［ハイデッガーのもとでより］いっそう早く看取される」とルカーチは記している。Vgl. A. a. O., S. 414.
(31) 林田新二『ヤスパースの実存哲学』一九七一年、弘文堂、六五 - 六六頁を参照。
(32) アリストテレス［著］朴一功［訳］『ニコマコス倫理学』京都大学学術出版会、二〇〇二年、(1155b–1156a)、三五八 - 三六二頁を参照。
(33) テンニエス［著］杉之原寿一［訳］『ゲマインシャフトとゲゼルシャフト —— 純粋社会学の基本概念 ——』上巻、一九五七年第1刷、一九八七年第31刷、岩波書店、三七 - 三八頁を参照。
(34) 河合隼雄『河合隼雄　全対話V　人間、この不思議なるもの』八六頁 - 九〇頁を参照。
(35) Jaspers, *Philosophie II*, S. 358–359.
(36) Jaspers, *Philosophie II*, S. 358.
(37) Jaspers, *Philosophie II*, S. 242.
(38) Jaspers, *Psychologie der Weltanschauungen*, S. 123.
(39) Jaspers, *Psychologie der Weltanschauungen*, S. 129.
(40) Jaspers, *Philosophie II*, S. 71.
(41) Jaspers, *Philosophie II*, S. 72.

初出一覧

第1章　「ヤスパースの世界観と両極性の原理」
二〇〇五年発行『人間存在論』第一一号一七九－一八九頁に掲載
京都大学大学院人間・環境学研究科「人間存在論」刊行会

第3章　「ヤスパースの『哲学』における「超越」」
二〇〇六年発行『人間存在論』第一二号三七－四八頁に掲載
京都大学大学院人間・環境学研究科「人間存在論」刊行会

第4章　「ヤスパースの「了解」」
二〇一一年発行『ヒューマンセキュリティ・サイエンス』第六号七七－九二頁に掲載
ヒューマンセキュリティ・サイエンス学会

第5章　「ヤスパースの「交わり」と主観主義」
二〇一一年発行『コムニカチオン』第一八号、五－二〇頁に掲載
日本ヤスパース協会

あとがき

大学に入学してから二〇年近い歳月を経て、私とヤスパースの思想との関わりがこのような書物の形をとるに至った。遅遅とした歩みではあったが、今はともかくここまで辿り着いたことに安堵し、助力してくださった方々に感謝している。本書の内容は、京都大学大学院人間・環境学研究科に提出し、受理された博士学位論文（課程博士）に、加筆・修正を施したものであり、現在の私の到達地点を示している。至らない点や訂正するべき箇所に関して、読まれた方々からご教示をいただくことがあれば、できる限り受け止める所存である。さしあたってこのあとがきでは、今までの道のりを少し振り返りたいと思う。

学部生の頃からずっとボーヴォワールの回想録の愛読者である私は、「実存」を主題とする哲学に早くから関心を寄せていた。数人の哲学者たちの間で右往左往した果てに、卒業論文のテーマにヤスパースの「限界状況」を選んだ。思い返せば、私はヤスパースの思想を知るよりも前に、彼の自伝の内容に心を引かれた。そこには、内容豊かで実り多い人生が綴られており、彼の人となりの誠実さが窺われた。彼の哲学的著作はあまり理解できなかったにもかかわらず、大学院へ進学して訓練すれば、充実した人生に裏打ちされた思想を自分のものにすることができるだろう、と当時の私は甘い見通しを立てた。「表現は生きることの結果である」、「人生が表現を豊かにする」とは養老孟司先生の言葉であるが（『養老孟司の大言論Ⅱ　嫌いなことから人は学ぶ』、二二九頁を参照）、私も――当初は明確に意識していなかったが――実人生から遊離した思想ではなく、信頼できる実在人物の生活から生み出された思想を、哲学に求めていた。今にして思えば、ヤスパースの生涯において「孤独」と「愛情」の真摯な体験が重要な位置を占めていたことが、生きる指針を探し求めていた私のアンテナに触れたと言える。「孤独」と「愛情」は、人間の生き様を左右する点で、さまざまな感情の中でも際立っている。常につきまとう孤独感にどのように対処すればよいのか、真の愛情を体験するためにはどのように生きたらよいのか、という疑問を私は子供の頃から抱えていたのだった。哲学を学びたいという気持ちの裏には、「孤独」と「愛情」に関する、素朴で切実な問いがあったような気がする。

まず、「孤独」の点から言えば、ヤスパースは少年の頃にすでに、自分が正しいと信じることのためなら、仲間外れにされることも辞さず、一人で事を処するやり方を身につけていたようだ。ギムナジウムに通っていた頃、ヤスパースは納得できない学校の方針に一再ならず逆らい、そのため校長と対立し、同級生たちから孤立する憂き目にあっていた。当時のヤスパースが、尊敬に値しない教師の非合理な命令に従わなかったり、親の身分によって区分された生徒会への所属を拒んだりしたのは、現代のわれわれから見たら肯けることである。さりとて、権力への反抗には往々にして代償が伴うものであるから、ヤスパースが大勢に逆らう自己主張をしながらも大きな損失を被らずにいられたのには、幸運も関与したのであろう。たしかに、裕福でリベラルな家庭環境で生まれ育ち、子供の頃から傑出した学力を示していたヤスパースは、非常に恵まれた条件を備えていた。しかし、孤独感にさいなまれながらも信念にこだわり続ける強い意志力は、そのような幸運な条件だけでは説明できない貴いものであるように、私には思われた。真の学者には、「千万人と雖《いえど》も吾往《われゆ》かん」というところがなければならない。そのような学者的良心は孤独を増幅しやすい。避けがたい孤独を果敢に引き受ける心構えを、少年ヤスパースはすでに培い始めていたのであろう。ただし、彼自身が『運命と意志』の中で述べているように、彼は真理のためには生命までも賭すような英雄でもなければ、（プラトンが描いた）ソクラテスのように思想に殉じる者でもなかった。例えば、危うく退学処分を受けそうになると――それは遠方のギムナジウムに転学し、親元を離れて暮らすことを意味した――教師に形式的に謝罪することを選ぶなどして、不利益を甘受することはあっても致命的な状況には陥らないよう、彼は少年時代から注意深く用心していたのであった。

このように、致命傷を負う手前ぎりぎりまで自分の信念を発するのが、ヤスパースの基本的な生きるスタイルであった。大学の教師としても彼は、真理が利害に先行するという原理に従って教壇でも教授会でも発言し、ときには大勢に逆らう意見を一人で表明した。後になって、やはりヤスパースの意見が正しかった、と言って賛意を示した人々はいたものの、ハイデルベルクの教授社会の中では、大学の運営に関するヤスパースの発言は斥けられることが多かったようだ。彼自身は『運命と意志』の中で当時を振り返って、大学人として孤立しがちであった自分の存在を「私は因習的な大学集団の異分子（ein Fremdkörper）のようなものであった」と言い表している。

幸いにしてヤスパースは、こうした厳しい「孤独」と対極にある、本物の「愛情」も経験し得た。医師エルンスト・マイヤーは、大学時代からマイヤーが死ぬまでヤスパースの腹蔵の友であり続けた。エルンストの姉のゲルトルートは、ヤスパースが二四歳のときに出会ってから八六歳で生涯を閉じるまで常に、最愛の妻であった。さらに、有名なハンナ・アーレント女史は、ヤスパースの指導の下で博士論文を仕上げた後に、アメリカに渡ってからヤスパースの親友になり、二人の交流からすばらしい往復書簡が生み出された。これらのたぐいまれな親愛の絆はいずれも、哲学的対話を通して、強く結ばれたのであった。若き日の私は、哲学を学ぶことは愛することを学ぶことに通じているのではないかと予期したが、この予期の当たり外れは今のところまだ定かではない。

このような訳でヤスパースの人生に魅了されて研究生活を始めたが、長い間私には、ヤスパースの思想との関わり方がうまくつかめなかった。ヤスパースの論述を辿ることや彼が考えたことを自分の中で再現することに、多くの時間とエネルギーを費やしたが、手応えがほとんど得られない日々が続いた。自分自身の世界観も曖昧模糊としていたので、読んでもよくわからない一次文献に即して論文らしき文章を書くことは、ほとんど不可能であった。哲学を専攻した当初は、ドイツ語の語学力を身につけたら、文献の内容に近づきやすくなるのだろうと思っていた。だが、留学したスイスで、ドイツ語を母国語とする人々も、ヤスパースの思想はわかりにくい、ヤスパースの言葉は「詩的（poetisch）」だから難しい、などと言っていることを聞いて、言葉の壁は読解の初歩的困難にすぎないことを思い知った。実際、私の場合、ドイツ語の知識が増えても、そのことは原典の内容を理解する力にも論文を書く力にも直結しなかった。研究として哲学をするためには、もっと多くのことを修得する必要があることが徐々にわかってきたが、現在も道の途中で七転び八起きをくり返している。

結局、知的生産のヒントを蔵した日本人の学者たちの書物が、私にとっては不可欠の手引きとなった。碩学たちの著した文章や対談の記録を読むと、〈世界や人間に関して言うべきことは、やはりあるのだ〉、〈言葉にすることによって見えてきたり変化したりする現実があるのだ〉と実感させられた。たしかに、本を読んだり文章を書いたりする以外に、人間が実際にするべきことはたくさんある。だが、たとえ本当に大事なことは言葉にならないとしても、言葉を用いて大事なことに迫った痕跡や、普遍を志向して現実を（間接的にではあっても）言い当てている言葉のまとまりは、多くの人間に影響を及ぼすのだろう。とりわけ河合隼雄先生と養老孟司先生の著書や対談集が、ともすると言葉の雑然とした堆積の中に埋もれて意気消沈しがちであった私をたびたび引き上げて、世界や人間の奥深い現実に言葉を用いて分け入っていく、そのやり方を見せてくださった。先達の見解を援用しながら何とか文章を書き進めていくうちに、支離滅裂な知識や発見に道筋をつけてそれらを組み立てていくこと、そして、頭の中で頼りなく動いている断片的な想念やイメージを言葉の中に注ぎ込み定着させて関連づけていくこと、そうした作業の大切さを私は学んだ。手直しをしながら文章を積み重ねていくなかで、読み書きをして関わった言葉と、日々営む実生活との間に、相互連関が生じて互いに影響を及ぼしあうときがあることを体験した。理論上の世界と日常の世界を、重ね合わせたりリンクさせたりして考えることで、うまくいけば双方の世界が、より明確に見えてきて、より豊かな意味を帯びて動き出すように思われた。それは私にとって研究の醍醐味であった。

ここまでの道のりの回顧を締め括るにあたって、学生時代から今に至るまで要所要所でお力添えをいただいた京都大学の先生方、有福孝岳先生（現名誉教授）、安井邦夫先生（現名誉教授）、小川侃先生（現名誉教授）、佐藤義之先生、安部浩先生、戸田剛文先生に、あらためて御礼を申し上げたい。そして、冨田恭彦先生の研究室に入れていただいたことは、これまでに私が経験したあらゆる不運までも明るく照らす、絶大な幸運である、と院生の頃から常に思っている。人生の後半ではさらなる試練に行き当たるかもしれないが、先生の門下で長い間学ぶことができたおかげで、闘う準備をある程度整えることができた。不肖ながら私もまた、必要とする人に幸運や拠り所を提供できるようになることを目指している。

本書の出版にあたっては、京都大学学術出版会の皆様に、大変お世話になった。鈴木哲也編集長、髙垣重和氏が、出版の実現に不可欠であった実務に携わってくださった。また、画家兼デザイナーの谷なつ子さんが装丁を手掛けてくださり、希望に満ちたイメージを喚起するすてきな外観の本にしてくださった。そして、学術書の編集においても哲学研究においてもベテランでおられる國方栄二氏が、改稿から脱稿まで懇切丁寧に導いてくださったのは、最初の本を上梓する筆者にとってありがたき幸せであった。心より謝意を表する次第である。

最後に、私を物心両面で支え続けてくれている両親に、特別の感謝を伝えたい。

二〇一七年二月

著　者

本書の出版に際して、平成二八年度総長裁量経費人文・社会系若手研究者出版助成をいただいた。謹んでご援助に感謝を申し上げる。

索　引

◆人名索引

［マ行］

［ヤ行］

［ラ行］

［アルファベット］

◆事項索引

[ア行]

[カ行]

[サ行]

［タ行］

［ナ行］

[ハ行]

[マ行]

[ヤ行]

[ワ行]

著者紹介

松野さやか（まつの　さやか）

1977年　千葉県に生まれる
京都大学総合人間学部卒業
京都大学大学院人間・環境学研究科博士後期課程修了、京都大学博士（人間環境学）
現在　京都大学大学院非常勤研究員

主な論文
「ヤスパースの世界観と両極性の原理」（『人間存在論』第11号）、「ヤスパースの「了解」」（『ヒューマンセキュリティ・サイエンス』第6号）、「ヤスパースの「交わり」と主観主義」（『コムニカチオン』第18号）ほか

（プリミエ・コレクション 81）
ヤスパースの実存思想
――主観主義の超克

2017年3月31日　初版第一刷発行

著者　松野さやか
発行人　末原達郎
発行所　京都大学学術出版会
京都市左京区吉田近衛町69番地
京都大学吉田南構内（〒606-8315）
電話（075）761-6182
FAX（075）761-6190
URL http://www.kyoto-up.or.jp
振替 01000-8-64677

ISBN978-4-8140-0080-7
Printed in Japan

装幀　谷 なつ子
印刷・製本　㈱クイックス
定価はカバーに表示してあります